KB065411

다시 읽는 명저 名著

다시 읽는 명저名著

우리가 어디서 와서 어디로 가고 있는지를
알려주는 서사에 충실한 고전

홍영식 · 김태철 · 김태완 · 백광엽 · 양준영 지음

미래사

101명의 현인에게 삶과 세상을 묻다

과학과 이성을 경시하는 사회, 대중적 가벼움이 공론장을 지배하는 사회, 맹목과 우상이 가득한 사회, 허상을 좇는 가짜 학문이 득세하는 사회, 표票 되는 법안만 쏟아내는 저급한 정치…….

각자 체감도는 다르겠지만 부정하기 힘든 우리 사회의 현주소다. 이런 암울한 현실을 타개하기 위해 〈한국경제신문〉은 2017년부터 2020년까지 32개월에 걸쳐 '다시 읽는 명저'라는 연재 코너를 기획하고 연재했다. 이 책은 바로 그 노력과 작업의 결과물이다.

고전과 명저에서 지혜를 빌려 혼탁함을 해소하는 것이 벼랑 끝 시대의 유력한 탈출구라는 생각이었다. 지식과 지력이 존중받지 못하는 풍토에 대한 반성이 출발점이었다. 좀 더 나은 세상을 만들기 위한 답을 찾다 보니 자연스레 고전 명저에 손길이 닿았다. 선각자들의 혜안으로 바라볼 때 비로소 무지가 세상을 압도하는 비극이 막을 내릴 것이라는 바람이었다. 지식과 이성이 경시되면 과학적 사고나 진지한 성찰이 빈약한 부박한 사회로 이행할 수밖에 없다.

　고전은 선지자들이 깊은 사색으로 삶과 진실을 조명하고 탐구한 결실이다. 시대가 변해도 인생과 사회의 근본 의미와 가치는 크게 달라지지 않는다. 뛰어난 사상가와 작가의 지적 축적물을 통해 복잡다단한 당면 문제의 해법을 찾아가는 과정은 결코 의미가 작지 않다.

　수년 전 신문에 시리즈를 연재할 당시의 난감함과 두려움이 주마등처럼 지나간다. 책 선정에서부터 출고까지 모든 과정이 만만치 않았다. 민주주의가 확산할수록, 경제발전이 가속할수록 독선과 선동의 목소리가 커지는 것이 세상사다. 권위적 집단이 타인의 자유를 압박하며 이권을 챙기는 역설도 허다하다. 우리가 어디서 와서 어디로 가고 있는지를 알려주는 서사에 충실한 고전을 우선적으로 선별한 이유다.

　우리 사회의 지적 결핍을 보완하기 위해 자유와 시장의 가치에 천착하고 되돌아본 저작을 고르는 데도 힘썼다. 플라톤, 아리스토텔레스, 프랜시스 베이컨, 존 로크 등 정통 철학자와 지그문트 프로이트, 막스 베버, 칼 포퍼, 애덤 스미스, 프리드리히 하이에크 등 시대를 풍미한 근현대 사상가를 두루 망라하기 위해 노력했다.

　주옥같은 문장과 그 속에 깃든 정신과 철학적 깊이, 사회적 함의, 숨은 이야기도 놓치지 않으려 집중했다. 한 줄의 문장도,

하나의 탁월함도 빠뜨리지 않기 위해 일일이 줄을 쳐가며 읽는 일은 꽤 고역이었다. 현인의 사상과 지혜를 원고지 열 장 남짓한 분량으로 집약하는 일도 여간 어렵지 않았다. 강박과도 같은 의무감에 시달리며 준비하다 보면 1회분을 출고하는 데 일주일을 매달려도 부족할 때가 많았다.

보통 사람의 상식적 눈높이에서 전달하고 메시지를 가다듬는 일에도 공을 들였다. 책 내용을 단순히 전달하는 데 그치지 않고 이 시대의 고민과 연관시켜 해석하는 데 중점을 뒀다. 부족한 식견으로 인해 의미가 잘못 전달되거나 왜곡되지는 않을까 하는 두려움도 만만찮았다.

물론 보람도 컸다. 필자들이 먼저 고전과 고전 반열 저서들의 힘을 새삼 깨달았고, 위대한 사상과 지력을 지녔던 우리 선조들의 발견, 재발견은 특히 뿌듯했다. 박지원의 『열하일기』, 홍대용의 『의산문답』, 박제가의 『북학의』 등을 읽으며 무릎을 쳤던 것이 한두 번이 아니다.

연재 당시 얻은 독자들의 큰 호응이 출판의 동력이 됐다. 예리한 독자들의 눈은 '품을 들인 만큼 정확한 평가를 해낸다'는 일종의 경건함도 경험했다. 지적 탐색에 목말라하는 고급 독자들의 열독률이 특히 높았다. 거기에 과분한 격려의 말도 줄을 이었다.

"우리나라 신문 중에서 가장 수준 높은 코너입니다. 내용을 완벽히 이해하고 쉬운 글쓰기로 즐거움을 줍니다."

"이번 책 소개는 압권이군요. 정말 어려운 책인데, 이렇게 쉽게 쓸 수 있다니……."

그런 열성적 반응에 더 치열하게 파고들었던 기억이 새록새록 떠오른다.

세상과 삶의 본질을 뜨겁게 고민하고 성찰한 대가들의 생각은 시대를 불문하고 통용되는 보편성을 지닌다. 그 지혜와 지식에서 혼탁한 시대를 헤쳐 나갈 작은 단서라도 찾을 수 있기를 기대한다. 누군가가 올바른 쪽으로 단 1도라도 방향을 전환하는 데 도움이 된다면, 저자들로선 충분한 위안이다.

혹여 짧은 지력으로 누군가의 눈을 어지럽히는 것은 아닌지 두렵기도 하다. 독자들의 혜량을 바란다. 밝은 눈으로 출판을 제안하고 용기를 준 고영래 미래사 대표님, 졸고를 세상과의 멋진 소통으로 이어준 편집진 모두에게 감사의 말씀을 전한다.

2023년 초여름

저자 일동

차례

Part 2   경제 경영 ─────────────────────

Part 3   사회과학

Part 4   역사

Part 5   문학

인문

자유로부터의 도피

에리히 프롬

"인간엔 절대권력에 굴종하는 본능 있다"

홍영식

"우리는 독일에서 수백만 명의 사람들이 자유를 위해 싸운 그
들의 선조와 같은 열성으로 자유를 포기했다는 사실을 인정
하지 않을 수 없다. 또 그 밖의 수백만 명의 사람들이 자유가
가치 있는 것이라고 믿지 않는다는 사실이 놀라울 따름이다."

에리히 프롬Erich Fromm(1900~1980)은 독일 출신 미국 심리학자
다. 유대인인 그는 나치의 박해를 피해 독일을 떠나 미국으로
간 뒤 1941년 『자유로부터의 도피Escape from Freedom』를 썼다. 자유
를 갈망하면서도 동시에 자유로부터 도피하려는 인간 심리를
분석한 것이다. '이성적이고 지성적이라고 자부하는 독일에서
어떻게 나치가 등장할 수 있었는가'라는 의문이 이 책을 쓰게
된 동기다.

왜 사람들은 수많은 투쟁을 통해 가까스로 얻은 자유를 포기
하고 전체주의에 열광하는 걸까. 인간은 자유를 쟁취했는데도

불구하고 왜 불안과 고독을 느끼는 걸까. 프롬은 근대 민주주의 체제가 사회의 여러 제약으로부터 개인을 해방시켰다고 여기지만, 개인은 또 다른 권위에 예속됐다고 봤다.

"자유 얻었지만 고독과 불안 뒤따라"

프롬은 20세기 이전의 인류사를 자유 쟁취의 역사라고 규정했다. 종교개혁으로 개인의 해방이 가속화했다는 데 주목했다. 프롬은 "중세까지 사람들은 자신의 신앙적 고민뿐 아니라 탄생, 결혼, 죽음 등 인생 중대사를 교회라는 테두리 안에서 해결했다"며 "하지만 종교개혁은 우리로 하여금 혼자 신 앞에 서게 했다"고 했다. 종교개혁과 봉건 체제 해체로 사람들은 종교, 정치, 사회적 속박에서 벗어나 자유인이 됐다. 프롬은 이를 '~로부터의 자유freedom from~'라고 했다.

자본주의 발달도 '~로부터의 자유'를 촉진했다. "자본주의는 인간을 속박으로부터 해방시켰을 뿐 아니라 인간의 자유를 증대해 자아를 성장시키는 데 공헌했다." 그런데 왜 인간은 자유를 포기하고 도망하려는 걸까. 억압적 권위로부터 벗어나 개인의 권리와 개성을 발휘할 조건이 만들어졌지만, 동시에 고독과 불안이라는 짐도 함께 지워졌기 때문이다. 프롬은 "개인은 교회 등 조직에서 느끼던 안정감을 잃으면서 고립됐고 무기력해졌다"며 "불안할 수밖에 없는 상황과 마주하게 됐다"고 했다.

예전에는 왕이나 교회가 어떤 문제든 해석과 결정을 내려줬다. 이에 따라 개인이 정치적, 사회적 문제를 책임지는 부담은 없었다. 그러나 자유와 함께 찾아온 부담감이 사람들을 피곤하게 했다.

프롬은 자유로부터의 도피 메커니즘으로 파괴성, 자동 인형적 순응, 권위주의 등을 꼽았다. 파괴성은 외부 세계와의 단절, 고립으로 인한 무력감을 공격으로 표출시켜 불안을 해소하는 것이다. 외부 세계의 압도로부터 더 이상 자신을 보호하지 못할 때 나타나는 극단적인 도피 메커니즘이다.

프롬이 특히 주목한 것은 자동 인형적 순응이다. 자유를 포기하고 절대적 권력에 자신의 자유를 의탁하면서 안정을 얻고자 하는 것이다. 개인이 무력감과 불안을 피하기 위해 자신의 자아를 다른 권위에 종속시키는 행위다. 남으로부터 지배받고자 하는 도피 메커니즘이다. 개인은 자기 주위에 있는 자동순응성 인간형과 동일하다고 느낄 때라야 고독과 불안을 떨쳐내게 된다. 대세에 순응하는 것으로, 자아 상실을 뜻한다. 비판적인 사고가 마비되면서 사람들은 수동적인 삶 속에서 무력함과 불행의 구렁텅이로 내몰린다.

이런 도피 메커니즘이 나치를 탄생시킨 원인이었다는 게 프롬의 견해다. 프롬 이전까지는 나치 등장 원인을 제1차 세계대전 이후 독일의 정치·경제 혼란에서 찾는 게 일반적이었다. 독일은 제1차 세계대전 패전 후 살인적인 인플레이션과 경기 침체로 곤경에 처했고, 이런 상황을 타개하기 위해 독일 국민이

히틀러라는 독재자를 지지했다는 것이다.

그러나 프롬은 인간 본연에 전체주의를 받아들이고 그 속에 안주하려는 노예근성이 있다고 봤다. "인간이 자기 뜻대로 하는 자유를 좋아하는 것 같지만 사실은 굴종을 택해 조직 속에서 안주하려는 심리도 동시에 있다. 권위주의는 자신보다 우월한 사람에게는 복종하고 열등한 인간에게는 모멸과 멸시를 주는 체제이고, 이게 자동순응형 인간을 만들어낸다."

"개인 독자성 우선의 적극적 자유 추구를"

프롬은 "자유로부터의 도피는 불안을 일시적으로 해소하는 데 도움을 줄 뿐, 적극적인 자유로 향하게 할 수는 없다"고 했다. 프롬에게 진정한 자유는 무엇으로부터의 자유가 아니라 무엇인가를 향한 적극적 자유, 즉 '~로의 자유freedom to~'다. "복종이나 권위에 의존하는 것이 아니라 자발적이고, 능동적으로 자아를 실현시킬 수 있는 것이 적극적인 자유다. 이런 자유는 개인의 독자성을 충분히 긍정한다. 독자적인 개인의 자아보다 더 높은 힘은 존재하지 않으며, 개인이 그의 삶의 중심이고 목적이다."

그러나 프롬은 적극적인 자유에 대해 자세한 설명을 내놓지 않았다. 프롬 자신도 "이 책은 해결보다는 분석에 초점을 맞췄다"고 했다. 적극적인 자유를 향한 도전은 여전히 우리의 과제로 남아 있다.

감시와 처벌: 감옥의 탄생

미셸 푸코

"권력에 대한 자발적 복종이 문제다"

백광엽

미셸 푸코Michel Foucault(1926~1984)는 자크 데리다와 함께 포스트모더니즘의 사상적 기초를 제공한 프랑스의 후기구조주의 철학자다. 후기구조주의, 포스트모더니즘, 해체주의 등 20세기 후반에 등장한 일련의 상대주의적 지적 풍토를 마뜩잖게 보는 시선도 있다. 하지만 푸코에 대해서만큼은 예외다. 1990년대 초반 미국, 유럽을 중심으로 '푸코 신드롬'이 몰아쳤고, 그의 이름은 현대 사상사의 한 페이지를 장식하고 있다. 국내 인문·사회과학계에서 인용 빈도 최상위권 학자이기도 하다.

푸코는 '지식의 견고한 축적'이나 '이성의 점진적 진보'라는 전통적인 역사 이해 방식, 즉 역사주의를 거부한다. 대신 집착에 가까울 정도로 '권력'과 '권력의 폭력'에 천착했다. 그런 집요한 탐구를 통해 새로운 시각으로 역사를 재구성했다는 평가를 받는다.

'자발적 복종' 부르는 '판옵티콘' 사회

1975년 출간된 푸코의 『감시와 처벌: 감옥의 탄생*Discipline and Punish: The Birth of the Prison*』은 현대사회를 보는 기존과 다른 관점을 제시한다. 권력과 그 권력에 대한 '자발적 복종'의 메커니즘 분석을 통해서다. 자발적 복종이란 "사람들이 스스로 권위에 복종해 그 상태를 편안함의 일종으로 받아들이고, 자신이 복종하고 있다는 사실조차 잊어버리는 상태"라는 게 푸코의 정의다.

푸코는 프랑스혁명을 전후로 감옥제도와 함께 시작된 형벌제도의 변화를 '권력의 경제학'이라는 시각으로 접근했다. 감옥은 단순한 범죄자 수용소가 아니라 권력이 사회를 통제하려는 전략 아래 창조된 '장치'라는 설명이다. 또 정교해진 형 집행기술이 사회 전반을 통제하는 국가 관리기술로 발전했다고 봤다.

그러면서 '판옵티콘(원형감옥) 감시 사회'의 위험과 도래를 예견했다. 판옵티콘은 자발적 복종을 설명하기 위해 푸코가 제시한 장치다. 공리주의 철학자 제러미 벤담이 개념화한 것으로 'pan(모두)'과 'opticon(본다)'의 합성어다. 판옵티콘은 중앙에 감시탑을 두고 주위로 감방을 배열하는 형태의 감옥이다. 간수는 죄수들을 볼 수 있지만, 죄수는 높고 어두운 감시탑 안의 간수를 볼 수 없다. 굳이 폭력을 쓰지 않고도 감시당한다는 느낌, 내게는 상대가 안 보이지만 상대에게는 내가 보인다는 인식, 그런 것이 권력의 무서움이라고 푸코는 말한다. "죄수는 지배하고 통제하려는 힘에 반항하기보다 어쩔 수 없이 기도를 올리고 복종하는 방식을 택하게 된다"는 설명이다.

푸코는 또 권력은 "감옥 내의 여러 규율을 정하고 강제함으로써 신체가 아니라 인간의 정신을 공격한다"고 진단했다. 물론 수감자는 이 같은 권력의 존재와 작용을 인식하지 못한다. 이런 비非가시성이 '현대 권력'이 원하는 것이며 '과거 왕권'과의 차이다.

18세기 이전까지는 사지를 찢어 죽이는 등의 가혹한 신체형이 시행됐다. "잔혹한 방식은 왕이 신민들에게 자신의 권위를 알리는 데 그 목적이 있었다"는 게 푸코의 진단이다. 신체형이 성대한 의식처럼 집행된 이유다. 하지만 신체형은 억울함을 호소하는 죄인들이 공감해 폭동을 일으키는 등의 부작용을 수반했다. 이런 배경에서 등장한 형벌이 감옥살이다. 감옥살이에 대해 푸코는 "정신 개조를 유도해 권력에 이익이 될 수 있는 존재로 만들어 나가는 데 목적이 있다"고 봤다.

그는 또 "감옥살이라는 '형벌의 인간화'는 계몽주의의 확산이라기보다 오히려 처벌 효과를 극대화하는 장치"라고 했다. "몸을 구타하는 등의 물리적 가혹성은 줄었을지 모르지만 법과 규율을 어기면 반드시 처벌된다는 보편성과 필연성을 증대시켰다"는 설명이다.

권력의 다양한 감시기법은 모세혈관처럼 뻗어나가 사회 전영역을 관통한다. 푸코는 "감옥뿐만 아니라 군대, 학교, 병원, 공장, 회사 등 모든 장소에서 몸을 효과적으로 통제하기 위해 일련의 기법을 동원한다"고 봤다. '길들여진 몸'을 만드는 여러 기법과 전술을 통틀어서 '규율'이라고 명명했다. 구성원들을 규율하는 사회, 나아가 그들의 정체성과 자화상 자체를 창출하는 장소가 바로 현대사회라는 게 푸코의 비장한 결론이다.

넘치는 감시·규율 ··· 자유는 확장됐나

이 같은 권력관계 특정 사회 단위를 넘어 세계적 차원에서도 비슷하게 작동한다. '오리엔탈리즘'이 동양orient을 미신적이고 퇴영적이며 후진적인 이미지로 채우는 것도 서구 권력의 작용이다. 자연히 서양적인 것은 과학적이고 진보적이며 선진적이라는 자리를 차지하게 된다. 강자의 관점을 약자가 자발적으로 수용할 때 지배체제는 영속화된다.

『감시와 처벌』은 표준적인 역사 이해를 뒤집는다. 역사는 항상 진보해왔고 자유도 확장돼 왔다는 주류적 사고가 간과하는 은밀하고 새로운 종류의 억압과 통제에 주목한다. 근대화와 합리화의 과정을 더 입체적으로 볼 것을 주문하는 것이다. 나아가 빠른 속도로 진화하는 디지털 '장치'가 세계를 '거대한 감옥'으로 변모시킬 수 있다는 점을 경고한다. 그 속에서 개인들이 어떻게 주체성을 지켜나가야 하는지를 화두로 던지고 있다.

지식인의 아편

레이몽 아롱

"'진보'가 오류 인정하지 않으면 도그마"

김태철

"정직하고 머리 좋은 사람은 절대로 좌파가 될 수 없다. 정직
한 좌파는 머리가 나쁘고, 머리가 좋은 좌파는 정직하지 않다.
모순투성이인 사회주의 본질을 모른다면 머리가 나쁜 것이
고, 알고도 추종한다면 거짓말쟁이다."

20세기 프랑스 지성계知性界를 언급하면 빠지지 않고 등장하
는 두 인물이 있다. 우파와 좌파를 대표하며 수십 년간 치열한
이념 대결을 벌였던 레이몽 아롱Raymond Aron(1905~1983)과 장 폴
사르트르Jean Paul Sartre(1905~1980)다. 두 사람은 프랑스 최고 명문
인 고등사범학교ENS 동기생이자 반反나치 레지스탕스 동지였
다. 이들을 결정적으로 갈라서게 한 사건이 1950년 '6·25 전쟁'
이었다.

'진보'란 이름을 독점한 좌파

아롱은 6·25 전쟁이 발발하자마자 《르 피가로》 칼럼을 통해 "북한이 남한을 침략한 것은 제2차 세계대전 이후 가장 중대한 사건"이라고 북한을 규탄했다. 반면 사르트르는 "남한 괴뢰도당이 북한을 침략했다"는 프랑스 공산당의 주장을 여과 없이 대변했다. 북한에 의한 남침南侵이 드러난 뒤에도 "남한과 미국이 남침을 유도했다"는 주장을 내놓았고, 한때 "6·25 전쟁은 한반도 통일전쟁"이라는 프랑스 극좌파 주장에 동조했다.

남침설을 주장한 아롱은 당시 프랑스 지성계를 주도하던 좌파에 의해 '미 제국주의자의 주구走狗'라고 매도됐다. 상당수 우파 지식인은 좌파의 '낙인찍기'가 두려워 제대로 목소리를 내지 못했다. "아롱과 함께 옳은 것보다는 사르트르와 함께 실수하는 게 낫다"는 것이 당시 분위기였다.

아롱이 이런 사회적 배경에서 1955년 출간한 책이 『지식인의 아편L'Opium des Intellectuels』이다. 아롱은 1962년 개정 증보판을 냈다. 그는 이 책을 통해 반인권적인 공산주의에 동조하는 좌파가 '진보'의 이름을 독점하고 민중에게 거짓 선전·선동을 일삼는 현실을 개탄했다.

"'역사적 변증법에 의해 필연적으로 도래하는 무산계급의 시대가 억압된 자들을 해방시킨다'는 공산주의 이론은 사이비 종교와 같다. 절대성을 강조하고 오류를 인정하지 않는 사상은 민중을 고난으로 이끌 뿐이다. 거대한 수용소 국가로 전락한 소련의 모습은 이를 대변한다. 진보라는 이름을 내세워 민중을 잘못된 길로 몰아세우는 좌파 지식인은 '마르크스주의라는 아편'의 중독자다. 객관성, 보편성과 소통하지 못하는 사상은 억지요 고집일 뿐이다."

아롱은 오류를 인정하지 않는 마르크스주의의 치명적 결함이 소련의 몰락을 이끌 것이라고 예견했다. "정치란 선과 악의 투쟁이 아니다. 미래와 과거의 투쟁은 더더욱 아니다. 좀 더 바람직한 것과 그렇지 않은 것 사이의 선택일 뿐이다. 정치와 이념을 선과 악의 투쟁으로, 이분법적으로 구분하는 것 자체가 잘못이다. 그런 점에서 마르크스주의는 실패의 씨앗을 잉태하고 있다."

아롱은 소련 체제의 야만성과 폭력성을 비호하는 좌파의 소위 '진보적 폭력론'에 대해 각을 세웠다. "혁명의 완성을 위해 반혁명 세력에 대한 폭력을 용인해도 좋다는 진보적 폭력론은 도그마dogma에 빠진 좌파의 실상을 그대로 보여준다. '새로운 미래'를 건설하기 위해 반문명적인 행위를 허용할 수 있다고 주장하는 자들이 지성인 자격이 있는가. 소련이 자유를 갈망하는 헝가리 국민을 탱크로 짓밟은 것에서 무엇을 보았나. 무엇이 그들에게 인류의 보편적인 가치인 자유와 인권에 눈 감게 만들었는가. 이념의 우상, 독선의 도그마에 빠진 탓이다."

"폐쇄성은 전체주의로 귀결"

아롱은 좌파에 의해 '자본주의 착취 도구'로 매도된 시장경제의 우월성도 강조했다. "'능력에 따라 일하고, 욕망에 따라 배분받는다'는 선전은 허공의 유토피아에 불과하다. 인간의 열망으로 이뤄질 수 있는 게 아니다. 이런 허구에 몰입할수록 '모두가 잘사는 세상'이 아니라 '모두가 가난한 세상'으로 전락할 가능성이 높다. 좌파들은 어설픈 이데올로기에 사로잡혀 역사의 진실을 어지럽혀선 안 된다. 오류를 인정하지 못하고 다른 의견을 용인하지 못하는 폐쇄성은 전체주의로 귀결된다는 게 역사의 교훈이다. 선동적인 '진보팔이'로 젊은이들을 호도하는 것은 문명의 퇴보를 재촉하는 것이다. 인간의 자발성과 창의력을 키우는 자유주의와 시장경제가 인류 진보의 유일한 해결책이다."

아롱이 비판한 '진보적 폭력론'은 국내 종북주의자들에게도 적지 않은 영향을 미쳤다. "북한을 이해하려면 북한의 시각에서 봐야 한다"는 이른바 '내재적 접근법內在的 接近法'의 이론적 틀이 됐다. "진보적 폭력론과 내재적 접근법은 결국 '사실(남침)'보다는 그것의 '해석(통일전쟁)'이 더 중요하다는 식의 궤변으로 변질됐다"는 게 전문가들의 중론이다. 한국 지식인들은 아롱이 말한 사회주의라는 '아편'에서 얼마나 자유로울 수 있을까.

국가론

플라톤

"대중의 선호가 도덕이 되면 중우정치衆愚政治 온다"

백광엽

플라톤Platon(BC 427~BC 347)은 서구 사상의 출발점으로 불린다. 수학자 겸 철학자였던 화이트헤드 미국 하버드대 교수는 "오늘날의 서양철학은 플라톤 사상에 대한 일련의 각주로 구성돼 있다고 봐도 무방할 것"이라고 했다. 플라톤이 2500년 전 제기한 개념과 관점, 문제의식이 아직도 세계인을 사로잡고 있으며, 무수한 영감을 불러일으킨다는 상찬이다.

『국가론Politeia』은 플라톤이 자신의 스승 소크라테스가 주변 사람들과 '정의'를 주제로 나눈 대화를 10권 분량으로 엮어낸 책이다. 소크라테스의 입을 빌려 아테네의 정치 현실을 비판하고, 철인哲人이 통치하는 이상 국가 '칼리폴리스Callipolis'에 대한 구상을 설파했다. 당시 그리스의 도시국가(폴리스)에는 "강한 사람이 더 많이 갖는 것, 그게 정의"라는 생각이 득세했다. 그런 상황에서 정치를 '권력 게임'이 아니라 '좋은 삶'이라는 주제의식으로 풀어낸 그 자체로 혁명적이라는 평가를 받는다.

'철인 왕'의 이상, 법치국가로 이어져

플라톤은 1권에서 "스스로 통치하려는 마음을 갖지 않을 경우 최대의 벌은 자기보다 못한 사람에게 통치당하는 것"이라고 썼다. 최근 회자되는 "정치를 외면한 가장 큰 대가는 저질스러운 자들에게 지배당하는 것"이라는 인용구의 원전이다. 정치 참여 독려로 들리지만, 플라톤은 오히려 대중민주주의를 극도로 경계했다.

그는 정치형태를 좋은 순으로 최선자정체最善者政體, 명예지상정체, 과두정체, 민주정체, 참주정체의 5단계로 구분했다. 이상적 모델인 최선자정체에서는 '철인'이나 여러 명의 현자가 통치자다. 첫 번째 쇠퇴 단계인 명예지상정체에선 승리와 명예에 대한 욕망이 서로 충돌한다. 이는 필연적으로 부자 중심의 과두정체로 이어진다. 그 다음이 민주정체다. 플라톤이 본 민주정체는 "부富를 향한 투쟁이 극한으로 전개되고, 무제한의 자유 탓에 욕심과 쾌락에 빠진 나라"다. 민주정체는 독재자가 지배하는 가장 사악한 참주정체로 귀결되고 만다.

민주정체에 대한 플라톤의 혹평을 '민주주의 폄훼'로 해석하기도 한다. 하지만 타락한 아테네 식 민주정체에 대한 거부로 이해하는 게 타당할 것이다. 아테네는 추첨으로 통치자를 결정했다. 모두 신에게서 같은 재능을 부여받았다고 전제했기 때문이다. "민주정은 대중의 선호가 도덕이 되는 중우정치로 변질할 위험이 농후하다"는 게 플라톤의 요지다. 그가 시종일관 '철인' 또는 '철학자 왕'의 통치를 주장한 배경이기도 하다. 말년에 쓴 『법률Nomoi』에선 "철인 왕의 계속적 출현을 기대할 수 없다면 법의 지배를 통해서라도 최선의 정체를 실현하는 게 바람직하다"며 한 발 물러섰다. 결국 철인 왕 구상은 법치를 지향하는 현대의 민주정과 맥이 닿는다고 볼 수 있다. 철인은 출신 성분과 무관하다. 30여 년의 학문·실무 테스트를 거친 50세 전후 능력자들이 선발된다. 여러 분야 전문가들이 선거로 뽑히는 현대의 민주제도와 결과적으로 비슷한 측면이 있다.

오늘날의 눈높이로 읽어도 『국가론』은 꽤나 급진적이다. '국가의 봉사자'인 통치자 계급에는 재산 보유 등 사익 추구 금지를 주문했다. "처·자식 공유로 가족제도를 해체하고, 아이들은 열 살 무렵부터 국가가 맡아 키우자"고도 했다. 누구의 아들, 딸인지 구분이 불가능해져 세습이 원천 봉쇄된다. 철저한 능력 중심 사회를 실현하기 위해서라지만 분명 도발적 발상이다.

문제적 구상도 수두룩하다. "가족 해체 후 잠자리 상대는 제비뽑기로 결정하자"고 했다. 더 좋은 이상 국가를 위해 필요하다며 우생학적 방법론까지 내놨다. "제비뽑기를 조작해 우수 남녀 간 성교 횟수를 늘리고, 열등 남녀 간 성교는 감축하면 된다"는 주장이다.

시대를 앞서간 혁명적 생각의 '샘'

과격함은 적잖은 반대를 불렀다. 칼 포퍼는 목적론적 세계관에 빠진 '전체주의 철학의 효시'라며 플라톤을 헤겔, 마르크스와 함께 '열린사회의 적'이라고 비판했다. 제자 아리스토텔레스도 『국가론』의 핵심 개념인 이데아론을 공격했다. 플라톤은 7권에서 '철인 왕은 어떤 원리에 기초해 지배해야 하는가'를 설명하며 이데아론을 펼친다. '동굴의 비유'를 들어 "개별 사물 너머 존재하는 '그 무엇'이 본모습이자 존재 이유"라고 설명했다. 이데아로 명명한 그 세계만이 진정한 세계이며, 보이는 현상은 동굴 안 그림자에 불과하다고 했다. "철인은 동굴 밖으로 나가 진정한 원인이자 '선의 이데아'인 태양을 본 사람이어야 한다"고 덧붙였다. 이에 대해 아리스토텔레스는 "사물의 원인을 이데아로 돌린다면 모든 현실을 부정해야 하는 불합리한 결론에 도달한다"고 정면 반박했다. '본질은 볼 수 없고, 사람은 나약하다'는 이데아적 세계관은 이후로도 이성을 긍정하는 후학들의 무수한 도전을 받았다.

여러 비판에 아성이 흔들리기도 했지만, 사유를 확장시킨 플라톤의 논변은 늘 재해석되고 있다. 사상적 지위도 굳건하다. 문명을 진보시키는 자양분이 됐고, 앞으로도 그럴 것이라는 기대가 여전한 것이다. "인간의 도덕적 발전은 지적 성장과 비례한다"는 그의 도덕철학 역시 서양 도덕 체계의 근간에 자리하고 있다. 시대를 앞선 통찰로 가득한 『국가론』은 지금도 '마르지 않는 샘'이다.

정치학

아리스토텔레스

"민주정政, 중우정치 변질 경계해야"

홍영식

"손님 각자가 가지고 온 음식이 한 사람이 만든 요리보다 더 다양한 맛을 내는 것처럼, 많은 사람이 함께 내리는 판단이 훨씬 더 뛰어나다. 국가가 필요한 이유도 이와 같다. 각기 다른 능력을 가진 국가 구성원들이 서로 보완적인 역할을 함으로써 더 행복한 삶을 이룰 수 있다."

그리스 정치철학자인 아리스토텔레스Aristoteles(BC 384~BC 322)는 행복이야말로 인간이 추구하는 목적 가운데 최고의 선善이라고 여겼다. 그는 "행복이란 자신에게 주어진 능력과 조건 안에서 가장 적절하게 스스로를 실현하고, 다른 이들과 함께 잘 어울리는 것"이라고 했다.

이런 개인의 행복을 실현할 수 있는 이상적인 정치체제가 무엇인지 탐구한 책이 『정치학politica』이다. 그는 41세 때 마케도니아 왕의 부탁을 받고 왕자(훗날 알렉산더 대왕)의 가정교사가 됐다.

다시 읽는 명저

이 책은 그가 알렉산더에게 가르치기 위해 정리한 교재다. 폴리티카는 '폴리스에 관한 이야기'라는 뜻이다. 폴리스는 고대 그리스의 도시국가를 지칭한다. 아리스토텔레스는 아테네를 비롯한 각 폴리스의 다양한 통치 형태를 관찰한 뒤 어떤 것이 바람직한 정치 시스템인지 제시했다.

아리스토텔레스는 "인간은 본성적으로 국가라는 정치공동체를 이뤄 살아갈 수밖에 없다"고 설파했다. 두 가지 이유에서였다. 첫째, 생존 때문이다. "인간이 안정적으로 살기 위해서는 국가가 필요하다. 국가라고 불릴 정도의 공동체가 돼야 자급자족이 가능해지고, 스스로의 힘으로 욕구를 충족할 수 있다."

공유지의 비극 정확하게 인식

두 번째는 국가에 소속돼야 온전한 인간이 될 수 있기 때문이라고 했다. "인간은 다른 사람들과 소통하고, 토론을 통해 의견을 조율하며, 선한 일을 실천할 수 있는 이성적인 능력을 갖추고 있다. 이게 실천적 지혜다. 혼자 사는 사람에게 언어와 의사소통, 윤리적 실천이 무슨 의미가 있겠는가. 그래서 인간은 본성적으로 정치적인 동물이다."

국가의 역할 및 기능과 관련, 아리스토텔레스는 스승인 플라톤에게 반기를 들었다. 플라톤은 국가를 가능하면 하나로 만들려는 이상을 가지고 있었다. 이상적인 이데아를 실현하기 위해 적어도 통치 계급은 재산은 물론 처자까지 공유해야 한다는 과격한 주장도 했다. 이에 대해 아리스토텔레스는 플라톤이 국가에 대해 지나치게 통일성을 부여했다고 비판했다. 국가는 다양한 사람과 조직의 결합이기 때문에, 무리하게 하나로 만들기보다는 다양성을 인정해야 한다는 것이었다.

다양성이 극단으로 치달으면 분열로 갈 수도 있겠지만, 각자의 장점과 능력을 잘 발휘하도록 하고 조화를 추구한다면 국가와 사회는 다채롭고 풍요롭게 될 것이라는 게 그의 지론이었다. 그는 "가정은 국가를 안정적이고 조화롭게 만드는 기본 요소다. 처자를 공유한다면 부자¥子, 부부, 형제간 진정한 우애와 유대감 형성이 불가능해지고 사회는 불안해질 것"이라고 했다. 또 "최대 다수가 공유하는 것에는 최소한의 배려만이 주어지고 소홀히 관리될 것"이라며 "인간은 본성상 공유재산보다 사유재산에 더 애착을 갖게 되고, 공익보다 자기의 이익을 먼저 생각하기 마련"이라고 했다. 훗날 경제학 이론으로 정립된 '공유지의 비극'을 정확히 인식한 것이다.

"중간계층 많아야 안정 이룰 수 있어"

아리스토텔레스는 정치체제를 군주정, 귀족정, 혼합정(군주정+귀족정)과 이 세 가지 체제가 변형된 참주정(1인 독재자가 통치), 과두정(부자나 귀족 몇 명이 통치), 민주정 등으로 분류했다. 그는 과두정과 민주정을 혼합한 체제를 이상적으로 꼽았다. 국가가 순수한 단일 정치체제만을 지향하면 특정 계층의 이익을 대변하면서

다시 읽는 명저

타락하고, 균형을 잃어 망하게 된다고 봤다. 그는 "산술적인 평등을 강조하는 민주정과 자격 및 능력에 따른 비례평등을 강조하는 과두정은 계층 간 갈등을 낳으면서 사회를 불안과 극단으로 치닫게 한다"고 했다.

아리스토텔레스는 참주정이 최악이고, 다음으로 과두정이 나쁘며 민주정이 견딜만하다고 했다. 그러나 민주정의 위험성은 경계했다. '법의 지배'가 뿌리내리지 못하면 중우정치衆愚政治로 흐를 우려가 있다는 게 그의 지적이었다. "민주정에서는 선동가들이 나타나기 쉽다. 이들은 민중의 환심을 사기 위해 민중이 법 위에 군림하게끔 사태를 몰아간다. 민중이 독재자가 된다. 이런 민중의 결의에 좌지우지되는 체제는 진정한 의미의 민주정이 아니다."

아리스토텔레스가 '중용'을 중시했다는 것은 널리 알려져 있다. "개인의 삶에도 중용이 중요하듯, 국가도 중간계층이 많아야 안정을 이룰 수 있다. 중간계층이 다른 계층을 합한 것보다 더 많은 국가는 훌륭한 정치체제를 가질 것이 분명하다."

아리스토텔레스는 정치학이 학문의 한 분야로 독립된 이름을 얻고 체계를 갖추는 길을 열었다는 평가를 받고 있다. 정치체제 구분 등 이 책에 등장하는 많은 부분이 2400년 가까이 지난 오늘날까지 유효한 정치 분석 틀로 쓰이고 있다. 그가 정치학의 시조로 불리는 이유다.

인간 지성에 관한 탐구

데이비드 흄

"자생적 질서 덕에 시장경제 발전했다"

양준영

"자유는 의지의 결정에 따라 행동하거나 행동하지 않는 힘을
의미한다. 만일 우리가 머물러 있기를 선택하면 머물 수 있고,
움직이기를 선택한다면 움직일 수 있다. 이런 자유는 죄인이
나 감옥에 갇혀 있는 사람이 아니라면 누구나 가지고 있는 것
으로 일반적으로 인정되고 있다."

영국 철학자 데이비드 흄David Hume(1711~1776)은 대표작 『인간
본성론A Treatise of Human Nature』과 『인간 지성에 관한 탐구Enquiry concerning
the Human Understanding』를 통해 인간 본성을 집중 고찰했다. 사회를
올바르게 이해하기 위해서는 행위 주체인 인간 본성을 제대로
알아야 한다는 이유에서다. 흄은 경험주의 철학을 토대로 진화
론적 자유주의를 주창했다. 또 개입주의와 설계주의에 반대하
는 자유주의 법사상, 나아가 법치주의의 기초를 닦았다는 평가
를 받고 있다.

계획된 질서는 지속가능하지 않다

흄은 친구인 애덤 스미스 등과 함께 스코틀랜드 계몽주의를 얘기할 때 가장 먼저 거론되는 인물이다. 진화론적 합리주의가 핵심 사상이다. 시장경제만 하더라도 특수한 사회계층이 의도한 결과가 아니라 지적으로나 도덕적으로 완전하지 않은 평범한 인간들의 다양한 활동에서 자생적으로 생겨난 결과라고 봤다. 이기적 목적을 추구하는 범인凡人들의 행동이 상호작용을 일으키면서 상업 사회의 도덕이 생겨났고 물질적 번영도 이뤘다는 것이다.

그는 또 인간의 탐욕은 모든 시대, 장소에서 작용하는 보편적 감정이지만, 이런 탐욕이 미치는 사회적 결과는 제도에 따라 달라진다고 했다.

흄의 이 같은 사상은 데카르트와 홉스, 벤담 등으로 이어지는 프랑스 계몽주의와는 확연히 궤를 달리한다. 프랑스 계몽주의는 인간 이성에 대한 신뢰를 기반으로 구성주의적 합리주의를 주창하지만, 스코틀랜드 계몽주의는 구성주의나 인위적 질서를 배격한다. 개인들이 타인의 인격과 재산을 침해해서는 안 된다는 소극적 의무를 강조할 뿐이다.

스코틀랜드 계몽주의는 또 미래를 미리 정하지 않는다. 자생적 질서를 통해 새롭게 만들어가는 방식으로 미래를 열어놓고 있다. 20세기 이후 스코틀랜드 계몽주의 사상은 하이에크 등 자유주의 경제학자들이, 데카르트의 프랑스 계몽주의는 케인스 등이 이어받았다.

흄은 자유 사회의 기초가 되는 세 가지 행동 규칙으로 사적 소유의 원칙과 계약 자유의 원칙, 약속 이행의 원칙을 꼽았다. 또『도덕·정치·경제논집』에서 시민의 자유를 말하면서 '인간의 지배'가 아니라 '법의 지배'를 강조했다. 흄의 이 같은 생각은 자유주의와 시장경제, 법치주의 사상이 자리 잡는 데 개척자 역할을 했다.

자유주의의 법치주의 정신은 흄이 말한 '법의 지배'와 다르지 않다. 흄은 "실제로는 잘못된 공준公準이 정치에서는 참이 되기도 한다"고 지적했다. 늘 정부를 경계하고 모든 자의적 권력을 제거하는 것이 필요하다는 의미다. 내용이 무엇이든 '법'이라는 이름으로 무조건 강제해서는 안 된다는 것이다. 법치주의 정신은 이처럼 의회가 만든 실정법實定法이면 무조건 따라야 한다는 법실증주의와 분명히 다르다.

'인간의 지배' 아닌 '법의 지배'

자유주의 경제학자 하이에크는 '법다운 법'을 위한 요건으로 크게 두 가지를 꼽았다. 첫째는 모든 사람에게 예외 없이 보편적으로 적용되는 행동규칙이어야 한다고 지적했다. 일반적이어야 한다는 것으로, 개인이나 기관의 특정한 사정이나 특수한 장소 및 시점을 고려해서는 안 된다. 두 번째는 특별한 목적이나 동기를 내포하지 않는, 추상성을 갖춰야 한다. 달리 얘기하면 개인 인격과 재산 침해 등 특정 행동을 금지하는 내용이면 충분하다.

요즘 입법자들이 정하는 것이면 무엇이든 법이고, 이에 따르는 걸 '법치'라고 얘기하는 경우가 드물지 않다. 하지만 개인 자유를 억누르고, 권력자 간섭을 정당화하는 법들이 아무런 제약 없이 쏟아져 나온다는 비판도 적지 않다. 인간이 아니라 법의 지배를 강조한 흄의 스코틀랜드 계몽주의 철학을 돌아볼 필요가 있다.

법의 정신

몽테스키외

"정치권력 커질수록 개인 자유는 위축"

양준영

"법이 존재하는 사회에서 자유는 원하는 일을 행할 수 있고, 원하지 않는 일을 억지로 하지 않는 데 있다."

"권력을 가진 모든 자는 그 권력을 남용하려 하고, 권력의 한계에 이르기까지 이를 행사하려 한다."

몽테스키외Charles—Louis de Secondat Montesquieu(1689~1755)가 1748년 출간한 『법의 정신DE L'Esprit des Lois』의 밑바탕에는 자유주의 정신이 깔려 있다. 정치 사상가면서 법학자인 그는 어떤 정치체제에서 진정한 자유가 추구될 수 있는가를 20년에 걸쳐 탐구하면서 이 책을 썼다. 『법의 정신』에서 몽테스키외는 정치권력을 입법·행정·사법으로 분립해야 하며, 이처럼 권력들이 서로 균형을 이룰 때 최대의 시민 자유가 가능하다고 주장했다. 주변 나라의 입법立法에 대한 비교 연구를 통해 정립한 그의 삼권분립

원리는 지금 세계 각국의 헌법 체계에 녹아 있다.

입법·행정·사법 분립 … 균형 이뤄야

몽테스키외는 법을 자연법과 실정법으로 나눈 뒤 실정법을 다시 대상과 목적에 따라 만민법, 공법(정치법), 사법 등 세 가지로 구분했다. 만민법은 국가 간의 관계를, 공법은 통치자와 피통치자의 관계를, 사법은 시민들 간의 관계를 다루는 법이다. 『법의 정신』에서 몽테스키외가 탐구한 핵심적 주제는 헌정과 시민 간 공법적 자유와 시민 개개인 사이의 사법적 자유에 관한 것이었다.

몽테스키외는 또 정치 체제를 공화정체政體, 군주정체, 전제정체 등으로 나눠 각각의 법체계와 함께 작동 원리를 살폈다. 그는 어떤 정치 체제에서건 "인간은 누구나 권력을 쥐면 그것을 남용하는 경향이 있고, 한계에 이를 때까지 권력을 행사하려 한다"고 지적했다. 그래서 모든 시민의 자유를 보장하려면 권력을 제어하는 제도적 장치가 필요하다고 주장했다.

몽테스키외는 이렇게 권력과 자유가 대립한다는 개념을 분명하게 정립함으로써 자유주의 정신의 기틀을 닦았다는 평가를 받고 있다. 그는 입법권과 집행권을 구별하고 국가권력을 배분해야 한다는 것을 최우선으로 강조했다. 몽테스키외는 다만 자유를 "원하는 모든 것을 행할 수 있는 권리가 아니라 법이 허용하는 모든 것을 행할 수 있는 권리"로 정의했다.

『법의 정신』의 부제는 '법이 각 정체의 구조·풍습·풍토·종교·상업 등과 가져야 할 관계에 대하여'다. 법은 각 나라의 물적·정신적·사회적 현실을 반영한다는 점을 지적한 것이다. 몽테스키외가 20년에 걸쳐 이 책을 쓴 것도 현장에서 탐구와 고찰을 거듭했기 때문이다.

몽테스키외는 『법의 정신』에서 대의代議정치를 찬양했다. 영국 계몽주의 철학자인 로크의 전통을 계승한 그는 '대의정치 제도야말로 인간이 상상할 수 있는 최선의 정체를 제시하고 있다'고 지적했다.

자유주의 학자들은 몽테스키외가 자유주의 철학의 기반을 닦은 데 대해선 인정하면서도 대의정치를 최선의 정체로 본 인식은 잘못된 것이라고 비판했다. 민경국 강원대 명예교수(경제학)는 "입법 만능주의와 경제적 자유에 대한 침해가 지금의 민주주의 위기를 부르고 있다"며 "근본 원인은 의회 권력을 제한하지 않고 의회에 무제한의 권력을 허용하는 제도 때문"이라고 꼬집었다.

급증하는 입법 만능주의 폐해

국민이 선출하는 의회 권력은 제한할 필요가 없고, 제한해서도 안 된다는 것은 잘못된 믿음이라는 지적이 줄을 잇고 있다. 입법권을 가진 국회가 입법을 남발할 뿐 아니라 별다른 견제 없이 행정권에 대해서도 영향력을 키우면서 여러 부작용을 낳고

다시 읽는 명저

있다. 법치주의를 밀어내고 대의제 의회주의가 활개치면서 민주주의와 개인 자유부터 위협받고 있다는 것이다. 정부든, 의회든 권력은 제한돼야 한다는 헌법주의, 법치주의 전통이 무너지고 있다는 위기감도 크다.

로마교황청에서 금서로 지정하기도 했던 『법의 정신』은 자유주의는 물론 개입주의(간섭주의) 진영에서도 문구가 곧잘 인용되는 고전이다. 간섭주의 진영은 교황청이 금서로 지정한 이유이기도 한 '법 앞의 평등'을 강조하는 데 주로 이 책을 활용하고 있다.

이와 관련, 자유주의 학자들은 『법의 정신』에서 말하는 '법 앞의 평등'이 입법자들이 정하는 법이면 무조건 따르라는 법실증주의를 정당화하는 의미는 아니라고 지적했다. 의회에서 정한 것이면 무엇이든 법이라고 인정하고 그런 법에 따라 통치하는 것을 법치라고 말하는 것은 법치의 심각한 왜곡이라는 것이다. 개인 자유를 억누르고, 권력 간섭을 정당화하는 법에 의한 통치는 법치가 아니다.

이성적 낙관주의자

매트 리들리

"시장 혁신이 세상을 더 살기 좋게 할 것"

양준영

"20세기 들어 과거 부자들만 누렸던 특권을 인류 모두가 누릴 수 있게 됐다. 인류 번영에 대한 비관론은 근거 없다."

"인류 번영은 교환(거래)과 전문화 덕분이다. 앞으로 계속될 기술 진보와 번영은 빈곤과 질병을 줄이고 환경을 개선하며 행복을 높일 것이다."

언론인 출신의 과학저술가인 매트 리들리Matt Ridley가 펴낸 『이성적 낙관주의자The Rational Optimist』는 인류 번영에 대한 비관론자들의 주장과 달리 왜 세상이 점점 더 살기 좋아질 수밖에 없는지를 소개하고 있다.

저자는 역사와 철학, 경제학과, 생물학을 넘나들며 부富가 어떻게 생성되고 확산되는지, 인류의 삶이 왜 그토록 지속적으로 나아졌는지를 조망했다. 동서양은 물론 고대와 현대를 아우르

는 사례를 바탕으로 인류 번영에 대한 깊은 통찰력을 보여준다
는 평가를 받고 있다. 빌 게이츠 마이크로소프트, 마크 저커버
그 페이스북 창업자가 나란히 일독을 권한 책으로도 유명하다.

인류사에서 비관론 적중한 적 없어

『이성적 낙관주의자』는 빈부격차 심화와 기후변화, 늘어나
는 테러 등을 이유로 세계 곳곳에서 확산되는 비관주의를 조목
조목 반박하며 이런 엉터리 주장에 속아서는 안 된다고 강조하
고 있다. 저자는 1960년대 이후만 보더라도 비관론자들의 주
장 가운데 어느 하나 제대로 들어맞는 게 없다고 꼬집었다. 허
황된 주장의 대표 사례로는 1960년대 인구폭발과 세계적 기근,
1970년대 자원 고갈, 1980년대 산성비, 1990년대 세계적 유행
병 창궐 주장 등이 꼽혔다. 1970년대 석유자원 고갈 걱정은 셰
일가스 채굴기술이 상용화되면서 허황된 얘기가 되고 말았다.

비관론자들은 흔히 '아름다운 옛날'을 강조하는 잘못된 버릇
이 있다는 게 저자의 주장이다. 비관론자들은 과거 사람들이 훨
씬 순수하고 착했을 뿐 아니라 그때 더 살기 좋았던 것처럼 얘
기하는데, 터무니없는 망상이라는 것이다. 저자는 1700년대로
만 시곗바늘을 돌리면 인류는 기근과 질병에 시달렸다고 강조
하면서 문명 이전은 약육강식의 전쟁터였을 뿐이라고 했다.

저자는 줄곧 "인류가 원시상태를 벗어나 문명을 꽃피운 것처
럼 앞으로도 계속 발전할 것"이라며, 그 근거로 인류만이 혁신

할 수 있는 동물이라는 사실을 들고 있다. 또 기득권층이 약한 곳에서 기존 승자를 따라잡기 위해 절치부심하는 경쟁자들이 결국 혁신을 이끌어냈고 인류 성장을 이끌어왔다고 강조했다.

"인류의 지난 200년은 30년마다 혁신이 꽃핀 시대였다. 1800년에는 섬유, 1830년에는 철도, 1890년에는 전력, 1920년에는 자동차, 1950년에는 항공기, 1980년에는 컴퓨터, 2010년에는 인터넷 등으로 혁신이 이어졌다." 저자는 이를 통해 20세기 들어서는 일부 특권층이 아니라 모든 계층이 번영의 성과를 누리게 됐다고 밝혔다.

"부유한 국가들이 부유한 이유는 주로 경제활동을 지원하는 제도의 질과 국민들의 역량 덕분이다." 저자가 미국과 멕시코의 생산성 차이를 분석하며 교육, 법치 등 사회적 자본의 차이 때문이라는 점을 밝힌 대목도 눈길을 끈다.

제도 유연성이 생산성 격차 벌려

미국 국경을 넘는 멕시코인의 생산성이 거의 순간적으로 네 배로 올라가는 것은 미국이 지닌 무형 자본이 멕시코의 열 배 이상이기 때문이라고 저자는 설명했다. 더 유연한 제도, 더 분명한 규칙, 더 교육수준 높은 소비자, 더 간단한 서식 등이 국가 생산성 수준으로 귀결된다는 것이다.

이 책에는 신자유주의에 비판적 견해를 가졌더라도 선입견을 벗어던지고 들여다볼 만한 내용이 적지 않다. "재생에너지가 자연을 더 훼손한다"거나 "세계적 불평등은 줄어들었다"는 등의 내용이 대표적이다.

저자는 "오늘날 재생 가능 에너지로 세계에 전력을 공급하는 것은 자연을 훼손하는 가장 확실한 방법"이라고 썼다. 그리고 풍력에너지 가격은 석탄의 세 배에 달하지만 전력 시장에서 퇴출되지 않는 것은 정부 보조금 덕분이며, 그 혜택은 임대료를 받는 부유한 지주들과 풍력 발전업계로 돌아가고 있다고 꼬집었다. 일반 근로자 입장에서 보면 부자가 세금을 덜 내는 역진세가 시행되는 셈이라고 지적했다.

저자는 불평등 문제도 다른 관점에서 접근했다. 중국과 인도의 빠른 성장을 얘기하면서 "부자 소득이 가난한 사람의 소득보다 빨리 늘어나면서 자국 내 불평등은 심화됐을 수 있지만 두 나라의 성장은 세계 전체로 봤을 때 빈부 차를 줄이는 효과를 가져왔다"고 설명했다.

저자는 『이성적 낙관주의자』에서 "인류 번영을 이끄는 혁신을 장려하는 방법은 자본과 재능을 합치는 것"이라고 했다. 그러면서 지금까지의 인류 역사를 돌아볼 때 사람끼리 만든 연결고리와 아이디어를 공유하고 조합하는 능력이 더 살기 좋은 세상을 계속 만들 것이라는 점을 의심할 필요는 없다고 강조했다.

열린사회와 그 적들

칼 포퍼

"사회는 비판·반증 통해 점진적으로 발전"

홍영식

"인류 역사는 닫힌사회와 열린사회 간 투쟁의 역사다. 우리가
인간으로 남고자 한다면 오직 하나, 열린사회로 가는 길이 있
을 뿐이다."

칼 포퍼Karl Raimund Popper(1902~1994)의 『열린사회와 그 적들The
Open Society and Its Enemies』은 전체주의의 허구성을 통렬하게 비판한
책이다. 그는 1945년 출간한 이 책에서 나치즘과 마르크스주의
등 전체주의를 개인의 자유가 없는 닫힌사회로 규정했다. 이런
닫힌사회에서 벗어나 개인주의를 존중하고, 사회 구성원들의
합리적인 비판과 토론이 보장되는 열린사회로 나아가야 한다
는 게 요지다.

포퍼는 오스트리아 출신의 유대인이다. 나치 박해를 피해 뉴
질랜드에 망명 중이던 1938년 독일 히틀러가 오스트리아를 병
합했다는 소식을 듣고 이 책을 집필하기 시작했다. 그는 열린사

회를 독립적이고 자유로운 개인들의 집합으로 파악했다. 개인은 전체의 일부가 아니라 그 자체로서 고유한 자유를 지닌다는 것이다. 그는 "열린사회에선 사회규범도 인간이 만든 것으로서 비판의 대상이 되며 정부 정책도 마찬가지"라며 "그래야 정책 실패 가능성이 낮아진다"고 역설했다. "비판을 허용하는 열린사회는 서로 상충하는 의견이 자유롭게 표출되고 엇갈리는 목표들이 다양하게 추구될 수 있는 다원적인 사회"라는 게 그의 견해다.

플라톤·마르크스, 닫힌사회의 주범

반면 닫힌사회에선 도덕과 법률, 정치제도가 자연법칙과 같이 절대적이어서 비판이 불가능하다. 그는 역사법칙주의와 민족주의를 열린사회의 최대 적으로 꼽았다. 특히 플라톤과 마르크스를 역사법칙주의자로 규정하고, 이들을 '닫힌사회의 주범'이라고 공격했다. 서문에서 이들을 겨냥, "이 책에서 위대한 지도자들에게 거친 말들이 퍼부어졌다. 그것은 나의 확신에 뿌리를 두고 한 소리"라고 썼을 정도다.

역사는 보편적 법칙에 따라 어떤 목표를 향해 발전한다는 게 역사법칙주의다. 역사는 인간이 다룰 수 없는 힘에 의해 정해진 방향에 따라 결정된다는 것이다. 역사법칙주의의 뿌리는 플라톤에게 있으며, 마르크스의 공산주의 이론으로 구현돼 전체주의를 형성하는 원동력이 됐다는 게 포퍼의 견해다.

포퍼는 "플라톤과 마르크스는 개인을 인류 역사의 발전에 별로 중요하지 않은 도구로 여기며, 역사엔 그 종착역이 있다고 보고 있다"고 했다. 종착역은 플라톤의 이상국가론, 마르크스의 공산주의 사회다. 또 "이들은 역사의 무대에서 정말로 중요한 것은 민족들의 위대한 지도자, 위대한 계급, 위대한 이념이라고 생각한다"고 지적했다.

지도자는 시민보다 우월한 사람이므로, 그가 절대권력을 갖고 이상 국가를 통치하는 것이 최선의 길이며 그 권위에 도전하거나 그 정책을 비판해서는 안 된다는 게 플라톤의 주장이다. 플라톤은 지도자의 조건은 철학자(철인 왕)여야 하고, 선천적으로 우수한 민족이 있었다고 믿었다. 그리스인-야만인 관계를 주인과 노예 관계로 본 것이 그 예다. 포퍼는 "플라톤의 이런 관점이 게르만 민족주의를 내세운 히틀러식 파시즘의 뿌리가 됐다"고 분석했다. 또 "플라톤은 개인은 전체를 위해 존재한다고 규정짓고, 개인주의를 이기주의로 간주함으로써 전체주의 사상에 초석을 놨다"고 공격했다.

반증될 수 없는 절대적 진리는 없어

포퍼는 "개인의 책임을 집단의 책임으로 대체하는 민족주의는 평등주의와 인도주의를 지향하는 열린사회와 정면으로 배치된다"며 "역사를 민족 대 민족의 대립 항쟁으로 보는 관점이 20세기를 지배했고, 그 절정은 나치즘"이라고 규정했다.

포퍼는 전체주의에 맞서 '점진적 역사발전론'을 내세웠다. 그는 "사회는 혁명이란 수단을 동원해 정해진 목표를 향해 일거에 발전하는 게 아니다"며 "사람들 사이의 수많은 비판·토론과 시행착오를 통해 조금씩 발전하고 개선돼야 한다. 이게 열린사회"라고 강조했다.

이 책의 핵심 중 하나는 '반증 가능성 이론'이다. 과학에서 반증될 수 없는 절대적 진리는 없다는 것이다. 합리적인 가설 제기와 기존 이론이 지닌 오류를 찾아 반증하는 과정을 통해 더 나은 이론을 정립하면서 조금씩 진리에 접근한다는 이론이다. 포퍼는 "사회도 마찬가지"라며 "인간의 이성이 한계가 있기 때문에 서로의 비판을 허용하고 반증을 거쳐 점진적으로 문제를 해결해나가야 한다"고 강조했다. 그는 "플라톤의 철인 왕과 마르크스의 노동자 계급은 역사법칙의 절대적 존재, 절대적 진리처럼 군림하고 있다"며 "이는 반증 가능성이 없는 닫힌사회의 대표적 사례"라고 꼬집었다.

포퍼의 열린사회는 사고의 개방을 존중하고, 자기 교정이 가능하며 반대를 허용하는 비판적 합리주의를 추구한다. 새로운 규칙과 제도를 만들 수 있는 가능성이 있고, 반증될 수 있는 사회가 열린사회다. 개인들은 이 사회에서 스스로 판단하고, 역사를 만들어가고 책임진다. 이게 바로 자유주의라는 것이다.

사회주의의 심리학

귀스타브 르 봉

"자유주의 번창한 국가가 세계사 주도"

김태철

"사회주의가 내세우는 이상은 실현 불가능한 것이다. 역사적 경험들이 이를 말해준다. 그러나 불행하게도 사람들은 사회주의 정책으로 인해 사회가 파괴되고 난 다음에야 이런 경험들을 체득하는 경우가 많다."

프랑스의 군중심리학 대가인 귀스타브 르 봉Gustave Le Bon (1841~1931)은 1896년 출간한 『사회주의의 심리학Psychologic Du Socialisme』에서 당시 유럽을 휩쓸던 사회주의의 허구성과 위험을 경고했다. 그는 "사회주의가 '핍박 없는 모두가 잘사는 평등사회'를 주창하지만, 사회 발전 원동력인 개인의 자유와 창의를 억압하기 때문에 결국 핍박과 빈곤을 낳을 뿐"이라고 역설했다.

"국가 간섭주의 확산 경계해야"

르 봉은 유혈혁명을 부르짖는 사회주의 광기狂氣를 경계했다.

"오늘날(1890년대) 상황은 혁명을 통해 사회 모순을 단번에 해결하려 했던 프랑스 대혁명 때를 떠올리게 한다. 사회주의의 득세는 피와 혼란, 독재로 귀결됐던 선례先例를 답습할 가능성을 높인다."

그는 사회주의 이념이 확대 재생산되는 데는 '얼치기 지식인'의 책임이 크다고 지적했다. "가장 위험한 사회주의 사도使徒는 책에 담긴 지식 외에는 아무런 지식이 없는 학자들이다. 정말 세상이 어떻게 돌아가는지도 모르면서 '선의善意'를 가장한 구호로 민중을 선동한다. 문학가인 모레스 바레가 지적했듯이 현실과 유리된 이론가들은 사회 번영을 해친다."

사회주의는 여러 가지 모순에도 불구하고 끈질기게 생명력을 유지할 것이라고 전망했다. 이성이나 논리의 문제가 아니라 하나의 '신앙'으로 자리 잡았다는 판단에서였다. "사회주의 이론이 내포한 모순들이 사회주의의 승리를 가로막을 것이라고 기대해서는 안 된다. 어떤 이념의 논리적 결함이 그 이념의 전파를 막았던 적은 한 번도 없다. 지금의 사회주의는 논리를 바탕으로 하는 이론이기보다는 무조건적인 믿음과 복종을 강요하는 사이비 종교에 가깝다."

그는 사회주의의 또 다른 모습인 '국가 간섭주의' 확산도 경계해야 한다고 강조했다. '공공의 선'을 이유로 국가 역할을 확대할수록 개인의 자율성이 위축되기 때문이다.

"모든 분야에서 국가의 개입을 요구하는 목소리가 높아지고 있다. 매일 제안되는 법률은 수도 없이 많다. 국가가 철도를 국유화해 운영하자는 법, 국가가 은행을 직접 관리하자는 법, 노동시간을 규제하자는 법, 소규모 가게를 보호하기 위해 큰 가게에 세금을 무겁게 물리자는 법, 모든 고령 노동자에게 은퇴연금을 주자는 법…. 국가에 대한 의존도를 높이는 이런 법들은 언제나 비슷한 결과를 가져온다. 국민의 자율성과 독창성을 쪼그라들게 하고, 공권력을 비대하게 만든다. 프랑스가 쇠퇴하고 있는 것은 과도한 국가 간섭주의에 기인한다.”

자율성·책임감이 민주주의 성패 좌우

르 봉은 민주주의가 대중선동과 포퓰리즘으로 흐를 위험성은 있지만, 사회주의의 위협을 막을 유일한 대안이라고 설명했다. 민주주의의 성공에는 관련 제도의 정비도 필요하지만 사회 구성원의 태도가 가장 중요하다고 지적했다. “민주적인 제도들은 자율적이고 활력이 넘치는 민족에 잘 어울린다. 쉽게 말해 자율성과 ‘노력의 결과’를 믿는 것이 습관화된 민족에 적합하다. 민주적인 제도는 온갖 종류의 노력이 가능한 분위기를 조성할 뿐이다. 하지만 어떤 제도도 민주주의만큼 폭넓은 자유와 성공할 기회를 제공하지 못한다.”

르 봉은 민족성 관점에서 자유주의가 발달한 앵글로색슨족이 세계를 이끌어 갈 것으로 내다봤다. 앵글로색슨족 나라들 중에서도 국가의 간섭과 국가에 대한 의존을 악덕惡德으로 여기던 미국의 미래를 가장 밝게 봤다. 이미 130여 년 전 미국의 급부상을 예견한 것이다.

반면 프랑스, 스페인, 이탈리아, 포르투갈과 남미 지역 라틴계 국가들은 쇠퇴할 가능성이 높다고 예측했다. 르 봉의 눈에는 라틴족은 활력이 부족하고, 의존심이 강하고, 책임을 국가에 떠넘기는 경향이 강했다. 민주주의의 장점들을 제대로 살리지 못하고 사회주의와 타협할 가능성이 높다는 게 그의 관찰이었다. "미국 민주주의가 라틴계 국가의 민주주의와 달리 활기차게 돌아가는 것은 많은 것을 생각하게 한다. 정부 개입이 없어도 일을 처리할 수 있을 만큼 자율성과 독립심을 갖추지 못한 나라에서는 민주주의가 번창하기 어렵다."

그렇다면 어떻게 하면 세계를 이끄는 국민이 될 수 있을까? 르 봉은 혁명으로도 민족성을 바꿔놓지 못한다고 단언했다. "제도 개혁도 효과가 크지 않다. 유일하게 효과를 발휘하는 개혁이 있다면 교육개혁이다. 교육개혁을 통해 사회주의의 침투를 막고, '자유'와 '개인 책임'의 중요성을 국민에게 각인시켜야 한다. 그것만이 민족의 밝은 미래를 보장할 수 있다."

꿈의 해석

지그문트 프로이트

꿈은 욕망을 안전하게 배출하는 '압력 밸브'

김태철

정신분석학 이론은 지동설, 진화론과 함께 '인간의 자존심에 상처를 준 이론'으로 불린다. 코페르니쿠스의 지동설이 만물의 영장인 인간을 우주의 중심에서 끌어내렸다면, 찰스 다윈의 진화론은 인간을 신이 창조한 신성한 피조물에서 '그저 그런 동물'로 추락시켰다는 것이다.

"본능에 좌우되기 쉬운 무의식이 인간 행동을 결정하는 가장 중요한 요소"라는 지그문트 프로이트Sigmund Freud(1856~1939)의 정신분석학 핵심 이론은 '인간 정신은 이성의 산물'이라는 18~19세기 서구 철학의 가설을 무너뜨렸다는 평가를 받는다. 이성적인 존재로 믿어져 왔던 인간이 '수많은 욕망과 본능에 흔들리는 존재'로 전락한 것이다.

"욕망과 성性충동이 인간 행동 동기"

정신분석학의 본격적인 태동을 알린 것은 오스트리아 정

신신경과 의사 프로이트가 1899년 11월 출간한 『꿈의 해석*Die Traumdeutung*』이다. 프로이트에 따르면 인간 정신은 이드id, 에고ego, 슈퍼에고superego로 구성돼 있다.

'원자아原自我'라고도 불리는 이드는 충동과 본능의 근원이다. 생명과 삶을 자극하는 성性 에너지 리비도libido의 저장고 역할도 한다. 에고(자아)는 '현실의 대변자'다. 인간이 충동과 본능에 빠져 곤경에 처하지 않도록 이드를 조절한다. 슈퍼에고(초자아)는 이드와 에고를 통제하는 '도덕의 감시자'다.

"에고는 내부적으로 이드와 슈퍼에고, 그리고 외부적으로 주변 사람들의 반응이라는 세 명의 까다로운 주인을 섬기는 집사와 같다. 이 변덕스런 주인들은 너무나도 자주 충돌한다. 우리가 인생살이를 어렵다고 생각하는 것도 이런 이유다."

프로이트는 이드, 에고, 슈퍼에고가 복합적으로 작용하는 인간 정신을 다시 세 단계로 나눴다. 의식意識과 전의식前意識, 무의식無意識이다. 현재 자각하고 생각하는 것이 의식이다. 전의식은 의식과 무의식을 연결하는 것으로, 흔히 '기억'으로 설명된다. 무의식은 인간 내면에 깊게 잠재된 세계다.

"빙산을 떠올리면 쉽게 이해된다. 의식은 물 위에 떠 있는 부분이어서 그냥 보인다. 전의식은 들여다보면 보이는 물에 얇게 잠긴 부분이다. 무의식은 너무 깊게 잠겨 있어 그냥 들여다보면 절대 보이지 않는다. 빙산의 90% 이상을 차지하는 무의식을 볼 수 있어야 빙산의 참모습을 파악할 수 있다."

프로이트는 꿈이야말로 '무의식의 보고寶庫'라고 강조했다. 꿈을 제대로 분석하면 인간 행동이 어떤 이유로 일어났는지 알 수 있다고 주장했다. "모든 행동에는 반드시 그것에 합당한 원인과 이유가 있다. 무의식의 발현체인 꿈에는 인간 행동의 단서들이 숨어 있다."

프로이트는 "무의식은 설사 꿈이라는 형식 속에서도 자신을 무차별적으로 드러내는 것을 꺼린다"고 설명했다. 그는 이런 현상을 "스스로를 보호하기 위한 검열 작용"이라며 이를 '방어기제防禦機制'라고 정의했다.

"인간에게는 누구에게도 말하고 싶지 않은 욕망들이 있다. 수면 중에는 검열의 간섭이 저하低下돼 금지된 욕망들이 꿈틀거린다. 하지만 윤리적으로나 사회적으로 온당치 않은 욕망들은 어떤 식으로든 무의식의 검열을 받는다. 그래서 극단적인 반反사회적 욕망은 검열을 통과할 수 있는 수준으로 누그러뜨려진다. 이렇게 변형(왜곡)돼 나타나는 게 꿈이다. 꿈뿐만 아니라 현실에서도 이솝우화의 '여우와 신포도' 이야기처럼 자기합리화 등의 방어기제들이 발동된다. 꿈은 억압된 욕망의 위장된 성취다."

'오이디푸스 콤플렉스'는 프로이트가 『꿈의 해석』에서 처음 사용한 용어다. 어린 아들이 아버지를 시기하고, 어머니에게 성적인 감정을 갖는 것을 말한다. 그는 모든 인간이 오이디푸스 콤플렉스 같은 성적인 정념情念(강하게 집착해 생겨난 생각)의 지배를 받는다고 주장했다.

"오이디푸스 콤플렉스는 긍정적으로 보면 역사 발전의 원동력이다. '아들(인류의 미래)'이 '아버지(인류의 현재)'를 넘어서지 못하면 인류 발전은 정체하거나 퇴보한다."

"꿈의 왜곡은 무의식의 검열 때문"

프로이트는 꿈의 예지력을 부정했다. 꿈은 이전의 생각과 경험, 행동이 응축된 '과거의 거울'일 뿐이라는 것이다. "역사적으로 꿈과 관련된 여러 가지 이야기가 전해오고 있지만, 특정인을 미화하기 위해 만들어진 경우가 대부분이다. 발생하지 않을 수도 있었던 일이 믿기 때문에 실제 일어나는 '자기실현적 예언'에 불과한 경우도 많다. '큰 인물이 된다'는 태몽을 전해들은 사람은 주변의 각별한 관심과 지원, 본인의 자기암시 덕분에 다른 사람들보다 성공할 가능성이 높을 뿐이다."

프로이트는 인간을 성욕과 과거의 경험에 지배되는 수동적인 존재로 파악했다는 점에서 적지 않은 비판을 받았다. 그가 제시했던 꿈 분석 사례들이 자기 경험에서 비롯된 것이어서 자의적이라는 지적도 있다. 하지만 그가 처음으로 무의식이라는 정신세계를 개념화한 것은 '무의식의 발견'이라고 비유될 정도로 '역사적 사건'으로 평가받는다. 그가 개척한 정신분석학이 심리학, 사회학, 문학 등 현대 사상과 학문 발전에 큰 자극제가 됐기 때문이다.

민주주의가 어떻게 민주주의를 해치는가

움베르토 에코

"이념에 갇힌 권력이 민주주의 위기 가속"

김태철

"항상 옳다고 주장하는 세력에 맞서 싸우지 않으면 민주주의
는 위기에 빠진다. 모든 진실이 모든 이의 귀에 들리는 것은
아니다. 진실은 선의나 다수결에 의해 결정되지 않는다. 부
당함에 저항하는 지식인이야말로 민주주의를 수호하는 햇불
이다."

『민주주의가 어떻게 민주주의를 해치는가』는 이탈리아 작가
움베르토 에코Umberto Eco(1932~2016)의 칼럼 일부를 모은 책이다.
이 책의 원전原典은 에코가 20여 년 동안 주간지《레스프레소》
에 기고한 칼럼을 모아 펴낸『미네르바의 성냥갑*LA BUSTINA DI
MINERVA*』이다.

주로 1980~1990년대 이탈리아 정치·경제·사회 분야를 논
평한 것이지만 시간과 공간을 초월해 시사하는 바가 적지 않다.
여론 조작 가능성, 다수의 횡포, 균형 잃은 언론 보도, 정치권 불

통不通 등 세계 각국이 공통적으로 직면한 문제들을 날카롭게 비판했기 때문이다.

TV 재판 중계는 '인민재판'

에코는 민주국가에서 여론 형성 통로가 돼야 할 매스미디어와 정당, 정치권 등이 제 기능을 못 해 되레 민주주의를 위험에 빠뜨리고 있다고 지적했다. 언론, 정당 등 '사회적 공기公器'가 시청률과 정권 장악 경쟁, 정파적 이익, 이념 등에 매몰돼 여론을 왜곡하고 특정 정책을 밀어붙이고 있다고 봤다.

에코는 매스미디어 중 가장 파급력이 큰 방송의 선정성을 특히 우려했다. 방송이 시청률 경쟁에 내몰려 선정적이고 편파적인 보도를 하면 민의의 기반인 '진실'이 설 자리를 잃기 때문이다. 대표적인 사례가 TV의 재판 중계다. "방송이 특정 세력의 지배를 받는다면 그로 인한 사회적 부작용은 감당하기 어려운 수준이 될 것"이라는 게 그의 경고다. "TV 재판 중계는 유무죄 다툼이 있는 피고인을 공개적인 웃음거리로 만들고 시청자 수백만 명의 조롱에 노출시킨다. 이런 상황에서는 헌법적 가치인 '무죄추정 원칙'이 지켜질 리 없다. 재판이 마녀사냥식 인민재판으로 전락하기 십상이다. 검찰은 피고인이 얼마나 사악하고 신뢰할 수 없는 존재인지 증명하기 위해 수단과 방법을 가리지 않는 경우가 너무 많다. 사건과 상관없는 별건 수사를 벌여 피고인의 비도덕적 행위를 까발리거나 각종 의혹을 제기한다. 우리는 TV를 통해 정의가 집행되는 것을 보는 것이 아니라, 정의를 해석하는 TV를 보고 있을 뿐이다."

에코는 '민의'로 포장된 여론조사의 위험을 경계했다. 자의적 잣대로 설계된 각종 여론조사가 민의 왜곡에 그치지 않고, 여론을 빙자한 정책 합리화로 이어진다는 것이다. "이제 국민은 쏟아지고 있는 여론조사를 진지하게 받아들이지 않게 됐다. 개인적으로 최근(1990년대 이탈리아)의 여론조사 행태를 신뢰할 수 없다. 극단적으로 말하면 '곧바로 투표하러 가는 것'과 '에이즈로 죽는 것' 중에서 무엇을 선호하느냐고 묻는 것과 다름없다. 진정한 민의를 찾아내려면 여론조사를 여론조사해야 할 판이다."

에코는 특정 이념과 신념에 사로잡힌 정치권력은 민주주의 위기를 가속화한다고 강조했다. 토론을 통한 해결이라는 민주적인 방식을 가로막는다는 것이다. 정책 결정을 선택의 문제가 아니라 선악의 문제로 인식하기 때문이다. "이념의 장막에 갇힐수록 정치 지도자는 비판을 제대로 수용하지 못한다. 충성 경쟁을 벌이는 추종자 패거리 안으로 피신하는 경향이 강하다. 추종자들은 '질투심이 많고 타락한 모략가(반대파)의 농간에 신경 쓰지 말라'고 말하며 더욱 이념성 짙은 정책을 주문한다. 지도자는 정치적 입지를 강화하기 위해 추종자들을 정부와 공공기관 요직에 앉힌다. 이런 폐쇄성은 민의와 동떨어진 인식과 정책을 낳게 한다."

지식인의 시대적 책무는 '진실 대변'

에코는 매스미디어와 정치권이 제 역할을 못하는 국가일수록 지식인의 역할이 중요하다고 역설했다. 역사의식과 소명의식을 가진 진정한 지식인은 정파적 이해에서 자유롭기 때문이다. 이들이야말로 극단으로 치닫는 정치·사회적 대결 구도를 균형적인 상태로 되돌릴 수 있는 유일한 존재라는 것이다. "지식인의 호소는 세상을 밝히는 등불이다. 호소가 설득력을 발휘하려면 타이밍이 중요하다. 세상이 제대로 돌아가지 않는다는 것을 대중이 제대로 깨닫지 못할 경우에 호소가 의미가 있다. 지식인이 존경받는 것은 권력을 비판할 용기가 있어서가 아니다. 진정한 지식인은 역사와 시대가 자신에게 부여한 '진실 대변'이란 책무를 실천한다."

에코는 지식인의 현실 정치 참여에는 부정적이었다. 자칫 정파적 이익을 대변하는 얼굴마담으로 전락할 수 있다는 이유에서다. "지식인이 열정적으로 자신의 정치적 입장을 표현하는 것을 나무랄 수는 없다. 하지만 원대한 비전 제시 없이 대중에게 잘 알려진 자신의 작품, 얼굴을 내세워 국회의원이 되거나 행정부에 입각하는 것은 바람직하지 못하다. 지식인의 의무는 정치권력의 교체를 요구하거나, 바람직한 정치권력이 형성되도록 기여하는 것에 그쳐야 한다. 비어 있는 요직을 채우는 '얼굴' 역할을 해서는 안 된다."

군중과 권력

엘리아스 카네티

"군중은 평등·해방감 맛보기 위해 밀집"

백광엽

예술과 철학과 자연을 사랑하는 독일인들은 왜 그런 끔찍한 범죄에 참여하고, 또 침묵했을까. 포악한 권력자의 명령이 있었다지만 히틀러 시대의 유대인 집단학살은 많은 사람에게 여전히 미스터리이자 공포로 기억된다. 엘리아스 카네티^{Elias} $^{Canetti(1905~1994)}$는 스페인계 유대인으로 제2차 세계대전 당시 독일에 거주하다가 '군중'의 위협에 영국으로 망명했다. 그 강렬한 충격이 계기가 된 35년 연구의 결과물이 『군중과 권력^{Masse} $_{und\ Macht}$』이다. 군중의 본질을 폭넓은 시각으로 조명한 이 저작을 아널드 토인비는 "인간사에 대한 포괄적 이해의 토대를 마련했다"고 평했다.

"군중 속 안도감은 순간의 환상일 뿐"

카네티는 위협적 군중이 형성되는 이유를 "생존 본능의 발동"이라고 진단했다. 인간은 광활한 평원 위에 서서 돌아가는 풍차와 같다는 게 그의 관찰이다. "풍차와 이웃 풍차 사이에는 간격이 있을 뿐 다른 아무것도 없다. 모든 삶은 이 간격 속에서 펼쳐진다. 재산, 지위, 계급 등이 간격을 만들고 확대시킨다. 함께 모여야만 이 간격이 주는 중압감과 질곡에서 해방될 수 있다." 군중이 밀집 상태를 선호하는 이유다.

『군중과 권력』은 밀집된 군중이 경험하는 가장 중요한 사건으로 '방전放電'을 꼽는다. 방전은 카네티가 재정의한 용어로 '구속 상태로부터의 해방'을 의미한다. 군중이 서로의 간격을 제거하고 평등을 느끼게 되는 순간이다. "밀집 속에서는 가깝게 느끼고 커다란 안도감을 얻게 된다. 어느 누구도 다른 사람보다 위대할 것도 나을 것도 없는 이 '축복의 순간'을 맛보기 위해 인간은 군중을 형성한다."

군중은 가능한 모두를 받아들이는 속성 때문에 쉽게 산산조각 나고 만다. "그렇게 염원했고 또 행복했던 방전의 순간은 근본적으로 환상에서 비롯된 것"이라고 했다. 사람들은 갑자기 평등감을 느끼지만 실제로 평등한 것은 아니며, 영원히 평등해질 수도 없다는 것이다. "그들은 결국 집으로 돌아가 각자의 침대에 누울 것이며, 가족을 이탈하지도 않는다."

카네티는 군중이 존속하려면 '방향'이 필수적이라고 했다. 군중은 늘 와해되는 것을 두려워하기 때문에 어떤 목표가 제시되더라도 받아들이려 하며 목표가 있는 한 존재를 이어간다. 카네티가 본 군중의 가장 큰 특성은 파괴욕이다. 견고한 외형을 통해 영속성을 상징하는 동상이 종종 대중의 목표물이 되는 이유다. "동상 파괴는 더 이상 수긍할 수 없는 위계질서와 간극을 파괴하는 행위"다. 파괴의 수단 중에서 가장 인상적인 것으로는 '불'을 지목했다. "불은 돌이킬 수 없는 파괴를 가져와, 불이 난 뒤에는 어떤 것도 전과 같을 수 없다. 불길이 번져가는 한 사람들은 군중으로 몰려든다."

카네티는 군중에서 출발해 군중과 권력의 상호관계를 파헤치는 쪽으로 연구를 넓혔다. 어느 한쪽에 대한 이해가 결핍되면, 다른 쪽도 이해할 수 없을 만큼 둘은 매우 밀접한 관계이기 때문이다. "카이사르, 칭기즈칸, 나폴레옹, 히틀러…. 인간의 역사는 수많은 군중을 죽음으로 내몬 자들을 숭상한다. 그들은 모두 시체 더미의 왕이다. 살아남는 최후의 인간이 되는 것, 이것이 모든 권력자가 원하는 것이다."

권력자는 지속적으로 군중에게 제물을 던진다고 봤다. 군중은 달성 가능한 목표가 손에 잡힐 때 쉽게 모이고, 동일한 성격의 사건이 연속적으로 일어날 때 더 견고해지기 때문이다. 카네티에 따르면 많은 경우 군중의 목표는 '살생'이다. 처형된 제물의 권력이 클수록, 그와 군중의 간격이 클수록 방전의 흥분은 더 강렬해진다. 제물과 자신의 위치가 역전됐다는 만족감도 더해진다. 군중은 인간이면 모두 느끼는 죽음의 공포를 다른 사람에게 전가하려는 심리 상태를 갖는다. "제물을 향해 전진하고 처형함으로써 군중은 각자의 죽음을 벗어나려 한다. 제물과 비교해 압도적으로 우세한 힘을 가진 군중은 '공동 살생'을 안전한 것으로 인식한다."

'초超'인플레 군중 경험의 위험성

『군중과 권력』은 '하이퍼인플레이션'에 대한 군중 경험의 위험을 경고한다. '신뢰의 상징'인 돈의 가치가 떨어지면 사람들은 자신의 가치도 저하됐다고 느껴 쉽게 무리지어 뛰어든다는 설명이다. "추락한 수백 만금의 화폐처럼 인플레이션은 수백만 군중의 밀집을 자연스럽게 만든다"고 했다. 하이퍼인플레이션의 이런 사회학적 심리는 나치가 유대인에 대한 군중의 증오를 증폭시키는 기제로 악용됐다. 돈의 가치에 대한 불신이 커지자 히틀러는 돈 관리에 뛰어난 유대인을 향한 적대감을 부추기는 전략으로 대중의 불만을 다스렸다. 최종적으로는 돈의 가치 추락으로 무감각해진 국민에게 유대인은 '살생해도 무방한 해충'의 이미지를 불어넣었다는 게 카네티의 분석이다.

카네티는 "권력의 가장 깊은 핵심에는 비밀이 있으며, 그 비밀이 많을수록 권력은 고립된다"고 봤다. 비밀을 숨기는 권력은 군중의 질문에 침묵하게 되고 그럴수록 위기가 커질 수밖에 없다는 설명이다. 권력과 군중 간의 이런 긴장을 완화하는 체제가 민주주의라고 했다. "민주주의체제에서는 비밀이 여러 사람에게 분산되고, 그로 인해 권력은 약화되고 긴장도 해소된다."

프로파간다

에드워드 버네이스

"대중이 믿는 진실은 선전에 정복당한 지식"

김태철

20세기 초만 해도 선전宣傳·propaganda은 비즈니스 세계에서 전문 분야로 대접받지 못했다. 기업이 생산한 물건을 사람들에게 사라고 권유하는 게 선전의 대부분이었다. 특별한 경력 없이 누구나 할 수 있는 일이었다. 선전이라는 용어가 풍기는 이미지도 '거짓', '선동'과 같은 부정적인 것 일색이었다.

'홍보의 아버지'로 불리는 에드워드 버네이스Edward Louis Bernays(1891~1995)는 선전이 잡부雜夫의 업무로 치부되던 1919년 세계 최초의 '홍보PR·public relation' 사무실을 미국 뉴욕에 냈다. 그는 삼촌인 지그문트 프로이트의 정신분석학과 사회학의 집단심리학을 선전에 접목했다. 그가 1928년 출간한 『프로파간다Propaganda』는 모사꾼과 장사꾼의 '협잡挾雜'으로 취급받던 선전을 '대중을 설득하는 과학'으로 인식시키는 데 큰 영향을 미쳤다.

대중의 자발적 복종 유도

선전 효과를 극대화하려면 선전의 부정적인 이미지를 씻는 게 급선무였다. 버네이스는 '프로파간다propaganda' 대신 '홍보'나 '공보'라는 용어를 선호했다. "프로파간다는 로마 교황청이 신대륙에 신앙을 전파하기 위해 1622년에 세운 포교성布敎省·Congregatio de propaganda fide의 약칭에서 나왔다. 원래 의미는 '진실'을 알려 신의 은총으로 인도하는 '순수한 작업'을 뜻한다. 홍보 전략이 장기간 지속 가능하려면 대중이 믿는 진실과 사실을 기반으로 해야 한다. 제품과 서비스의 질보다 대중의 공감을 얻는 게 더 중요한 이유다."

버네이스는 정치에서 선전은 대중민주주의를 제어하는 지배계층의 불가피한 '설득 기술'이라고 설명했다. 정치인들을 표심에 흔들리게 하는 '다수의 지배'를 방치할 경우 민주주의가 중우정치로 전락할 것이라는 우려에서다.

"대중의 생각을 의식과 지성을 발휘해 조작하는 것은 민주주의 국가에서 꼭 필요한 일이다. 이렇게 보이지 않는 메커니즘을 조작하는 사람들이야말로 국가의 권력을 진정으로 지배하는 '보이지 않는 정부invisible government'를 형성한다. '보이지 않는 정부'의 통치자들은 세상을 인도할 새로운 방법을 모색하고, 우리 사회가 질서정연하게 돌아가도록 해준다. 진정한 정치 지도자라면 국민의 비위를 맞추기보다 선전 기술을 노련하게 구사해 국민을 선도할 수 있어야 한다."

버네이스는 '정치 선전'의 효과는 대중의 자발적 복종 여부에 달려 있다고 봤다. 대중의 생각과 습관을 크게 뒤흔들지 않고 정치 엘리트가 원하는 방향으로 대중을 어떻게 유도하느냐가 관건이라는 것이다. 나치의 선전장관 요제프 괴벨스가 버네이스 이론을 추종한 것도 이 대목 때문이다.

"대중이 권력을 행사하는 소수의 사람에게 지배받으면서도 자신의 자유의지에 따라 행동한다고 믿게 하는 것이 중요하다. 대중이 공감하는 다양한 요소를 찾아 하나의 이미지를 연결하는 작업이 선행돼야 한다. 이런 작업은 시급하지만 어렵지 않다. 대중이 진실로 믿고 있는 것도 이미 선전에 '정복당한 지식conquered knowledge'일 가능성이 높기 때문이다."

버네이스는 "경제에서 선전은 욕망의 원천을 창조하는 적극적인 기술"이라고 정의했다. "선전은 단순히 물건을 파는 마케팅 기법이 아니라 물건이 팔리는 환경, 즉 '집단 습관group custom'을 이끌어내는 잘 짜여진 과학이다. 도서를 보급하려면 책 선전에 집중하지 말고 가정에서 책장 갖기 붐을 조성하는 게 더 효과적이다. 하지만 대중은 마음대로 주무를 수 있는 무정형의 덩어리가 아니다. 대중을 이해하려면 대중의 숨은 동기를 파악해야 하며, 대중의 마음속에서 일어나는 변화를 읽을 줄 알아야 한다. 조종 받는 대중이 이를 의식하지 못하게 스스로가 새로운 조류에 동참하고 있다는 생각을 주입해야 한다."

"선전은 욕망을 창조하는 기술"

『프로파간다』가 소개하는 '집단 습관' 형성을 통한 마케팅도 버네이스의 실제 사례다. 지금은 이런 마케팅이 흔하지만 당시에는 학계가 연구 대상으로 삼을 정도로 혁신적인 것이었다. 그는 학생을 대상으로 비누 조각대회를 열어 아이보리 비누를 히트시켰다. 여성의 공공장소 흡연을 여성권익 신장의 상징으로 조작하기 위해 '자유의 횃불torches of freedom 퍼레이드'를 열었다. 홍보 의뢰사 아메리칸토바코의 담배 '럭키 스트라이크'를 위한 것이었다. 상당수 미국인의 아침식사를 토스트에서 베이컨과 달걀로 바꿔 놓은 것도 의사들을 동원한 그의 베이컨 과대 선전의 영향이었다.

대중심리가 선전을 통해 어떻게 조작되는지를 정치와 기업 활동 관점에서 분석하고 예시한 이 책은 여러모로 시사하는 바가 많다. 깨어 있는 소비자와 유권자는 선전의 메커니즘과 허실을 파악함으로써 이에 대처할 능력을 갖출 수 있기 때문이다.

통치론

존 로크

"국가를 만드는 목적은 개인의 자유와 소유권의 보호"

홍영식

"자연이 제공한 것에서 자신의 노동을 섞어 무언가 보태면 그것은 배타적인 소유가 된다. 이는 자연 상태 때부터 존재 하는 개인의 고유 권리다. 국왕이라도 이런 개인의 소유권, 처분권에 대해 사사로이 침해할 수 없다. 국가가 국민의 소 유물을 보전하지 못하거나 탈취하려 할 경우 국민은 저항할 권리가 있다."

존 로크John Locke(1632~1704)는 『통치론*Two Treatises on Government*』을 통해 근대 자유민주주의의 이론적 토대를 마련했다는 평가를 받 는다. 『통치론』은 절대왕정을 전복시킨 영국의 명예혁명(1688년) 이듬해 출간됐다. 로크는 이 책에서 자유로운 사회 구현을 위해 국가는 어떤 체계로 구성되고, 어떻게 운영돼야 하는지에 대한 전략적 설계도를 그렸다. 정치·사회의 운영원리로 다수결의 원 리, 입법, 집행(행정), 재판관(사법) 등의 개념도 제시했다.

또 인간 이성의 합리성, 개인 자유의 신성함, 사유 재산의 절대성, 불합리한 통치에 대한 저항권 등 자유민주주의를 구성하는 핵심 개념들도 이 책에 담았다. 이런 개념들은 근대 대의민주주의와 법치주의의 원리로 정착됐다. 로크의 자유주의 개념은 왕권신수설에 대한 투쟁의 산물이었다. 당시 왕권신수설을 내세운 로버트 필머 경은 "하느님이 아담의 후손인 통치자들에게 영토와 함께 신민臣民을 준 것이기 때문에 신민은 통치자에게 절대적으로 복종할 의무가 있다"며 "신민의 재산 역시 왕이 시혜로서 준 것이기 때문에 통치자는 신민의 동의 없이 이를 처분할 수 있다"고 주장했다.

근대 자유민주주의 이론적 틀 제공

이에 대해 로크가 왕권신수설에 기초한 절대왕정 체제를 근본적으로 반대하며 내세운 것이 사회계약론이다. 로크는 "인간은 각자가 자기를 위한 재판관이고 집행자"라며 "통치자의 권위는 신민이 자발적으로 체결한 사회계약에서 비롯됐기 때문에 신민의 재산에 대해 함부로 할 수 없다"고 반박했다.

로크와 토머스 홉스는 같은 사회계약론자이지만, 자연 상태를 보는 시각은 확연히 달랐다. 홉스는 자연 상태를 힘과 폭력에 의한 '만인萬人 대 만인의 투쟁 상태'라고 전제한 반면, 로크는 자연 상태에서도 인간은 이성적인 존재라고 여겼다. "국가나 시민사회는 없지만, 신神이 인간에게 부여한 자연법이 규율하기 때문에 자연 상태에서도 인간은 자유롭고 평등하다. 또 신이 인간에게 이성과 양심을 주었기 때문에 완벽하지는 않지만 사람들은 선의善意를 바탕으로 상호부조하면서 살아갈 수 있다."

그럼에도 인간은 왜 자연법에 의해 유지되는 자연 상태를 포기하고 사회계약을 맺고 국가와 정부를 탄생시킬까. 로크는 자연 상태에선 영원한 평화를 보장하기 어렵다고 봤다. 그 근거로 편파성이란 개념을 제시했다. 사람들이 자기 위주로 생각하고 행동하다 보니 갈등이 생길 수밖에 없다. 따라서 편파성을 제한할 필요가 있다는 것이다. 자연 상태에서는 심판관이 없다 보니 사회 혼란은 피할 수 없게 된다. "자연 상태에서는 이성의 불완전함 등 인간의 다양한 약점으로 인해 사람들은 끊임없이 타인의 침해 위험에 노출돼 있다. 그래서 적의敵意가 분출되는 등 매우 불안정한 상태다."

로크 사상의 핵심은 '사적 소유권'이고, 이를 보장받기 위해서라도 국가와 정부가 필요하다고 주장했다. 사람들이 자연 상태에서 벗어나 자발적 동의에 의해 국가를 만드는 근본 목적은 소유권 보전에 있다고 본 것이다. 이때의 소유권은 재산뿐만 아니라 한 사람의 인격과 인신까지 포괄하는 보다 적극적인 개념이다.

"사회계약 위반한 군주에 저항 가능"

로크는 "사람은 태어나면서부터 생명과 자유, 재산에 대한 권한을 자동적으로 얻는다"고 했다. 이른바 천부인권론이다. "사람들은 생명, 자유, 재산이라는 자연권을 보다 안전하게 향유하고 보존하기 위해 각자가 가지고 있는 개인적 권한을 정부에 위임할 것을 결의한다. 그럼으로써 자연 상태에서 벗어나 국가라는 안전한 틀 속에서 살 수 있다."

로크의 사적 소유권의 핵심 논리는 노동이다. 노동을 통해 자연에 새 가치를 부가시켰을 경우 자연은 노동을 가한 자의 몫이 된다는 것이다. "신은 인간에게 노동의 대가인 재산을 소유할 수 있는 권리를 주었다. 자연이 놓아둔 공유의 상태에서 노동을 부가하면 그 부가된 것에 대해선 타인의 권리가 배제된다."

영토와 재산이 왕의 소유물로 인식되던 것에 반기를 들며 사적 소유의 절대성을 주장한 것이다. 로크가 '자유주의의 아버지'로 불리는 이유다. 이런 로크의 소유권 사상은 명예혁명을 통해 새 지배층으로 들어온 자본가의 정치적 지배를 정당화하는 근거가 되기도 했다.

『통치론』의 또 다른 핵심은 잘못된 정부에 대한 저항권을 인정한 것이다. "군주나 권력자가 사회계약에 의해 통치를 수탁한 상황에서 국민의 재산과 자유를 보전하지 못할 때는 저항하고 새로운 입법자를 만들 권리가 국민에게 있다." 왕이 국민의 이익이 아니라 사익을 추구할 때 왕을 폐위시킬 수 있다는 과감한 주장도 폈다. 이런 로크의 저항권 사상은 영국 입헌주의와 미국 독립선언, 프랑스혁명의 이념적 기초를 제공했다.

국화와 칼

루스 베네딕트

"탐미적이면서 폭력적… 일본의 이중성 파헤쳐"

홍영식

"일본인은 미국이 지금까지 전력을 기울여 싸운 적敵 가운데 가장 낯설었다."

미국의 문화인류학자인 루스 베네딕트Ruth Benedict(1887~1948) 가 1946년 펴낸 『국화와 칼The Chrysanthemum and the Sword』의 첫 문장 이다. 미군은 태평양전쟁 때 일본군을 이해하기 힘들었다. 왜 20세기 과학시대에 천황을 신격화해서 받드는지, 포로가 되는 것을 치욕으로 여겨 할복까지 하다가도 일단 포로가 되면 더없 이 공손하고 협조적으로 나오는지 등 의문투성이였다.

미국 국무부는 1944년 베네딕트에게 이런 일본인들의 특성 에 대한 분석을 의뢰했다. 종전 뒤 군정軍政을 염두에 두고 있던 미국은 일본 국민이 패전에 대해 어떻게 반응할 것인지 알아보 기 위한 목적도 있었다. 베네딕트가 2년간의 연구 끝에 내놓은 게 『국화와 칼』이다. 국화는 평화를, 칼은 전쟁을 상징한다. 이를 통해 국화(평화)를 사랑하면서도 칼(전쟁)을 숭상하는 일본인의 이중성을 해부했다.

"일본인은 싸움을 좋아하면서도 얌전하고, 군국주의적이면서도 탐미적이고, 불손하면서도 예의 바르고, 유순하면서도 시달림을 받으면 분개하고, 용감하면서도 겁쟁이고, 보수적이면서도 새로운 것을 즐겨 받아들인다."

베네딕트는 서로 양립할 수 없을 것 같은 이런 특성이 공존하게 된 원인에 대해 일본 특유의 계층제도, 보은報恩, 의무義務, 의리義理, 수치심羞恥心 등 몇몇 핵심적 개념을 중심으로 설명했다. 베네딕트에 따르면 일본인의 가장 큰 특징은 강박관념을 가질 정도로 '나름대로 설정된 저마다의 알맞은 위치에 맞게 행동하는 것'을 지키는 일이다. 섬이라는 폐쇄적이고 고립된 환경에서 안정은 절대적 가치로 인식되고 조화를 깨뜨리는 것은 금기였다.

"신분체제, 국가 간 관계로 확대시켜"

"일본 사회조직은 오랫동안 '천황'을 정점으로 막부幕府(무사 정권) 최고 권력자인 '쇼군', 영주, 농민, 상인, 천민에 이르기까지 피라미드형 위계 제도로 구성돼 있었다. 그들은 각자 자기 위치에 맞는 삶을 살았으며, 그 위치에서 최상의 안정감을 느꼈다." 일본은 이 신분 체제를 국가 간의 관계로 확대했다. 국제적인 계층제도의 정점에 도달한 일본이 아시아 국가들을 이끌어야 한다고 믿었다.

'대동아공영권'을 내세워 아시아 각국에 자기들의 분수에 맞는 위치 찾기를 요구한 배경이다. 일본은 이런 국가 간 계층이 항구적 평화를 보장한다는 믿음을 가졌고, 이를 깨려는 미국의 시도에 대항하면서 태평양전쟁 발발로 이어졌다는 게 베네딕트의 분석이다.

보은報恩도 일본인의 특성을 잘 보여주는 개념이다. "일본인은 은혜를 받는 것을 부채로 여겼다. 특히 천황에게 최대의 채무를 졌다고 생각했다. 황은皇恩을 무한한 감사로 받아들이고, 이를 반드시 갚는 것을 최대 의무로 여겼다. 전쟁 때 '옥쇄玉碎'를 하는 것은 천황의 무한한 은혜에 보답하는 것이다."

그런 일본인들이 왜 패전을 순순히 받아들이고 온순한 국민으로 돌아가 아무런 저항 없이 미국인들을 맞았을까. 천황이 패전을 선언해 이를 따르는 것을 의무로 여겼기 때문이다. "천황의 뜻에 순종하라는 가르침은 양날의 칼이다. 한 일본군 포로가 '천황의 명령이라면 죽창 한 자루 외에 아무런 무기가 없더라도 주저 없이 싸울 것이다. 그렇지만 천황의 명령이라면 즉각 싸움을 멈출 것'이라고 한 데서 잘 드러난다." 미국은 이런 일본의 독특한 문화를 이해했기 때문에 전후 천황제 존속 결정을 내렸다.

'항전' 외치다가 패전 받아들인 이유는

의리義理는 사람 간에 발생하는 채무관계를 의미한다. 누군가에게 호의를 받으면 그에게 의리가 생기고, 받은 호의에 대해 똑같은 크기로 갚는 것이 예의라고 생각한다는 것이다. 이를 갚지 못하면 부채의식에 사로잡힌다. 의무는 아무리 애써도 완전하게 갚지 못하는 것이고, 의리는 정확히 같은 양으로 갚아야 한다는 점에서 차이가 있다.

베네딕트는 일본인의 특성을 '수치심의 문화'로 설명하고, 서구의 '죄의 문화'와 구분했다. 양심과 죄의식에 의해 옳고 그름을 판단하는 것이 서구의 관점이라면, 일본인은 다른 사람이 나를 어떻게 바라보느냐에 주의를 기울인다는 것이다. "서양인의 입장에서는 다른 사람들의 눈을 의식하지 않는 사람을 개성이 있는 인간이라고 생각할 수 있지만, 일본인들에겐 그런 사람은 수치를 모르는 인간에 불과하다."

일본인들에게 수치심의 문화는 자기 이름에 대한 명예로 연결된다. 잘못한 것이 있어서 비난을 받는다면 수치스러운 것이지만, 잘못이 없는데도 누군가로부터 경멸을 당한다면 복수의 대상이 된다. 복수는 더럽혀진 자신의 이름에 대한 명예를 되찾는 것이다. 복수가 불가능해지면 목숨을 끊음으로써 명예를 되살릴 수 있어야 수치를 아는 인간이다.

베네딕트는 책 말미에 "일본은 기회주의적인 나라"라며 "평화와 질서로 세계인들에게 인정받을 수 있다면 그런 방식을 택할 것이지만, 다른 나라들이 군비 확충으로 나아간다면 무장된 진영으로 조직된 세계 속에서 자기 위치를 찾을 것"이라고 예상했다.

명상록

마르쿠스 아우렐리우스

"평정심 갖고 이성의 명령에 귀 기울여라"

김태철

"가장 탁월하고 가장 고결한 로마인."(영국 극작가 윌리엄 셰익스피어)

로마제국 제16대 황제이자 스토아학파 철학자인 마르쿠스 아우렐리우스Marcus Aurelius Antoninus(재위 161~180)를 칭송할 때 흔히 언급되는 말이다. 아우렐리우스는 네르바(재위 96~98), 트라야누스(재위 98~117), 하드리아누스(재위 117~138), 안토니우스 피우스(재위 138~161)와 함께 로마제국 5현제五賢帝로 꼽힌다. 서양인에겐 그리스 철학자 플라톤이 이상적인 지배자로 꼽았던 '철인哲人 황제'의 표상으로 존경받고 있다.

아우렐리우스의 재위 기간(161~180)은 위기의 연속이었다. 동유럽에서는 게르만족이 라인강을 넘어왔고 브리타니아(영국)에서는 반란이 일어났으며, 소아시아에는 파르티아제국이 쳐들어왔다. 그는 재위 기간 19년 중 13년을 전쟁터에서 보내야 했고, 게르만족을 막다 도나우강가에서 병사했다.

인간 고뇌가 담긴 자기 성찰록

아우렐리우스는 생사를 넘나드는 전장戰場에서 당시 교양어였던 그리스어로 삶에 대한 고뇌와 자신에 대한 성찰을 담은 글을 수시로 남겼다. 그렇게 모인 짧은 글이 후대에 모여 '스토아 철학의 정수精髓'라고 평가받는 『명상록』이 됐다. 그리스어 원제목은 『자기 자신에게Ta eis heauton』였지만, 영미권에서 『명상록 Meditations』으로 번역됐다.

아우렐리우스가 『명상록』에서 독백 형식으로 던진 질문은 삶과 인간, 우주 등 만물에 대한 근원적인 문제다.

'죽음은 무엇이고, 그 대척점인 삶은 무엇인가', '삶에서 필연은 무엇이고, 우연은 또 무엇인가', '나는 누구이며 행복은 무엇인가'….

그는 금욕주의, 이성주의, 허무주의, 윤회사상 등이 융합된 스토아철학을 바탕으로 자문자답自問自答한다. 후대에서 그의 글들을 인생, 운명, 인간 본성, 자연의 순리, 우주 질서 등 12개 주제로 나눴다.

스토아철학에 따르면 모든 욕심을 벗어던져야 행복에 이른다. 자연의 질서에 순응하며 선하게 행동하는 것이 인간의 의무다. 성공과 명성, 부귀영화는 허무하고 덧없다. 『명상록』은 자신의 내면을 성찰해 무한한 우주와 영원한 시간 속에서 인간의 위치를 관조한다. 그런 관조의 결과가 "인간은 '선한 사람'이 돼야 한다"는 강력한 윤리적 명령이다.

"수만 년을 살 것처럼 행동하지 마라. 죽음은 항상 너의 머리 위에 머물고 있다. 잠시 후면 너는 모든 것을 잊을 것이다. 잠시 후면 모든 것이 너를 잊게 될 것이다. 인생은 찰나에 머무는 먼지와 같다. 누구에게나 인생은 짧고, 그가 살고 있는 곳은 지구의 한 모퉁이에 지나지 않는다."

아우렐리우스는 성공적인 삶이란 신의 섭리와 자연의 질서에 순응하는 길이라고 강조했다. "너를 이 세상에서 몰아내는 것은 폭군도 부정한 재판관도 아닌 너를 세상에 보낸 신이다. 그것은 연출가가 배우를 고용했다가 해고하는 것과 같다. 그런데도 너는 5막짜리 연극에서 3막까지만 출연했을 뿐이라고 불평하는가. 연극이 끝날 때까지 오늘 정의로웠는지, 의무를 다했는지, 선량했는지 번민하고 또 번민하라."

아우렐리우스는 '운명 결정론'을 신봉했지만 수동적인 운명론자는 아니었다. 인생이 어떤 식으로 결론지어지더라도 인간의 노력과 '자유의지'는 숭고하다고 강조했다. "내 인생의 주인은 나 자신이다. 내 인생만큼은 남의 시선이 아니라 나의 시선으로 살아갈 자유가 있다. 변화도 저절로 일어나지 않는다. '과거의 나'를 뜯어고칠 때 변화가 일어난다. 삶을 개선하는 방법은 '익숙한 나'와 결별하는 것이다. 얻고자 하면 그만큼 대가를 치러야 한다. 때로는 불편함 속으로 들어가야 한다."

아우렐리우스는 행복을 얻으려면 감정의 기복을 피하고 평정심을 유지해야 한다고 설명했다. "감정에 둔해지고, 감정을 끌어들이지 않고, 감정을 불러일으키지 않으면 삶은 평온해진다. 평온한 일상을 유지하는 방법은 감정에 둔감해지는 것이다. 감정은 발이 없다. 감정을 일으켜 세우는 건 자기 자신이다. 숨 쉬는 동안 평정을 유지하고 이성의 명령에 따라 선善을 행하라. 그것이 신이 인간에게 내린 지상과제다."

"선을 행하는 게 인간 의무"

이런 '철학자 황제'도 나약한 인간의 한계를 극복하지 못했다. 늘 자신을 경계하고 채찍질했지만 자식에게만은 엄격하지 못했다. 아들 대신 현명한 사람을 황제로 삼는 아우렐리우스 이전 4현제四賢帝의 관례를 어겨가며 자신의 아들 콤모두스를 후계자로 삼았다. 로마는 네로에 비견되는 폭군 콤모두스가 피살된 뒤 군인들의 반란이 빈번했던 '군인 황제시대(235~284)'에 빠져들었다. 49년간 반란을 통해 황제에 오른 사람만 25명이었다. '철인 황제'로 칭송받는 아우렐리우스가 정작 제국의 몰락을 앞당겼다는 비판을 받고 있다.

하지만 절대권력자인 황제가 인생의 무상함을 깨닫고 자신을 반성했던 진지한 삶의 자세는 시공을 초월해 인류가 본받을 만하다. 시간이 흘러도 "늘 경계하며 부족함을 이겨내려 했던 한 인간의 치열한 몸부림인 『명상록』의 가치는 빛을 잃지 않을 것이다."(독일 철학자 쇼펜하우어)

신기관

프랜시스 베이컨

"관념 아닌 관찰 중시해야 진실 보인다"

백광엽

"아리스토텔레스의 사상과 지식은 2000년 동안 서구 사회의 '진리'였다. '무거운 것이 빨리 떨어진다'는 그의 단언을 갈릴 레오 갈릴레이(1564~1642)가 직접 실험해보기 전까지 아무도 의심하지 않았던 것처럼…."

프랜시스 베이컨Francis Bacon(1561~1626)은 '아리스토텔레스 제국'에 반기를 든 최초이자 대표 주자다. 『신기관Novum Organum』은 아리스토텔레스의 논리학 저서 『기관Organum』에 대한 선전포고였다. 『신기관』은 아리스토텔레스 식 관념성에서 벗어나 사실에 기초한 실증학문으로 나아가야 새로운 인류 문명을 열 수 있다고 강조한다. 손이 도구를 활용하듯, 진리 창조기관인 인간 정신도 '귀납법'이라는 도구로 무장할 것을 강력 주문했다.

17세기를 근대의 시작이라고 할 때 베이컨은 그 문을 연 사람이며 『신기관』은 근대과학 정신의 초석을 마련한 저작으로

다시 읽는 명저

꼽힌다. 그 문으로 갈릴레이와 데카르트가 들어왔고, 뉴턴이 입장하며 17세기 '천재의 세기'(영국 과학철학자 화이트헤드)는 꽃을 피웠다. 종래의 사변적 경향에 제동이 걸리고 실증적 학문의 권위가 고양돼 근대정신과 과학혁명의 여정이 시작됐다.

『신기관』은 개별적 사실이나 원리로부터 더 확장된 일반적 명제를 이끌어내는 '귀납법'이야말로 세상의 진실을 발견하는 요체라고 주장한다. 이런 생각은 서구철학사 2대 조류의 하나로, 실험과 관찰을 중시하는 '경험론'을 탄생시켰다. 이 책이 '합리론 시조' 데카르트의 『방법서설에』 비견되는 이유다.

관념론에 반기든 근대정신의 정수

『신기관』 이전의 철학·학문 세계는 보편적인 것에서 개별적인 것을 추론해내는 연역법이 지배했다. 베이컨은 "연역 추론은 마음속 관념들에 기초한 끼워 맞추기에 집착해 억지결론을 내리며, 오류를 강화하고 진실의 발견을 방해한다"고 봤다. 그러면서 귀납법이 유일한 희망이며 그렇게 획득한 지식·학문만이 인류 복지를 증진시킬 수 있다고 적었다.

특히 당시 연역 논리학 중심에 있는 아리스토텔레스 삼단논법의 유용성을 부정했다. '인간은 이성적이다. 철수는 인간이다. 따라서 철수는 이성적이다'는 식의 삼단논법은 명제 사이의 관계만을 얘기할 뿐 새로운 지식을 창출하지 못한다며 평가절하했다. "삼단논법은 명제로 구성되고, 명제는 단어로 구성되고, 단어는 개념의 기호로 구성된다. 건물의 기초에 해당하는 개념들이 모호하거나 불완전하게 추상된 경우 그 위의 구조물은 결코 견고할 수 없다."

베이컨의 통렬한 비판 대상은 아리스토텔레스가 아니라 그리스적인 목적론적 세계관 전체였다. 그는 책상머리에 앉아서 사고·추리·공상하는 학문은 '참'을 발견할 수 없다며 여럿이 협력해 실험하고 관찰하는 과학으로 새로운 참을 완성하자고 제안했다. "낡은 연역 논리에 집착하지 말고 귀납적으로 직접 진리를 구한다면 인류가 과학의 힘으로 우주를 지배할 날도 머지않았다"며 문명을 낙관했다.

하지만 귀납법을 채택한다고 저절로 자연의 진리를 알 수 있는 것은 아니라고 했다. 베이컨은 "인간 정신 속에 깊이 뿌리박혀 있는 편견, 즉 우상을 먼저 제거하자"고 주문했다. 관찰이나 실험에 바탕하지 않은 일반적인 명제를 '우상'으로 지목한 것이다. 종족·동굴·시장·극장의 우상 등 4개의 우상을 참된 지식에 접근하는 길을 가로막는 편견으로 적시했다. 인간의 관점에서만 바라보지 말고(종족), 우물 안 개구리에서 벗어나고(동굴), 언어를 명확히 사용하고(시장), 잘못된 권위나 관습에 빠지지 말아야 한다(극장)는 주문이다.

"편견·선입견 벗어나야 문명 꽃피워"

베이컨은 작은 일을 확대 해석하는 기존 귀납법이 아닌, 경험

다시 읽는 명저

과 이성의 조합을 기반으로 한 '참된 귀납법'을 강조했다. 몇몇 실험을 과장해 잘못된 결론으로 치닫는 단순 귀납론자들을 '개미'에 비견했다. 경험과 사례를 모으기만 할 뿐 올바른 추론 과정을 거치지 못한다고 비판한 것이다. 현실의 경험을 무시하고, 일반 원리로부터 쉽게 결론을 이끌어내는 연역론자들은 '거미'로 지칭했다. "자기 안의 지식으로 사실을 예단한다"는 지적이다. 베이컨은 해법으로 '꿀벌'의 방식을 제안했다. "꿀벌은 들판의 꽃에서 재료를 모은 뒤 스스로의 힘으로 변형시켜 소화한다. 진리를 찾는 과업은 이와 같다. 경험적 능력과 합리적 능력을 더 긴밀하게 결합시킨다면 인류는 충분히 희망을 가질 수 있다."

현대의 시각으로 보면 『신기관』은 '가설 세우기'라는 과학적 탐구방식을 경시하고 있다. 베이컨이 폄훼한 연역법도 이후 진화를 거듭해 수학·물리학 등에서 핵심적 방법론이 됐다. 그럼에도 인간 지성의 편견을 경계하고 지식 생산의 새 길을 제시한 『신기관』의 장점은 퇴색하지 않는다. 베이컨은 타계한 이듬해인 1627년 출간된 『새로운 아틀란티스_The New Atlantis_』에서 귀납적 방법으로 연구하는 과학 단체 출범을 제안했다. 이 구상은 후일 영국 왕립학회와 프랑스 과학아카데미라는 '과학혁명 요람'을 현실화했다. 머릿속 관념이 아니라 구체적 사실에서 진리를 구해야 한다는 '근대정신의 화신' 베이컨이 오늘의 한국에 던지는 메시지가 묵직하다.

인생론

루키우스 안나이우스 세네카

"숨이 붙어 있는 한 사는 법을 계속 고민하라"

김태철

'아리스토텔레스의 삶과 소크라테스의 죽음.' 로마 철학자이자 정치인 루키우스 안나이우스 세네카Lucius Annaeus Seneca(BC 4~65)의 인생을 축약한 표현이다. 로마 스토아학파 거두였던 세네카는 그리스 대철학자인 아리스토텔레스와 곧잘 비교된다. 서양인들에게 세네카는 아리스토텔레스(마케도니아 알렉산더)처럼 '황제(로마 네로)의 스승'으로 잘 알려져 있다. 하지만 세네카는 사상가에 머물지 않고 현실 정치에 적극 참여했고, 수많은 작품도 남겼다.『트로이의 여인들』등 그리스 작품을 각색한 9편의 동명同名 비극이 대표 작품이자 현존하는 로마시대 유일의 비극들이다. 이들 작품은 셰익스피어 등 후대 문호에게 큰 영향을 끼쳤다.

삶의 비극에서 나온 치유의 언어

세네카의 삶은 그의 작품만큼이나 비극적이었다. 네로를 보필하며 로마 국정을 좌지우지한 불과 몇 년을 제외하곤 투옥과 귀양살이를 반복했다. 폭군으로 돌변한 네로를 암살하려던 음모에 연루됐다는 누명을 쓰고 자결을 명령받았다. 바로크 미술의 대가 루벤스의 '세네카의 죽음'에는 '소크라테스의 죽음'(신고전주의 미술의 거장 다비드)처럼 독약을 마시고 초연하게 최후를 맞이하는 그의 모습이 묘사돼 있다.

세네카가 굴곡진 삶에서 분출되는 분노, 좌절, 허무 등 인간의 보편적인 감정에 대해 남긴 글이 『인생론』이다. 국내외에서 소개되는 『인생론』은 그의 수필 『인생의 짧음에 관해On the Shortness of Life』에 『마음의 평정에 관해On Tranquillity of Mind』, 『화火를 다스리는 법On Anger』 등이 추가된 것이다.

『인생론』은 "평정심을 유지하고 이성의 명령에 끝없이 귀를 기울이라"는 스토아학파의 일관된 메시지를 던져준다. "자신을 성찰해 마음을 다스리는 게 행복의 지름길이자 인생의 성공"이라는 너무나 평범한 가르침이다. 하지만 일상의 번뇌를 못 벗어나는 범인凡人들은 불우했던 삶에서 자신을 치유하려고 몸부림친 세네카에게서 동질감과 위안을 얻는다.

수많은 명언을 만들어낸 그의 촌철살인寸鐵殺人과도 같은 번뜩이는 표현은 감동의 깊이를 더한다. '창조적 오역'이란 논란이 있긴 하지만 "인생은 짧고, 예술은 길다"는 히포크라테스의 명언을 세상에 알린 사람도 세네카다. 우리가 아는 상당수 명언들도 출처를 따져보면 그의 입에서 나왔다. "『인생론』을 읽지 않은 자와 인생을 논하지 말라"(몽테뉴)는 얘기가 나온 배경이다.

세네카가 『인생론』에서 가장 경계한 것은 분노다. "화는 모든 병과 불화의 근원이다. 화는 이성의 끈을 놓아버리게 하는 촉매다. 화는 인간을 칼의 끝으로 뛰어들게도 한다. 억울한 일을 당했다고, 상대의 잘못을 바로잡는다고 벌컥 화를 내서는 안 된다. 칭찬은 협동을 유도하지만 화는 불화를 즐긴다."

세네카는 "목표 없이 시간을 보내는 것이야말로 인생을 허비하는 것"이라고 충고했다. "인생은 단편소설과 같다. 하지만 인간이 수명을 짧게 타고난 것이 아니라 스스로 짧게 만든다. 주체할 수 없는 부富도 주인을 잘못 만나면 금방 바닥을 드러내고, 미미한 재산이라도 주인을 잘 만나면 금세 불어난다. 인생에서 중요한 것은 길이가 아니라 깊이다. 욕망에 휘둘리는 인생은 낭비일 뿐이다."

세네카는 "끊임없는 배움이야말로 스토아학파가 지향하는 최고 경지인 이성과 자연의 섭리에 순응하는 길"이라고 강조했다. "배움에는 평생이 걸린다. 어디 가나 좋은 스승이 있지만 어떻게 살아야 하는지를 제대로 배우려면 평생이 걸린다. 더욱 놀라운 것은 어떻게 죽음을 맞이해야 하는지를 배우는 데도 평생이 걸린다는 사실이다. 역사를 장식한 수많은 위인도 삶을 마감하는 순간까지 제대로 사는 법을 배우지 못했다고 고백하며 세상을 하직했다. 어느 날 갑자기 찾아오는 인생의 마지막 날까지 배우기를 게을리하지 말라."

"최악의 결정은 결정하지 않는 것"

세네카는 '은혜'의 유용성에 관한 말도 많이 남겼다. "인간관계를 정립하고, 선한 자와 악한 자를 가려내는 유용한 근거"라는 이유에서다. 그는 은혜를 베푸는 방법과 갚는 방법도 자세히 설명했다. "은혜를 베풀되, 받는 사람에게 유용한 은혜를 베풀어야 한다. 은혜를 베푼 사람은 즉시 잊어야 하고, 은혜를 입은 사람은 절대로 잊어서는 안 된다. 작은 것에 감사할 줄 모르는 사람은 어떤 은혜도 받을 자격이 없다. 인간이 행할 수 있는 가장 큰 악행이 배은망덕背恩忘德이다. 이런 자들은 결국 조직과 사회에 큰 해악을 끼친다."

『인생론』에서는 정치적인 얘기를 피하려고 했던 세네카가 남긴 지도자에 대한 몇 마디 조언도 눈길을 끈다.

"최악의 결정은 어떤 결정도 내리지 않는 것이다. 민중을 따르기만 하면 민중과 함께 망하고, 민중을 거스르면 민중에게 망한다. 진정한 지도자는 민중에게 인기가 없지만 득이 될 정책을 내놓고 부단히 설득한다. 최악의 지도자는 인기 있는 정책만 내놓고, 인기 없지만 정작 필요한 정책은 주저한다. 이런 지도자들은 그릇된 신념에 사로잡혀 민중과 전문가들도 잘못됐다고 하는 정책을 고집한다."

에티카

베네딕투스 데 스피노자

"정치의 역할은 대중의 자유 확장"

백광엽

베네딕투스 데 스피노자Benedictus de Spinoza(1632~1677)는 '철학자 중의 철학자'로 불린다. 게오르크 헤겔(1770~1831)은 "철학자가 되고자 한다면 우리는 단지 스피노자주의자가 될 수 있을 뿐"이라고 했다. 생전에 거의 주목받지 못한 그의 철학은 20세기 중후반부터 재평가돼 '스피노자의 귀환'이라는 말을 유행시켰다. 신과 자연, 정신과 자유, 지성과 국가 등에 대한 그의 생각은 니체와 프로이트 등에게 영감을 안기며 현대 철학과 사회 속으로 파고들었다. 포스트구조주의 철학의 대표로 손꼽히는 질 들뢰즈가 스피노자를 '철학자들의 예수'라고 부른 이유다.

윤리학을 뜻하는 『에티카Ehtica』는 '어떻게 살 것인가, 어떻게 해야 자유인으로 살 수 있는가'라는 문제에 답하는 책이다. 개인, 자유, 진리에 대한 각성이 분출되고 있는 요즘 한국에서도 '스피노자 읽기'가 확산되고 있다.

"진리 포기하면 노예의 삶 못 벗어"

네덜란드 유대인 상인 집안에서 태어난 스피노자의 삶은 힘겹고 파란만장했다. 어떤 구도자보다도 처절하고 비타협적으로 자유와 진리를 좇은 결과였다. 17세기 절대왕정 시대를 살아낸 스피노자는 공동체로부터 배척당했고, 그의 사상은 금기시되기까지 했다. 모든 학문과 철학이 권력의 이데올로기 역할을 수행한 시대에 개인과 자유를 철저하게 옹호했기 때문이다. "야훼는 없다"는 주장을 굽히지 않아 유대사회로부터 스스로 고립되고 추방당하는 선택을 하기도 했다. 권력자들은 시대와의 불화에 개의치 않고 비판적 자유정신을 설파한 스피노자를 압박하고 핍박했다.

스피노자의 대표 저작 『에티카』는 자유의 본성을 밝히고 자유에 도달하는 방법을 이야기한다. 노예의 삶에서 벗어나 자유로운 인간들이 만들어가는 새로운 사회를 위한 '삶의 윤리'를 제시한다. 그는 "예속에서 벗어나 '자유로움'을 얻기 위해 노력하는 것이 인간의 존재 이유"라고 주장했다. "완전한 자유가 아니면 굴복"이라며 "나 자신을 쟁취하지 않으면 인생은 실패"라고 강조했다. 굴복을 모르는 태도 덕분에 그에게는 '역사상 가장 위대한 개인주의자'라는 별칭이 붙어 있다.

진리에는 단 한 발짝도 양보하지 않았다. 진리를 위해 그토록 타인들의 비난을 자초하고도 초연했던 사람은 없을 것이다. 어릴 때부터 천재성을 인정받아 부富와 명예를 누릴 기회가 많았지만, 진리를 좇으며 독신의 다락방 하숙생 생활을 감내했다. '태양왕' 루이 14세의 '평생연금 지급' 제안도 거절했다. "다음에 나오는 책을 나에게 헌정해 달라"는 지원 조건을 거부한 것이다. "누군가에게 헌정해야 한다면, 나는 내 책을 오직 진리 그 자체에만 헌정하겠소." 독일 팔츠의 선제후選帝侯인 루트비히의 하이델베르크대 철학과 교수 초청도 사양했다. '기독교를 어지럽히는 행동만 피해달라'는 조건이 달리자 "가르치고 연구하는 자유가 결국 제한받지 않을까 생각한다"며 "학문에 어떤 제약도 받고 싶지 않다"고 답했다.

스피노자는 현대 국가관과 시민윤리 형성에 기여했다. '백성'이 아닌 '국민'의 시대가 도래하자 국민국가의 구성원인 인간이 어떤 존재인지 규정할 철학적 토대가 필요했고, 스피노자의 철학이 소환돼 '현대적 시민'의 개념을 구체화시켰다. 『에티카』는 자유롭고 이기적인 '개인'들의 '시민사회'를 제시하고 있다. "시민사회란 동정심 대신 존중, 사랑 대신 예의로 이뤄지는 사회다. 우리는 이기적이고 추악하면서도 얼마든지 윤리를 발휘할 수 있다."

정치는 국가의 통치방식에 관련된 것이 아니라 대중의 자유와 능력을 확장시키는 문제라는 게 스피노자의 통찰이다. "권력이 대중의 약점을 이용해 통치자를 숭배하도록 만들고 사람들에게 노예의 삶을 강요하고 있다"며 삶을 무기력하게 하고 자유로운 삶을 가로막는 정치권력에 맞서야 한다고 주문했다.

　　　　　　　　　　　　　　　　다시 읽는 명저

"권력의 통치자 숭배 강요에 맞서라"

국가의 진정한 목적은 자유의 보장이며 '자유로운 시민'이 국가의 존재 이유라고 봤다. 스피노자는 국가를 '개인들이 좀 더 자유롭고, 보다 덜 불편하기 위해 사회계약을 맺은 상태'로 정의했다. 국가는 개인이 나름의 행복을 추구하며 살 수 있도록 배려하고, 필요할 때만 간섭하는 조정자여야 한다는 것이다.

프랑스어로 '톨레랑스'라 불리는 관용의 개념도 스피노자 철학에서 처음 등장한다. 국가가 추구해야 할 가치로 조화, 균형, 관용을 꼽은 것이다. "내가 행인을 강도질할 수 있는 정글 같은 사회에서는 나도 당할 수 있다. 살인강도가 가능한 사회보다는 법적으로 금지된 사회에서 사는 편이 행복할 것이다."

참혹한 전쟁의 공포를 피하기 위한 평화는 결코 참된 평화일 수 없다고도 했다. 참된 평화는 자유의 공기를 만들어가는 대중의 능력에서 나오는 것이라는 게 스피노자의 설명이다. "평화란 전쟁의 부재不在가 아니라 마음의 상태이며 정의를 향한 기질이다."

『에티카』는 "모든 고귀한 것은 어렵고도 드물다"는 말로 끝난다. 스피노자가 목숨처럼 생각한 자유와 진리라는 고귀한 가치를 우리는 너무 쉽게 생각하고 있지 않은지.

자유주의와 사회적 실천

존 듀이

"자유주의의 역사와 본질은 진보"

김태철

교육계에서 미국 철학자인 존 듀이John Dewey(1859~1952)를 모르는 사람은 드물다. '근대 교육의 아버지'로 불리는 것이 말해주듯 그의 위상은 독보적이다. 교사와 교과 중심이던 교육이론을 학습자 중심으로 바꿔 '교육의 코페르니쿠스적 전환'을 이끌었다는 평가를 받는다.

하지만 정치·경제 사상 분야에선 '실용주의 철학의 계승자'라는 명성에 걸맞지 않게 열렬한 지지자가 많지 않다. 상당수 자유주의 경제학자는 그를 '수정자본주의자'라고 비판한다. 1935년 펴낸『자유주의와 사회적 실천Liberalism and Social Action 』에서 정부의 적극적인 시장 개입을 지지했다는 이유에서다. 일부 학자는 '좌파 경제학자'로 몰아세우기도 한다. "정부가 적극적으로 지도력을 발휘해야 하지만, 그 역할은 빈곤 등 치명적인 문제 해결에 국한돼야 한다"고 주장했던 그로선 억울한 측면이 있다.

복지국가는 보수가 만든 '예방국가'

여러 논란에도 불구하고 『자유주의와 사회적 실천』은 진영을 떠나 경제학도들에겐 스테디셀러로 꼽힌다. 실사구시의 실용주의적 철학을 고스란히 담아 사회·경제 문제 해결에 유용한 정책적 대안을 제시했기 때문이다. "자유주의를 살리기 위해 출간했다"는 듀이의 말처럼 당시 위기에 처했던 미국 자유주의와 시장경제를 구원하는 데 작지 않은 역할을 했다. "자유주의가 기득권화돼 선제적 사회문제 해결 능력을 잃어버리면 사회주의자와 선동가들에게 영원히 끌려갈 수밖에 없다"는 교훈도 제시했다.

당시 미국은 1929년 시작된 대공황이 장기화되면서 총체적 난국에 빠져 있었다. 지식인들조차 대공황이 야기한 극심한 충격 탓에 자유방임적 자유주의와 작은 정부가 더 이상 시대적 가치와 변화를 담아내지 못한다는 절망을 쏟아냈다. "그해(1934년) 겨울, 미국인 1300만 명이 실업자였다. 길거리엔 누더기를 걸친 굶주린 사람이 득실댔다. 사회주의 정부가 아니면 구제 방법이 없을 것 같은 그 사회에서, 기독교 모태신앙자인 나는 사회주의자가 돼야 한다는 도덕적 강박에 끊임없이 시달리곤 했다."(미국 작가 알프레드 케이진)

이런 상황에서 듀이가 내놓은 처방이 실용주의를 바탕으로 한 '개혁적 자유주의'다. 듀이는 이를 '끊임없이 사회적 모순 해결에 주도적으로 나서는 자유주의'로 정의했다. 그는 자유주의

의 태생과 역사, 본질이 진보라고 강조했다. '자유주의=기득권
=보수'라는 당시 미국 사회의 도식적인 인식을 반박했다. "자유
란 어떤 때는 노예제도 폐지를 의미했다. 17~18세기에는 전제
주의 왕정으로부터의 해방을 일컬었다. 19세기에는 새로운 생
산력과 기술, 산업 발전을 가로막는 관습법 체계를 타파하는 것
이었다. 자유주의자는 100여 년 전만 해도 체제 전복적인 급진
주의자라는 비난을 받았다."

　듀이는 자유주의 위기가 사회문제 해결 능력을 상실한, 기득
권화된 자유주의 내부에서 기인했다고 설파했다. 빈곤 심화와
극심한 빈부 차 확대 등 파괴적인 모순들을 그저 '개인의 능력
탓'으로만 돌리고 구제를 소홀히 하자 사회주의 선동가들이 국
민을 동요시키기 시작했다는 것이다. 그는 사회 상황에 맞춰 공
공복리를 위해 사유재산권도 일부 제한할 수 있다는 견해를 내
놨다. "이제 자유주의자들은 프롤레타리아의 고통을 인정하면
서도 결정적인 순간에선 늘 자본주의 지배자의 편에 서는 자들
이란 비판을 받고 있다. 사회는 '사적 자치의 원리'를 강조하면
서 이들의 고통을 외면하고 있다."

　듀이가 주창한 '제한된 범위 내 적극적인 정부 역할'은 이런
시대적 난국을 타개하기 위한 것이었다. 이는 영국 사상가 토니
주트가 주장한 '복지국가=예방적 국가'의 이론적 근거가 됐다.
복지국가는 보수진영이 공산주의로부터 자유주의를 지키기 위
해 만든 '예방적 국가'란 의미다. 실제로 세계 최초로 사회보험

을 도입한 사람은 보수주의자였던 독일 재상 비스마르크였고, 영국 공공복지 법규의 원칙을 확립한 '베버리지 보고서'를 승인한 사람도 영국 보수당 정권의 처칠 총리였다.

"선제적 문제 해결 능력 발휘해야"

"기본적인 교육과 의료가 충족되지 않는 곳에서는 국가 개입이 불가피하다. 그렇지만 국가 개입은 사회적 폐해와 모순 해결에 국한돼야 한다. 자립을 해치는 과잉 복지는 개인에게 오히려 독毒이다. 민생을 모두 책임진다는 '아버지' 같은 통치자 치하에서는 개인의 자율성과 시장경제의 효율성이 발휘될 수 없다. 사회개혁도 개인의 자유와 사회의 도덕적 품성의 틀 안에서 이뤄져야 한다."

듀이는 교육이야말로 자유주의를 지키는 수호신이라고 강조했다. 시민적 자질과 대의민주주의 교육을 통해서만 진정한 자유주의를 실현할 수 있다고 봤다.

"교육은 자유와 평화 등 자유주의적 질서를 유지하기 위한 시민적 자질 향상에 주력해야 한다. 진정한 자유주의자의 임무는 전통적 자유주의가 강조하는 인간의 개성과 자유로운 지력知力을 옹호하고, 그 가치들이 변화하는 사회 상황에서 새롭게 발현되도록 돕는 것이다. 기존의 관습 제도 신념을 현실적 조건에 맞게 보완하는 일이다. 사회 모순에 적극적으로 대응하고 선제적으로 해결책을 찾아내는 게 자유주의를 지키는 지름길이다."

학문과 예술에 대하여

장 자크 루소

"대중의 칭찬만 좇는 지식인은 사회의 적"

백광엽

장 자크 루소Jean Jacques Rousseau(1712~1778)의 『학문과 예술에 대하여』는 지식인의 곡학아세曲學阿世와 위선을 맹렬하게 비판한 책이다. 루소는 지식 발전이 인간을 행복하게 만들기는커녕 권력의 도구로 오용되면서 사회 풍속을 타락시키고 있다고 지적했다. 학문과 예술이 권위를 앞세워 대중에게 '불량 지식'을 강요하고, 기득권에 아부하고 있다며 직격탄을 날렸다.

물론 공격 대상은 학문 자체가 아니라 개인적 욕심과 오만으로 덧칠된 지식인들의 '학문 남용' 행태다. "학문과 예술을 배우고 습득한 사람들이 세상에 끼치는 해악"에 주목한 것이다. 루소는 진리를 구하기보다 대중의 칭찬을 갈망하는 학자는 '사회의 적'이며, 그런 학문과 예술은 '껍데기'라고 거칠게 공격했다.

'지적 기교'에 매달리는 불량 지식인들

루소가 살다간 18세기는 계몽주의 시대로 불린다. 인간의 이성과 사회의 진보에 무한한 신뢰를 보내던 시대에 루소는 용감하게도 '지식의 폐해'를 강조했다. 학문이 '사회 진보에 도움이 된다'는 통념을 거부하고 '사회를 퇴보시킨다'고 주장했다. 정규 교육을 받지 않은 루소의 도발적 주장은 동시대 계몽사상가들의 큰 반발과 따돌림을 불렀다. 하지만 "루소와 더불어 하나의 세계가 시작한다"고 한 괴테의 평가처럼, 루소는 그 치열함을 통해 '진리를 위해 일생을 바친 철학자'라는 수식어를 얻었다.

루소는 명예를 드높이는 일에만 집착하고, 얄팍한 학문과 지식으로 치장한 '못된 지식인'을 경계했다. 학자라는 이름 아래 사회 내부의 불신을 조장하고, 대중에게 왜곡된 지식을 제공하며 공동체를 타락시키고 있다고 통탄했다.

루소 등장 이전의 유럽은 강력한 왕권을 옹호하는 '절대군주 시대'였다. 루소는 "상당수 지식인이 학문을 통해 정의 구현과 사회문제 해결에 기여하기보다 권력에 아부하며 이름을 상류사회 사교계에 널리 알리는 데 치중하고 있다"고 비판했다. 사교계를 들락날락거리는 학자의 행태를 "알맹이는 없고 껍데기만 남은 미덕"이라고 표현했다. 오랫동안 친분을 유지했던 계몽사상가 볼테르도 사교계 출입이 잦아지면서 그의 비난 세례를 받아야 했다.

루소는 그럴듯한 주장을 펼치며 진리와 오류를 오히려 분간하기 어렵게 만드는 학자들의 수법을 '지적 기교'로 불렀다. 많은 지식인이 지적 기교를 동원해 사람들의 칭찬을 듣기 쉬운 작품을 쓰는 데 매달리며 자신을 더 사교적으로 보이는 데 치중하고 있다고 지적했다. 문학가들도 루소의 비판을 벗어나지 못했다. 그는 소크라테스의 말을 인용해 시인들의 오만과 부정직함을 비판했다. "시인들은 재능으로 자신은 물론 타인까지 속임으로써 스스로를 현인이라 자처한 사람들이다."

귀족적이고 탐미적 성향이 강했던 당시의 로코코 예술과 예술가들에 대해서도 비판의 날을 세웠다. 루소는 예술이 본연의 역할은커녕 "인간의 정신을 흐리고 나라를 어렵게 한다"며 깊은 불신을 감추지 않았다. "오늘의 예술은 인간의 존엄성과 가치를 지켜주기보다 왕족·귀족들의 위상을 과시하기 위한 것에 불과하다."

『학문과 예술에 대하여』가 학문과 예술을 부정하는 것은 아니다. 당시 학문 세계의 주류이던 귀족들의 타락상에 대한 비판과 경고가 목적이었다. 루소는 "일신의 출세를 위해 연구하는 사람들이 너무 많고, 지식과 예술이 권력의 도구로 오용된다"며 '지식의 폐해'를 질타했다. 또 '공부한 사람이 많은 사회는 더 도덕적이고 정직하고 정의로워지는가'라고 자문한 뒤 단호하게 "그렇지 않다"고 답했다. "학문으로 조장된 오만과 탐욕, 간교함과 위선, 독선과 시기, 이기심과 비열함이 사회를 불신과 악덕이 우글거리는 정글로까지 변화시키고 있다"고 강조했다.

"얕은 지식을 '정중함'으로 포장하기도"

학자 특유의 '정중한 태도'에 대해서도 삐딱한 시선을 보인다. 얼치기 학자일수록 얕은 지식을 정중함과 격식을 통해 감추고 진실을 가린다는 게 루소의 날 선 진단이다. "마음이 타락할수록 겉모습은 더 그럴듯하게 포장하려 한다. 마음속에 온갖 악이 똬리를 틀고 있어도 예의 바른 말과 몸짓으로 사악한 의도를 가린다."

루소는 학문·예술의 타락을 막기 위한 방편으로 '참된 지식' 교육을 강조한다. 단순한 지식 습득이 아니라 건전한 정신을 함양하는 도덕적 교양에 교육의 초점이 맞춰져야 한다는 주장이다. 잘못된 교육을 받은 학자들은 혼자만의 이상한 말을 만들고, 스스로도 이해하지 못하는 시를 쓰게 된다고 우려했다. "참교육이 아니라면 진리와 오류를 분별할 줄 모른 채 그럴듯한 주장으로 남들의 판단을 흐리게 만드는 기교만을 습득할 뿐이다."

루소의 논지를 오늘의 시각에서 보면 고개를 갸웃하게 하는 것도 꽤 된다. "소수의 천재만 학문을 연마해야 한다", "분별없는 교육과 학문보다는 차라리 무지가 낫다"는 주장들이 그렇다. 일견 과격해 보이지만 높은 교육열을 자랑하는 한국 사회에 부패와 반칙이 만연하는 현실을 볼 때 곱씹고 생각해볼 대목도 적지 않다. 국가사회주의의 선구자로 비판받는 것과 별개로 루소의 '위대한 부정否定'의 정신은 후세가 '현대'로 진입하는 과정에서 작은 하나의 초석이 됐다.

소크라테스의 변론

플라톤

"진실을 알면 행동하는 게 지식인 도리"

김태철

고대 그리스 문명인 헬레니즘Hellenism은 기독교의 모태인 헤브라이즘Hebraism과 함께 서양철학의 양대 뿌리로 불린다. 그리스·로마 사상의 기원인 헬레니즘은 인본주의人本主義, 그리스도교 사상인 헤브라이즘은 신본주의神本主義로 통칭된다. 헤브라이즘의 상징 인물인 예수 그리스도에 비견되는 그리스 문명의 간판은 소크라테스다.

기원전 399년, 그리스 아테네의 한 법정에서 71세 노老철학자 소크라테스(BC 469~BC 399)가 법정에 섰다. "아테네가 믿는 신을 믿지 않고, 젊은이들을 타락시켰다"는 혐의였다. 당시 아테네 재판은 1명의 재판장과 평결을 내리는 500명의 배심원으로 구성돼 있었다.

무지하다는 것을 아는 게 지혜

그의 제자 플라톤(BC 427~BC 347)이 저술한 『소크라테스의 변론*The Apology of Socrates*』은 9시간 30분간 진행된 이 재판에서 스승이 행한 약 3시간 동안의 변론을 정리한 책이다. 기소를 반박하는 최초 변론, 유죄선고 후 변론, 사형선고 후 변론 등 세 부분으로 나뉜다. 플라톤이 쓴『크리톤*Kriton*』과『파이돈*Phaidon*』을 같이 읽어야『소크라테스의 변론』을 제대로 이해할 수 있다.

『크리톤』은 소크라테스가 탈옥을 권유한 친구 크리톤에게 탈옥할 수 없는 이유를 설명한 내용이다. 수치스럽게 살아남아 자신이 추구하는 참된 진리를 더럽히는 것보다 죽음을 선택하는 것이 정의를 지키는 길이라고 말한다. 소크라테스의 명언 중 하나로 알려진 "악법도 법이다"란 말은 플라톤의 책 어디에도 없다.『크리톤』의 맥락을 해석한 말이다.『파이돈』은 소크라테스가 생애 마지막 순간, 추종자들과 함께 '영혼 불멸'을 주제로 나눈 대화다.

『소크라테스의 변론』의 요지는 비교적 간단명료하다. "어느 날 친구 카이레폰이 델포이 신전에서 신탁神託을 받았다. '아테네에서 가장 지혜로운 자는 소크라테스'라는 내용이었다. 나는 그 의미를 알고 싶어 지혜롭다고 자부하는 사람을 찾아다녔다. 그들과 대화를 나눴지만 나보다 더 지혜로운 사람을 찾지 못했다. 그들과 나의 차이는 자신의 무지無知를 스스로 아느냐였다. 그들의 무지가 드러나는 과정에서 미움을 사게 되었고, 이로 인해 고발을 당했다. 나의 행동은 신탁에 의한 것이다. 따라서 내가 아테네의 신을 믿지 않는다는 말은 거짓이다."

그는 변론을 통해 "너 자신을 알라"가 일깨우는 '무지無知의 지知'를 강조했다. 그는 일생 동안 '깨달음을 낳게 하는 산파產婆'를 자처했다. 시장과 거리를 다니며 사람들을 만나 대화했다. 무지를 일깨우기 위해 그저 묻고 또 물었을 뿐이다. "현명한 사람은 자연의 섭리와 인간 내면의 소리에 귀를 기울여 보편타당한 진리를 찾고, 이에 걸맞게 행동해야 한다. 진리를 알면 이해관계에서 벗어나 이를 행동하고 실천하는 게 지식인의 도리다. 청년들을 부패시켰다는 고발 또한 거짓이다."

소크라테스는 자신과 같은 지자知者의 역할을 '말馬에 붙어 있는 등에gadfly(피를 빼는 곤충)'에 비유했다. "혈통은 좋으나 굼뜬 말과 같은 아테네에 붙어 끊임없이 일깨우기를 멈추지 않는 것이 신이 내린 소명召命이다. 많은 사람이 있어야 말을 좋게 만드는 게 아니다. 오직 한 사람이나 극소수 전문가만이 말을 뛰어난 경주마로 키울 수 있다."

『소크라테스의 변론』에는 철학적인 사변思辨이나 체제 등 현실 비판은 거의 보이지 않는다. 하지만 '등에와 말', '좋은 말 키우기'의 비유는 재판 성격과 소크라테스의 정치관을 엿보게 하는 중요한 대목이다. 그는 평소 포퓰리즘과 선전·선동이 판을 치는 아테네의 중우정치衆愚政治를 혐오했다. 아테네를 몰락시킨 주범으로 민주정을 꼽았다. 쇠퇴한 나라를 일으켜 세우려면 현명한 군주나 소수의 귀족에 의한 정치가 필요하다고 역설했다.

당시 아테네 정치인들은 대중의 여론에 휘둘렸다. 지식인이

다시 읽는 명저

라고 자처하는 소피스트sophist들은 온갖 궤변으로 법치를 훼손하고 자신의 이익을 위해 대중을 선동하기에 여념이 없었다. 다수 세력인 민주정 지지파와 소피스트들에겐 소크라테스가 '눈엣가시' 같은 존재였다.

"지식인은 말馬을 일깨우는 등에"

그를 기소한 사람들은 당시 거물 정치인 아니토스와 그의 측근 리콘, 두 사람의 사주를 받은 젊은 시인 멜레토스였다. 모두 열렬한 민주정 지지자였다. 이들이 소크라테스를 법정에 세운 드러나지 않은 진짜 이유는 이것이었다. 소크라테스와 추종자들이 적국인 스파르타의 귀족정에 우호적이었다는 것도 이들의 반감을 키웠다. 중범죄 혐의도 아니었던 기소 내용으로 소크라테스가 사형이란 극형을 받게 된 이유가 설명된다.

『소크라테스의 변론』과 『크리톤』에 이런 내용이 보이지 않는 것은 아테네 신에 대한 불신과 청년을 타락시켰다는 기소 내용에 대한 변론만 담았기 때문이다. 재판 배경과 결과에 상관없이 변하지 않는 것은 소크라테스가 지적한 중우정치의 폐단과 이를 바로잡기 위한 지식인의 역할일 것이다. 『소크라테스의 변론』은 포퓰리즘이 위세를 떨치는 오늘날, 무엇이 지식인의 사명인지를 되묻게 한다.

서양철학사

버트런드 러셀

"권력은 여론에, 여론은 선전·선동에 좌우된다"

백광엽

"선이 무엇인지 알기 위한 지성의 훈련과 도덕적 훈련을 받지 않은 자들의 정치참여를 막지 못하면 국가는 반드시 부패한다."

"플라톤 이후의 철학자들은 모두 우수한 교사들이었을 뿐이지만, 데카르트는 진리를 전달하려는 열망을 품은 발견자이자 지적 탐험가였다."

영국 철학자 버트런드 러셀Bertrand Russell(1872~1970)의 『서양철학사History of Western Philosophy』는 시대적 분위기와 맥락 속에서 서구사상의 흐름을 일목요연하게 짚어주는 저작이다. 러셀은 지금도 이해하는 사람이 100명 미만이라는 『수학 원리Principia Mathematica』를 20대에 썼을 만큼 다방면에서 천재적이었던 '20세기 대표 지성'이다. 대가의 눈높이에서 거의 모든 철학자에 비판적으로 접근한 것이 이 책의 차별점이다. 니체의 말을 빌려 "아리스토텔레스는 대사기꾼"이라고 직격탄을 날렸을 정도다.

간과하기 쉬운 사실들에 대한 환기도 신선하다. 부도덕한 궤변론자로 인식되는 소피스트를 "아테네 민주주의를 강하고 풍부하게 만든 회의주의자"로 긍정 평가했다. 반면 르네상스는 "소수 학자와 예술가들의 운동이었던 탓에 크게 성공할 수 없었다"는 냉정한 평가를 내놨다.

1945년 출간된 『서양철학사』에는 정치인·작가·과학자가 다수 등장하고, 종교개혁·프랑스혁명 같은 역사적 사건도 자주 언급된다. 러셀은 "철학은 신학과 과학의 중간에 위치한다"는 말로 철학의 중요성을 강조했다. 그는 후세에 가장 큰 영향을 미친 고대 철학자로 플라톤을 꼽았다. "선善을 최대로 이해한 사람이 통치자가 되는 국가"를 이상적 모델로 제시한 플라톤에 적극 동조했다. "선이 무엇인지 알기 위한 지성의 훈련과 도덕적 훈련을 받지 않은 자들의 정치참여를 막지 못하면 국가는 반드시 부패한다."

지성·도덕 없는 정치는 국가 부패시켜

고대 철학 다음 시기는 가톨릭 철학으로 명명했다. 교부 철학과 스콜라 철학으로 나뉘는 이 시대 철학의 목적은 '신앙의 옹호'였다. 초기 기독교 교리를 체계화한 학자를 일컫는 '교부'들은 신앙을 이성보다 절대 우위에 놓고 플라톤 철학과 기독교를 접목했다. 하지만 이성이 성장하면서 신앙이 의심받게 되자 둘 간의 융합을 꾀하는 스콜라 철학이 등장했다. 토마스 아퀴나스가 "내 목적은 신앙이 공언하는 진리를 선포하는 것"이라고 말한 것처럼 이 시기 철학은 신학의 시녀였다.

르네상스와 더불어 교회 권위가 약화되면서 개인주의가 출현하고 무정부주의까지 생겨났다. 15세기 이탈리아의 무정부 상태는 소름끼칠 정도였으며, 이를 배경으로 마키아벨리 학설이 출현했다. 러셀은 "핵심은 권력의 장악"이라고 한 마키아벨리의 정치철학에 크게 공감했다. "정치적 목적을 달성하려면 어떤 종류이든 권력이 필요하다. 권력은 흔히 여론에 좌우되고, 여론은 선전·선동에 좌우된다는 사실만큼은 분명하다."

당시 '절대권위'였던 플라톤에 반대해 "이성은 타고난 능력이 아니며 근면과 경험에 의해 발전한다"고 봤던 홉스에도 큰 애정을 보였다. "홉스는 근대 정치론을 세웠고, 미신적 요소에서 완전히 벗어나 만인은 평등하다고 주장했다."

『서양철학사』는 근대철학의 문을 연 사람으로 데카르트를 지목한다. "플라톤 이후의 철학자들은 모두 우수한 교사들이었을 뿐이지만, 데카르트는 진리를 전달하려는 열망을 품은 발견자이자 지적 탐험가였다."

다시 읽는 명저

개인 구속 않는 게 자유주의 핵심

이 책은 가차 없는 비판으로 여타 철학서와 구별된다. 러셀은 "인간은 본성적으로 선하며 제도로 인해 악해질 뿐", "사회적 불평등의 기원은 사유재산제"라고 주장한 루소 철학을 "독재정치에 대한 옹호"라며 평가절하했다. 루소 철학이 정치현장에서 거둔 첫 결실이 로베스피에르의 공포정치였으며, 히틀러도 루소의 후예라고 썼다. 헤겔에 대해서도 "가장 이해하기 힘든 철학"이라며 부정적이었다. 니체 사상에는 "과대망상 환자의 말이라고 단순히 치부해도 좋을 부분이 많다"며 가장 혹독한 평가를 내렸다.

로크 철학도 "일관되지 않은 이론"이라고 지적했다. 로크는 절대권위와 맹목적 복종을 배격하고 광적인 개인주의도 거부했는데, 이런 철저한 저항이 '국가 숭배' 학설을 탄생시켰다고 봤다. 하지만 "현대적 형태의 자유주의는 로크와 함께 시작됐다"는 호평도 동시에 내놨다. "사람들이 민주국가를 결성하고 정부 지배 아래 들어가기를 자청한 최고 목적은 재산 보호"라고 한 점 등을 이유로 들었다. 루스벨트와 처칠을 로크의 후예로 꼽았다.

러셀의 철학사 강의는 자유주의에 대한 강조로 마무리된다. 그는 자유주의의 핵심을 "비합리적인 교의를 기반으로 하지 않으면서 질서를 보장하고, 사회 보존에 필요한 이상으로 개인을 구속하지 않고서 안정을 확보하려는 시도"로 정리했다. "자유주의의 시도가 성공할지는 오직 장래에 일어날 일이 결정할 것"이라고 덧붙였다. 이즈음 한국에서 일어나는 여러 비합리적인 사건과 집단사고의 확산은 러셀이 말한 자유주의의 핵심과 너무 멀지 않은지 돌아보게 한다.

북학의

박제가

"상공업 키워야 나라 발전"

홍영식

"재물은 우물과 같다. 쓸수록 자꾸 가득 차고, 이용하지 않으면 말라 버린다. 지금 나라 안에는 비단을 입지 않으므로 비단 짜는 사람이 없다. 따라서 여공女工이 쇠했으며, 장인이 없어졌다. 이용할 줄 모르니 생산할 줄 모르고, 결국 모두가 가난해져 서로 도울 길이 없다."

조선 실학자 박제가(1750~1815)의 『북학의北學議』는 네 차례에 걸쳐 청나라의 풍속과 제도를 살펴본 뒤 쓴 책이다. 조선의 부국강병富國强兵을 꿈꾸며 개혁과 개방 청사진을 담았다. 성리학이 나라의 사상적 근간이던 시절 그는 상업과 유통, 대외무역의 중요성 등 경제 논리를 강조했다.

제대로 된 경제구조를 갖추지 못해 가난할 수밖에 없는 조선의 현실을 비판했다. 발상을 바꾸자는 것이었다. 소비를 진작하고 생산을 증진해 경제에 활력을 불어넣자고 주장했다. 그는

"의식주 문제가 해결되지 않으면 도덕이 무엇이 중요한가"라고 의문을 제기한 뒤 백성의 삶을 풍요롭게 하고, 나라를 강성하게 하는 것을 학자가 추구해야 할 목표로 제시했다. 일종의 '조선판 국부론國富論'이다.

서문에서 조선의 현실을 냉정하게 진단했다. 그는 "지금 나라의 큰 병폐는 가난"이라며 "대궐의 큰 뜰에서 의식을 거행할 때 거적때기를 깔고 있다. 궁문을 지키는 수비병마저 새끼줄로 띠를 만들어 매고 있는 실정"이라고 지적했다. 가난을 구하기 위한 방법으로 외국과의 통상을 활성화할 것을 제안했다. 당시 조선은 청나라를 제외한 다른 나라와는 쇄국에 가까울 정도로 교역이 미미했다. 청나라와도 해로를 통한 교역은 거의 이뤄지지 않고 육로도 교역 물품 제한이 많아 '봇짐장사' 수준밖에 되지 않는다는 게 그의 진단이었다.

"수레 이용해 유통 경제 활성화해야"

조선 조정에 전면적인 문호 개방을 촉구했다. 그는 "가지고 있는 것과 가지고 있지 않은 것을 서로 교역하는 것은 천하 어디서나 통하는 정당한 방법"이라며 "교역하고 판매하는 일을 모두 허가해야 한다"고 했다.

유통 경제를 활성화하기 위해 수레를 만들어 적극 이용할 것을 권장했다. 당시 상품 유통은 주로 보부상의 봇짐을 통해 이뤄졌다. 도로가 수레가 다니기에는 좁았고, 험준한 고갯길이 많

다시 읽는 명저

았기 때문이다. 박제가는 "청나라 지형은 조선 못지않게 험한 산이 많음에도 수레를 잘 만들어 대량의 상품이 가지 않는 곳이 없다"며 "조선엔 수레가 없으니 집값은 물론 나막신 값, 짚신 값도 오르게 된다. 도로를 보수해 수레 활용도를 높여 막힌 곳을 통하게 하면 소비와 생산이 늘어날 것"이라고 강조했다.

분업이 국부의 원동력이라며 벽돌을 예로 들었다. 그는 "굽는 가마도, 때우는 회灰도, 수레도 내가 마련해야 하고, 장인의 일도 내가 해야 한다. 이렇게 혼자 벽돌을 만든다 해도 과연 얼마나 이익이 되겠는가"라고 반문했다. 그러면서 "민생에 날마다 소용되는 물건은 서로 나눠서 만들어야 한다"고 했다.

이윤의 중요성도 설파했다. 그는 "나라에서 값어치를 제대로 쳐주지 않으니 조선의 도자기가 중국 도자기보다 정교하지 않다"며 "힘을 다해 만들어도 값을 크게 깎는다면 장인들은 기술 배운 것을 후회하고, 상인들도 물건 파는 것을 꺼릴 것"이라고 지적했다. 이윤이 충분치 않다면 상인의 활동을 기대할 수 없다는 점을 정확히 인식한 것이다.

"사대부 놀고먹는 돈 어디서 나오나"

직설적 화법으로 사대부를 비판했다. 나라를 부강하게 할 생각은 않고 '안빈낙도安貧樂道'라는 말로 백성들에게 검소한 삶을 권하는 사대부들이야말로 위선자라고 지적했다. 그는 "나라의 좀벌레들인 사대부는 놀고먹으면서 하는 일이라곤 없다"며 "그들이 입는 옷이며 먹는 양식은 어디서 나오는가. 그들은 권력에 기댈 수밖에 없고, 청탁하는 버릇이 생겼으니 시정의 장사치도 그들이 먹던 것을 더럽다 할 것"이라고 질타했다. 그는 놀고먹는 사대부를 상업에 종사토록 해야 한다고 주장했다.

『북학의』는 고담준론을 논한 책이 아니다. 누에치기, 성곽 축조, 가축 기르기, 집짓기, 기와 만드는 방법 등 일상생활에 필요한 새로운 기술도 비중 있게 소개했다. 이 책에 소개된 국내 상업 및 외국과의 무역 장려, 벽돌을 비롯한 상품의 표준화, 대량생산, 시장 확대, 농공상업에 대한 국가적 후원 강화 등은 근대 유럽의 중상주의 경제 사상과 비슷하다는 게 전문가들의 평가다.

그의 혁신안들은 실현되지 않았다. 그는 가난을 구제하고 부강한 나라를 만들지 못하면 나라를 잃을지도 모른다는 위기의식을 갖고 정조에게 『북학의』를 올렸다. 정조는 그 책을 읽고 "네 뜻을 알겠다"고 했지만 정책에 반영하지는 않았다. 당시 정책으로 수용하기엔 너무 혁신적인 사상이었다.

그를 비롯한 실학자들의 '이용후생利用厚生' 이념은 성리학을 숭상한 사대부의 벽을 넘기에 한계가 있었다. 박제가는 세력을 잡고 있던 노론 벽파의 미움을 받아 유배길에 올랐다. '조선판 국부론'은 사장死藏됐다.

의산문답

홍대용

"'조선의 갈릴레이' 과학사상 흔들어 깨우다"

홍영식

"뭇 별들은 각각 하나의 세계를 갖고 있고, 끝없는 우주에 흩어져 있는데 오직 지구만이 중심에 있을 순 없다. 지구는 한없이 넓은 우주의 한 천체일 뿐이다."

조선 후기 실학자 홍대용(1731~1783)은 '무한 우주론', 지구는 둥글다는 지구설地球說, 지구 자전설自轉說, 지구가 우주의 중심이 아니라는 '탈脫지구중심론' 등 당시로서는 파격적 주장을 펼쳐 사회를 뒤흔들어 놓았다. 그래서 그는 '조선의 갈릴레이'라고 불리기도 한다.

그의 이런 주장들은 『의산문답毉山問答』에 고스란히 담겨있다. 『의산문답』은 홍대용이 1766년 사신단 일원으로 중국을 갔다 온 뒤 쓴 자연과학 소설이다. 중국 동북지방의 '의무려산'을 배경으로 가상의 인물 허자虛子와 실옹實翁의 대화 형식으로 이뤄져 있다. 성리학자인 허자는 전통에 매몰돼 진정한 진리를 보지 못하는 사람으로, 실옹은 서양 자연과학을 받아들여 새로운 학문을 터득한 사람으로 묘사돼 있다. 실옹은 허자의 어리석음을 질타하며 깨우치도록 유도한다. 이를 통해 홍대용 자신의 과학과 실학사상을 서술하고 있다.

실옹은 허자에게 사람과 만물이 똑같다는 '인물균人物均 사상', 지구가 우주의 중심이 아니라는 '무한 우주론', 중국이 천하의 중심이 아니라 내가 있는 곳이 세계의 중심이라는 '역외춘추론 域外春秋論' 등을 설파한다.

『의산문답』에서 제일 먼저 등장한 주제는 '만물은 동등하다'는 것이다. 허자가 인간우위 주장을 한 데 대해 실옹은 "인간과 자연계 모든 사물은 각기 자기 삶의 방식에 따라 평화롭고 행복한 삶을 누리려 한다는 점에서 차별이 없다"고 말했다. 인간이 다른 사물보다 더 귀하다는 주장은 자기중심적 사고에 불과하며 하늘의 입장에서 보면 모두 동등한 가치를 지닌 존재라는 것이다.

"지구는 自轉하고 우주는 무한"

홍대용이 '만물은 동등하다'고 한 것은 자연에 대한 인간의 진지한 성찰 필요성을 강조하기 위해서였다. 그는 "인간과 자연은 한 몸이 돼 유기적으로 살아가는 만큼 인간이 자연의 섭리, 운행 원리에 대해 마땅히 관심을 가지고 관찰해야 한다"고 했다.

사물에 대한 주관적 입장을 배제하고 있는 그대로 보는 객관적 태도의 중요성을 강조한 것이다. 당시 조선 지식인들이 배척하던 서양 자연과학 이론과 자신의 주장을 편견 없이 받아들여달라는 주문이기도 하다. 홍대용의 이런 인식은 객관적이고 과학적인 근대적 자연관과 맥이 닿아있다는 평가를 받고 있다. '인물균 사상'은 사농공상이라는 신분 구획을 무너뜨리려는 의도가 담겨있다는 분석도 있다.

이어 자연과학 주제를 다뤘다. 지구설과 자전설, 무한 우주설 등이 핵심주제다. 월식 때 달에 비친 지구 그림자가 둥글고, 높은 곳에 올라가도 먼 곳을 볼 수 없다는 점 등을 들어 지구는 둥글다고 주장했다. 또 "지구는 회전하면서 하루에 일주一周한다. 땅 둘레는 9만 리이고, 이 거리를 하루에 달리기 때문에 그 움직임은 벼락보다 빠르고 포환보다 신속하다"며 자전설을 제기했다. 9만 리(3만6000km)는 실제 지구 둘레(약 4만km)에 근접한 수치다. 당시까지만 해도 조선은 물론 동양에서도 지구가 자전한다는 사실을 받아들이지 않았다는 점에서 홍대용의 주장은 대담하고 독창적인 것이었다.

"큰 의심이 없는 자는 깨달음도 없다"

허자가 "지구가 둥글다면 왜 사람과 사물이 아래로 떨어지지 않는가"라고 질문하자 실옹은 "지구가 빠른 속도로 자전하기 때문에 지구 중심으로 쏠리는 힘이 발생하게 되며, 이 힘이 둥근 지구 위에서 사람들이 거꾸로 떨어지지 않고 살아갈 수 있도록 붙잡아주는 것"이라고 설명했다. 홍대용은 지금 태양계라고 부르는 것을 지계地界라고 했다. 우주에는 지계 이외에 다른 행성이 있다고 믿었다. 더 나아가 "넓은 우주 속에 다른 생명체도 존재할 것"이라고 했다.

지구가 둥글다는 주장과 무한 우주론은 조선 성리학적 체계의 근간을 이룬 '화이론華夷論'을 비판하는 논거로 삼았다. "둥근 지구에는 중심세계가 없고, 모두가 세계의 중심이다" "무한한 우주 속에 중국은 극히 일부분일 뿐" 등의 표현은 '화이론'을 부정하는 것이다.

홍대용은 '역외춘추론'에서 지구상의 모든 국가와 민족, 지역이 관점에 따라 세상의 중심이 될 수 있으며 각기 자신만의 고유한 문화와 가치를 지니고 있다는 점에서 동등하다는 논리를 제시한다. 역시 중국 중심의 세계관을 비판하며 조선의 독자성을 부각시킨 것이다.

오늘날 관점에서 보면 홍대용은 지구 공전 사실에 대해선 뚜렷하게 인식하지 못하는 등 한계도 분명히 있다. 그러나 그는 조선시대 사상계를 지배하던 학문 풍토와 기성 사상을 넘어 새로운 안목을 보여준 뛰어난 과학사상가임에는 틀림없다는 평가를 받는다. 국제천문연맹 소행성센터는 2005년 화성과 목성 사이에 새로 발견된 소행성 이름을 '홍대용'으로 이름 지었다. "큰 의심이 없는 자는 깨달음도 없다"는 지론으로 자연과학 연구에 매달린 홍대용을 연암 박지원은 "시대와 불화한 위대한 인물"로 평가했다.

열하일기

박지원

"정치 핵심은 덕德과 도道가 아닌 백성의 삶 증진"

홍영식

"이용利用이 있은 뒤에야 후생厚生이 될 것이요, 후생이 된 뒤에야 정덕正德을 이룰 수 있을 것이다. 생활이 넉넉하지 못하면 어찌 덕을 바르게 할 수 있겠는가. 부강한 나라 건설과 백성의 삶 증진에 보탬이 되는 실용을 정치의 중심에 세워야 한다."

연암 박지원(1737~1805)은 조선 후기 실학파의 거두로 꼽힌다. 그는 정조 4년(1780년) 청나라 황제 건륭제의 칠순을 축하하기 위한 사절단 일원으로 뽑혀 베이징과 황제의 별궁이 있던 열하를 다녀왔다. 『열하일기熱河日記』는 세계적인 제국으로 발전한 청나라를 두 달여간 목격한 뒤 쓴 생생한 기행문이다.

그가 이 책을 통해 전하려는 핵심 메시지는 이용후생利用厚生, 실사구시實事求是였다. 주자학에 매몰된 주류 기득권층이 명분에 집착해 백성의 삶을 돌보는 데는 무능하다고 비판하고, 공리공론空理空論이 아니라 진정 나라를 부강하게 하는 방법을 찾아야 한다고 역설했다. 견문기라는 큰 틀을 지키면서도 그 안에 일기, 수필, 「호질」, 「허생전」과 같은 소설 등 다양한 장르의 작품을 담은 독특한 양식의 책이다.

"백성에 도움이 되면 오랑캐에도 배워야"

당시 조선에선 "청을 정벌하자"는 북벌론이 여전했다. 박지원은 이런 주장을 헛된 일이라고 생각했다. 그의 눈에 비친 청은 조선과 달리 서양의 과학과 기술을 적극적으로 받아들여 강국으로 부상한 나라였다. 그는 "팽창하고 있는 청나라의 문물을 살펴보고 좋은 점은 받아들여 조선의 것으로 만드는 게 나라 발전에 도움이 된다"고 확신했다. "천하를 통치하는 사람은 백성에게 이롭고 국가를 부강하게 할 수 있는 것이라면 그 법이 오랑캐에게서 나왔다고 하더라도 본받아야 한다. 청과 통상通商하면 국내 산업을 촉진하고 문명의 수준을 높이는 데 큰 도움이 될 것이다."

그는 수레 등 유통수단의 발달이 청의 부국을 가져온 주요 요소라고 지적하고, 조선의 현실을 비판했다. "어떤 사람들은 조선에는 산과 계곡이 많아 수레가 적당하지 않다고 말한다. 얼토당토않은 소리다. 길이 좋지 않고, 수레보다 봇짐을 많이 이용하다 보니 백성들에게 필요한 물품의 원활한 유통이 안 된다. 백성들이 이다지도 가난한 까닭이 대체 무엇 때문이겠는가."

깨진 기와 조각과 똥거름도 그의 눈을 사로잡았다. "청의 가

다시 읽는 명저

장 멋진 구경거리는 깨진 기왓장 이용법과 똥거름 무더기다. 기와 조각은 한갓 쓰레기지만 둘씩, 넷씩 잘 포개면 천하의 아름다운 무늬가 나온다. 조선에선 똥을 더럽다고 여기며 농사에 잘 이용하지 않는데, 청에선 금싸라기처럼 귀하게 여기고 있다. 이 똥거름 무더기가 천하의 제도를 만드는 힘임을 깨달았다." 나라의 문물이 발달하게 된 비결은 기와 조각과 똥 같은 하찮은 것이라도 철저히 활용하는 실용정신에 있다고 본 것이다.

길을 가던 농부와도 필담을 나누며 농사방법을 배운 박지원은 귀국해 누에치기, 나무 가꾸기 등을 직접 하며 연구했다. "정치에서 먼저 필요한 것은 덕德과 도道가 아니라 백성의 삶을 도탑게 하는 것이다. 오랑캐를 배척하려거든 우선 우리나라의 무딘 습속을 바꾸고, 밭을 갈고 누에 치고, 질그릇 굽는 일부터 장사하는 것까지 배워야 한다. 천하의 도는 현실에, 저 똥덩어리에 있다."

그의 이용후생 철학은 「허생전」에도 잘 드러나 있다. "청을 칠 방도를 알려달라"는 어영대장의 요청에 허생은 "말타기, 칼과 창 찌르기, 활 당기기를 익혀야 하거늘 그 넓은 옷소매를 고칠 생각은 않는가"라고 호통을 쳤다. 허생의 입을 빌려 명분에 매몰된 사대부를 질타한 것이다.

박지원은 사대부들에게 우물 속에 갇혀 있지 말라고 주문했다. 그가 광활한 요동 벌판을 처음 대면했을 때 "훌륭한 울음터로다. 크게 한 번 통곡할 만한 곳이구나"라고 외친 것은 드넓은 세상을 보면서 편견을 떨쳐내라는 뜻이었다. 생전 처음 본 코끼리에 대한 글을 통해서도 마찬가지 주문을 했다. "사람들은 기이한 코끼리 코를 부리로, 어금니를 다리로 착각하기도 한다. 코와 어금니에만 관심을 갖고 전체를 보지 못해 생기는 착각이다. 세상 이치도 마찬가지다. 어찌 내가 아는 이치가 천하에 두루 통하는 것이라고 말할 수 있겠는가."

수레 활용 등 현장서 '실사구시' 실행

당연한 이치를 의심하는 것이 기존의 질서에 대한 부정을 의미하는 것으로 비치면서 거센 논란을 불러일으켰다. 그러나 박지원을 아끼던 정조는 이를 문제 삼지 않고, 문체를 비판했다. 박지원은 토속적인 속담을 섞어 쓰기도 했고, 하층 사람들과 주고받은 농담을 세세하게 기록하는 등 당시 지식인들이 쓰는 글과는 전혀 다른 양식의 문체를 썼다. 이 때문에 『열하일기』는 정조가 문체반정文體反正을 추진하는 빌미를 제공했다. 박지원은 정조에게 불려가 "다시는 이런 난삽한 문장을 쓰지 않겠다"는 요지의 반성문을 썼고, 『열하일기』는 이후 약 1세기 동안 금서로 묶였다.

박지원은 말년에 안의(경남 함양) 현감이 돼 직접 수레와 수차, 물레방아를 만들어 활용하는 등 현장에서 실사구시 정책을 폈지만, 조선 사회를 바꾸는 데까지 나아가지는 못했다.

택리지

이중환

"대代를 이어 살 만한 곳은 상업이 왕성한 곳"

김태철

"조선 후기 최고 베스트셀러를 꼽는다면 단연 『택리지』다. 사대부치고 이 책을 읽지 않은 자가 없을 정도였다."(육당 최남선)

조선 영조 때 실학자인 이중환(1691~1756)이 1751년 출간한 『택리지擇里志』는 우리나라 최초의 인문지리서로 평가받는다. 이 책은 군현郡縣 등 행정구역 중심인 기존 지리서와 달리 전국을 생활권 위주로 서술했다. 당시의 경제, 교통, 인심 등 사회상은 물론 지역 역사와 전설도 촘촘하게 기록했다.

이중환이 30여 년 동안 전국을 돌아다니며 채집한 생생한 정보는 다양하게 활용됐다. 산수 유람가에게는 여행 가이드북으로, 상인에게는 특산물 안내서와 물류 지침서로, 풍수 연구가에게는 지세地勢의 길흉을 판단하는 참고서로 사용됐다.

공간에 인문학을 담은 지리서

『택리지』의 발간 당시 제목은 '사대부가 살 만한 곳'을 뜻하는 『사대부가거처士大夫可居處』였다. 워낙 책의 인기가 높아 사대부들이 다투어 필사하는 바람에 이본異本이 200여 종이나 존재한다. 이중환이 세상을 떠나기 직전에 내용을 일부 수정하고 『택리지』로 제목을 바꿨지만 원본은 전하지 않는다. 해방 이후 번역된 『택리지』는 조선광문회가 1912년 펴낸 최남선 편집본을 기본으로 삼고 있다.

이중환의 가장 큰 관심은 문화적 교양을 지닌 사대부가 살아가기에 가장 좋은 지역이 어디인가를 찾아내는 것이었다. 책 구성도 여기에 맞춰 네 분야로 나눴다. 사농공상의 유래를 설명한 「사민총론四民總論」, 조선 8도의 인문지리적 환경을 설명한 「팔도총론八道總論」, 살기 좋은 지역의 기준을 논한 「복거총론卜居總論」, 입지 보완책을 담은 「총론總論」 등이다.

"원래 사농공상의 구분은 직업상 차이에 불과했다. 학문이 발달하고 세상이 복잡해지면서 직업 차이가 신분 차이로 변하게 된 것이다. 나라가 잘 돌아가려면 사대부들이 백성과 그들의 생업을 중요하게 여겨야 한다."

「팔도총론」과 「복거총론」은 『택리지』의 핵심 내용을 담고 있다. 이중환은 「팔도총론」에서 조선의 지리를 논하고 지역성性과 출신 인물들에 대해 서술했다. 그가 비교적 우호적으로 본 영남도 지역별로 평가가 상이했다. "낙동강 동쪽인 경상좌도左道는 땅이 메마르고 백성이 가난하다. 하지만 군색하게 살아도 문학하는 선비가 많다. 퇴계 이황과 서애 류성룡의 고향인 안동 등이 여기에 속한다. 경상우도右道는 땅이 기름지고 백성이 부유하나 호사하기를 좋아하고 게을러서 문학에 힘쓰지 않는 까닭에 훌륭한 사람이 적다."

「복거총론」은 살 만한 곳의 조건을 지리地理, 생리生利, 인심人心, 산수山水의 네 가지를 들어서 설명한다. 지리는 하천과 산의 형상, 생리는 경제적인 입지, 인심은 지역 민심과 풍속, 산수는 경치와 풍광을 의미한다. 이 중 이중환이 가장 중시한 것은 생리였다. 생리를 논한 부분에서 이중환의 중상주의重商主義 사상이 잘 나타나 있다. "사대부가 세상을 사는 동안 산 사람을 기르고, 죽은 자를 보내는 데 재물에 의지해야 한다. 재물은 하늘이 내리거나 땅에서 솟아나는 것이 아니다. 그래서 사대부는 관혼상제 예절을 지키기 위해 생업을 가져야 한다. 농업보다 가문과 지역을 더 살찌우는 상업에 대한 편견을 버려야 한다. 상업 활동 중에서는 국제무역이 으뜸이다. 더 많은 국부를 창출해 내려면 국제무역을 활성화시켜야 한다."

이중환은 사대부들이 당시 별로 관심을 보이지 않던 전남 영광 법성포, 충남 예산 유궁포, 충남 논산 강경포구 등 한강, 낙동강, 예성강, 금강 주변 지역 등을 '새로운 살기 좋은 곳'으로 발굴했다. 모두 물류 중심지라는 게 특징이다. 이들 지역은 『택리지』 출간 이전에는 존재감이 거의 없던 곳이었다. 오늘날에는 지역 경제 거점 역할을 하고 있다.

"도시 키우려면 국제무역 활성화해야"

"산수와 인심, 그리고 학풍이 뛰어난 곳보다 상업이 활성화된 곳이 살기가 좋고 발전 가능성도 높다. 시장이 가깝고 강과 바다를 통해 각종 물산이 유입돼 인심이 넉넉하다. 대代를 이어 살 만한 곳들이다. 이처럼 먹고사는 게 풍족해야 인심도 후해진다. 도시를 키우려면 포구를 중심으로 국제무역을 활성화하고, 내륙 교통요지를 중심으로 물산 유통을 촉진해야 한다."

이중환은 입지의 중요성을 강조했지만 '입지가 모든 것을 좌우한다'는 입지결정론자는 아니었다. "사람이 살기 좋은 곳은 대개 지리와 인심이 좋으며 물산이 풍부한 곳이다. 하지만 『택리지』를 제대로 활용하려면 문자 밖에서 참뜻을 구하는 것이 옳을 것이다." 살 만한 땅을 만들려면 그 땅에서 사는 사람들이 어떤 꿈을 꾸느냐가 중요하다는 의미다.

『택리지』는 출간된 지 약 270년이 흘렀지만 여전히 지역을 이해하는 데 유용한 지리서라는 평가를 받고 있다. 해방 이후 근대화와 대규모 국토 개발을 거치면서 전국 지형이 격변했지만 도시 입지, 역사, 문화는 크게 달라진 게 없기 때문이다. 최근 번역서를 찾아보기 어려운 다른 고전과 달리 『택리지』 번역서들은 지금도 2~3년 주기로 꾸준히 출간되고 있다.

한비자

한비자

"공정성 잃은 군주는 발톱 잃은 호랑이"

김태철

"삼류 군주는 자신의 능력을 쓰고, 이류 군주는 타인의 힘을 활용하고, 일류 군주는 타인 능력을 이끌어낸다."

"제왕들은 남이 볼 때는 『논어』를 읽고, 혼자 있을 때는 『한비자』를 읽었다."(중국 역사학자 이중톈)

중국 전국시대(BC 475~BC 221) 때 한비자가 법가法家사상을 집대성한 책이 『한비자韓非子』다. 중국에선 '몰래 읽는 제왕학의 고전'으로 불린다. 성악설을 내세우며 법치를 강조한 법가사상은 인과 예를 중시한 유가儒家사상에 밀려 한나라 이후 중국에선 변방의 학파로 전락했다. 하지만 황실에선 『한비자』가 꾸준히 읽혔다. 지배계층이 필요로 하는 통치술을 『한비자』만큼 구체적으로 설명한 책이 없었기 때문이다.

유교를 국교로 삼고 "제자백가의 모든 학설을 몰아내고 오로지 유가의 학설만을 존중한다"고 선언했던 한 무제조차도 통치

수단으로 『한비자』를 애용했다. "중국 황실에서 유교는 보여지는 통치이념, 법가사상은 은밀한 통치수단이었다"는 게 이중톈의 설명이다.

한비자는 전국시대 칠웅 중 하나로 꼽히는 한韓나라의 서자 출신 왕족이었다. 한나라에 부국강병책을 여러 번 올렸지만 한 번도 응답받지 못했다. 이에 울분을 느끼고 자기 생각을 책으로 정리했다. 독서광이었던 진시황은 55권에 이르는 『한비자』를 모두 읽고 매료됐다. 진시황은 그를 자기 나라 사신으로 불러들이기 위해 한나라를 침공하기도 했다.

하지만 한비자는 제대로 꿈을 펼쳐보지 못했다. 논리가 정연하고 박식했지만 말더듬이였던 탓에 진시황의 신임을 얻지 못했다. 그를 경계한 진시황의 책사 이사의 모함으로 옥중에서 자결로 생을 마쳤다.

『한비자』의 핵심은 '법法·술術·세勢'로 요약된다. '법'은 모든 사람이 공평하게 지켜야 할 원칙이고, '술'은 군주가 신하의 능력을 검증하는 방법이다. '세'는 군주가 법과 술을 행하려 할 때 가지고 있어야 할 권세를 의미한다. 군주가 지녀야 할 현실적인 통치 방법을 거의 모두 담아냈다는 평가를 받는다. 한비자가 '동양의 마키아벨리'로 불리는 이유다.

한비자는 '법(法: 水+去)'의 어원을 "물水처럼 평평한 기준을 적용해 잘못된 것을 가차 없이 제거去하는 것"이라고 설명했다. 법의 운용 원칙은 귀한 사람에게 아부하지 않는다는 '법불아귀法不阿貴'

와 상과 벌을 공정하게 집행해야 한다는 '신상필벌信賞必罰'이다. "큰 범죄는 대부분 존귀한 대신들에 의해 저질러진다. 하지만 법은 비천한 사람들만 처벌하는 경우가 많다. 법치를 바로 세우려면 법 위에 군림하려는 자들부터 법 아래에 내려놓아야 한다. 인정에 휘둘려 적절한 상과 벌을 행하지 않으면 나라와 조직의 기강이 무너진다."

한비자는 다른 법가들과 달리 법만으로는 통치에 한계가 있다고 생각했다. 현명한 군주는 신하를 자유자재로 부리는 '술'을 가져야 한다고 봤다. "군주는 자신의 취향을 함부로 드러내어선 안 된다. 아랫사람이 여기에 영합하기 때문이다. 좋아하는 것과 싫어하는 것을 드러내지 않으면 신하들은 비로소 자신의 본심을 나타내기 시작한다. 삼류 군주는 자신의 능력을 쓰고, 이류 군주는 타인의 힘을 활용하고, 일류 군주는 타인의 능력을 이끌어낸다."

한비자는 '세'가 있어야 '법'과 '술'을 제대로 집행할 수 있다며 '세'를 군주라는 지위와 생살여탈권 등 물리적인 힘이라고 정의했다. "조그마한 나무도 높은 산 위에 있으면 천길 계곡을 내다볼 수 있다. 그것은 나무가 크기 때문이 아니라 서 있는 위치가 높아서다. 호랑이가 개를 굴복시킬 수 있는 것은 날카로운 발톱과 어금니 때문이다. 하지만 세가 있더라도 공정성 잃은 군주는 민심을 잃는다. 민심을 잃은 군주는 마치 발톱과 이빨을 잃은 호랑이와 같다. 이런 호랑이는 그 자리를 호시탐탐 노리는 들개의 먹잇감이 될 뿐이다."

한비자의 사상은 정치 분야에만 머물지 않는다. 한비자는 경제활동을 포함한 모든 인간 활동의 주된 원인이 이기심이라고 봤다. "법으로 적절히 통제하되, 인간 이기심을 적극적으로 발현시켜야 나라 곳간도 풍요로워진다"고 했다. "한비자의 선구적인 경제관은 약 2000년 뒤 등장한 '근대 경제학의 시조' 애덤 스미스의 『국부론』과 거의 일치한다"(고려대 최윤재 명예교수)는 평가를 받는다.

"수레를 만드는 사람은 사람들이 부귀해지기를 바라고, 관을 짜는 사람은 사람들이 요절하기를 바란다. 이는 수레를 만드는 사람이 어질고, 관을 짜는 사람이 악하기 때문이 아니다. 사람이 부유해지지 않으면 수레가 팔리지 않고, 사람이 죽지 않으면 관을 팔 수 없다. 의원도 골육의 정이 있어 환자의 상처를 빨고 더러운 피를 입에 머금는 것이 아니다."

『한비자』는 지나간 고전이 아니다. 오늘날 많은 경제사학자가 자유시장경제를 활성화할 수 있는 사상으로 집중 조명하고 있다. 법가로 대표되는 『한비자』가 강력한 법치와 더불어 자유로운 경쟁을 보장할 수 있는 정교한 법과 제도 마련을 주창했기 때문이다. 법치와 자유로운 경쟁은 예나 지금이나 국가와 사회를 살찌우는 가장 확실한 방법인 것이다.

다시 읽는 명저

정관정요

오긍

"불통은 쇠락을, 소통은 번영을 낳는다"

김태철

중국인들이 최고의 명군名君으로 꼽는 이가 당 태종 이세민李世民이다. 『정관정요貞觀政要』는 당나라 태평성대를 연 그의 정치 철학을 담은 책이다. 태종 사후 약 50년 뒤 사관史官 오긍吳兢이 태종과 신하들이 정사를 논한 내용을 문답집 형식으로 엮었다. 군주의 도리와 인재 등용 등을 담아 동아시아에서는 '최고 제왕학帝王學의 교과서'로 통한다.

'정관의 치貞觀之治'로 불리는 태종의 치세(627~649년)는 중국 역사상 가장 번영했던 시기 중 하나다. 정관은 태종 때의 연호年號이고, 정요政要는 '정치의 요체要諦'란 의미다. 중국 역사서들은 "백성들이 길바닥에 떨어진 남의 물건을 줍지 않고, 여행하는 사람들은 도둑이 없어 아무 데서나 노숙을 했다"고 당시를 기록했다.

적까지 포용해 조언 구한 당 태종

고조高祖 이연李淵의 둘째 아들인 태종은 아버지를 설득해 수나라에 반란을 일으켰고, 중국 재통일 과정에서 큰 공을 세웠다. 하지만 형 건성建成이 태자에 봉해지자 그를 죽이고, 아버지를 겁박해 황위를 찬탈했다.

그는 황위에 오르자 스스로 부족함을 깨닫고 진영을 초월한 인재 등용과 경청의 리더십으로 당의 황금시대를 열었다. 치밀한 방현령房玄齡과 결단력이 뛰어난 두여회杜如晦 등의 인재들을 적재적소에 배치했다. 형에게 자신을 살해할 것을 수차례 주청했던 위징魏徵을 중용해 그의 쓴소리를 정책에 적극 반영했다. "건성의 부하로서 옳은 진언을 했다"며 위징의 당당함을 높이 산 것이다. 이런 태종의 포용력이 있었기에 위징 역시 진심으로 태종과 백성들을 위해 직언을 멈추지 않았다. 위징은 태종 치세의 핵심 인물이 됐다.

태종은 자신의 용모가 우락부락해 신하들이 기가 죽는다는 것을 알고는 진언자가 주눅 들지 않도록 항상 온화한 표정을 지으며 신하들의 의견을 들었다. 그는 『순자』에 나오는 '군주민수君舟民水'라는 사자성어를 자경문自警文(스스로 경계하는 글)으로 삼았다. '군주는 배요, 백성은 물이다. 물은 능히 배를 띄울 수 있지만 전복시킬 수도 있다'는 뜻이다.

위징은 황제에게 300번 넘게 간언했다. 위징은 "윗사람의 행실이 바르면 명령하지 않아도 일이 순리대로 실행이 됩니다. 하지만 행실이 바르지 못하면 명령을 내려도 제대로 실행되지 않습니다. 폐하께서는 인격수양을 게을리하시면 안 됩니다"라는 개인적인 충고까지 했다.

하루에도 몇 번씩 잘못을 지적하는 위징을 보면서 태종은 '위징 울렁증'이 생길 정도였다. "한번은 태종이 사냥을 가기 위한 준비를 했다가 '위징이 반대할 것 같다'고 생각하고는 이를 그만 뒀다. 하루는 좋은 매를 진상받고 감상하고 있는데 위징이 들어왔다. 태종은 본능적으로 매를 품 안에 숨겼다. 위징은 국사를 보고하면서 시간을 끌었다. 위징은 태종이 매에 푹 빠져 있다는 사실을 알고 있었다. 한참을 있다가 위징이 물러가자 태종은 품 안의 매를 꺼냈지만 이미 질식해 죽어 있었다."

태종의 인내심은 때로는 한계에 달했다. 조회 때 위징의 깐깐한 간언에 분노한 당 태종은 "끌어내어 참斬하라"는 말을 몇 차례 했다. 하지만 끌려나가는 위징을 보고는 매번 "내가 잘못했다. 그만 두어라"고 외치곤 했다.

위징이 태종에게 설파한 것은 '양신良臣·충신忠臣론'이다. "충신은 자신도 죽고 가족과 가문도 풍비박산 납니다. 군주도 악인으로 낙인 찍혀 결국 나라도 망합니다. 남는 것은 충신의 이름 석 자뿐입니다. 하지만 양신은 살아서는 편안한 삶을 살고 명성을 얻으며, 죽어서는 가문도 대대손손 번창합니다. 군주 역시 태평성대를 누리고 나라도 부유해집니다. 저는 폐하의 충신보다는 양신이 되고 싶습니다."

'군주민수君舟民水' 새겨 태평성대 열어

태종은 위징을 끝까지 버리지 않았다. 그가 643년 병사하자 사흘간 식음을 전폐했다. 묘비의 조문도 직접 썼다. 태종은 위징의 빈자리를 보고 이렇게 한탄했다. "구리로 거울을 만들면 의복을 바로 입을 수 있다. 옛일을 거울로 삼으면 나라의 흥망성쇠를 알 수 있다. 사람을 거울로 삼으면 세상 사는 이치와 이해득실을 알 수 있다. 나는 이 세 가지 거울을 가지고 스스로의 잘못을 막으려 했다. 이제 위징이 죽었으니 거울 하나가 없어진 셈이다."

태종은 645년 30만 대군으로 고구려 침략에 나섰다가 참패했다. 그가 "(고구려 침략을 반대했던) 위징이 살아 있었다면 이 같은 어리석은 짓을 못하게 했을 텐데"라고 후회했다는 것은 널리 알려진 이야기다.

오긍은 태종의 치세를 이렇게 평가했다. "태종의 위대함은 스스로 완벽하지 않음을 인정한 데 있다. 태종은 최고 권력자인 군주의 잘못된 행동이 나라 전체에 엄청난 재앙을 가져온다는 것을 알았다. 자신의 부족함을 비추는 거울 같은 신하를 옆에 두고 천하를 다스렸다."

스스로 부족함을 알고 몸을 낮춰 끊임없이 조언을 구했던 태종의 치세 비결은 1400년이 지난 오늘날에도 적지 않은 시사점을 던진다. 역사는 예외 없이 '불통의 리더십은 쇠락했고, 소통과 포용의 리더십은 번영했다'는 사실을 보여주고 있기 때문이다.

다시 읽는 명저

전국책

유향

"집착하는 자 망하고, 경청하는 자 흥한다"

김태철

"험난한 시대를 헤쳐 나갈 지략을 담은 '인간학의 보고寶庫'." (대만의 인문학 선구자 양자오)

중국 전한前漢(BC 206~AD 8) 말기 학자인 유향劉向이 편찬한 『전국책戰國策』은 '인간학의 교과서'로 불린다. 『전국책』은 '싸우는 나라들의 책략策略'이라는 뜻이다. 공자가 편찬한 역사서 『춘추春秋』에서 '춘추시대'라는 명칭이 유래했듯이 유향의 『전국책』에서 '전국시대'의 이름이 나왔다.

시기적으로는 중국 춘추시대(BC 770~BC 403) 후반기인 기원전 453년부터 진秦의 시황제始皇帝가 중원을 통일한 기원전 221년까지다. 당시 춘추시대 최강국인 진晉에서 쪼개져 나온 한韓·위魏·조趙 등 3개 신흥국과 진秦·초楚·연燕·제齊 등 기존 4개 패권국 등 '전국 7웅七雄'이 치열한 각축전을 벌였다.

난세의 지상목표는 '부국강병'

『전국책』의 주 무대인 전국시대(BC 403~BC 221)는 중국 역사에서 가장 오랫동안 전란이 이어진 격변기였다. 『전국책』은 칼과 칼이, 창과 창이 맞부딪치는 난세에서 기묘한 계책으로 위기를 기회로 바꾼 수많은 책략가들의 이야기를 기록했다. 개인과 나라의 생존전략뿐 아니라 다양한 삶의 지혜와 교훈을 담아냈다는 평가를 받고 있다. 후대 역사에서 언급되는 위인들의 일화와 고사성어의 상당수가 이 책에서 비롯됐다.

진시황을 암살하려다 실패한 자객 형가荊軻와 합종연횡책合從連衡策으로 유명한 소진蘇秦·장의張儀 이야기의 출처도 『전국책』이다. 합종책은 진나라를 제외한 6개국이 연합해 진의 팽창을 저지해야 한다는 전략이고, 연횡책은 나라를 보전하기 위해서는 각국이 강대국인 진과 동맹을 맺어야 한다는 전략이다.

식객들이 닭 울음소리와 좀도둑질로 주군인 맹상군을 위기에서 구했다는 '계명구도鷄鳴狗盜', 자기가 스스로 천거함을 일컫는 '모수자천毛遂自薦', 입술이 없으면 이가 시리다는 '순망치한脣亡齒寒' 등의 고사성어도 이 책에서 나왔다. 사냥이 끝나면 사냥개를 삶아 먹는다는 '토사구팽兎死狗烹', 양쪽이 싸우는데 엉뚱한 제3자가 이득을 챙기는 '어부지리漁夫之利'도 『전국책』의 내용이다. 먼 나라와 화친하고, 가까운 나라는 공격한다는 '원교근공遠交近攻'은 『전국책』에 소개된 외교 전략이다.

숱한 책략가들과 이들을 중용한 군주들의 지상 목표는 한결같이 '부국강병'이었다. 하지만 모든 나라들이 이를 이루지는 못했다. 『전국책』은 중원 패권이 '위魏→제齊→진秦'으로 넘어가는 과정을 언급하며 그 배경과 원인을 자세히 설명했다. 인재를 알아보고 이들의 조언에 귀 기울이는 군주의 능력과 경청이 패권 향방을 갈랐다는 것이다.

전국시대 처음으로 패권을 잡은 군주는 위나라의 문후文侯였다. 50년의 재위기간(BC 446~BC 396) 개혁가인 이극李克과 서문표西門豹, 병법가 오기吳起를 중용해 위나라의 전성기를 일궈냈다. 자신의 체면이나 선입견에 구애받지 않고 인재들의 건의를 폭넓게 받아들였다. 능력을 중시하는 인사정책과 법치에 기반을 둔 상벌책도 굳건히 지켰다. 선심성 정책과 과시적인 행사를 없애 나라의 내실을 다졌다.

위 문후에 이어 제나라 위왕威王이 중원의 패권을 잡았다. 위왕은 한때 신하들의 말을 듣지 않아 '불통왕不通王'이란 오명을 들었지만 재상 추기鄒忌를 만난 이후 확 변했다. 위왕은 추기의 간언을 받아들여 백성들이 왕에게 바른말을 하면 상을 주겠다는 포고령을 내렸다. 왕의 잘못을 지적해 상을 받게 되면 백성들이 몰리면서 성문이 흡사 시장처럼 붐볐다고 한다. 고사성어인 '문전성시門前成市'의 원래 말인 '문정약시門庭若市'는 위왕의 소통 정치를 나타내는 표현이 됐다.

'소통'과 '불통'이 가른 국가의 흥망

진나라 군주들은 소통과 인재 영입에 적극적이었다. 중국 외곽인 서북부 산시성이 근거지였던 진나라는 인재에 늘 목이 말랐기 때문에 지역과 출신 성분을 따지지 않고 인재를 불러 모았다. 이들에게 파격적인 대우를 하고, 이들이 건의하는 각종 시책을 받아들였다. 주요 관직을 차지한 사람들은 대부분 타국 출신이었다. 효공孝公이 위나라 군주의 서자인 법가사상가 상앙을 중용해 진의 천하통일 기틀을 닦은 것은 잘 알려져 있다.

유향은 나라의 흥망을 군주의 '소통'과 '불통'에서 찾았다. 한때 패권을 거머쥐었던 위나라와 제나라의 몰락은 과거의 영광에 갇힌 후임 군주들이 자만해졌기 때문이라고 분석했다. "과거와 관습에 집착해 자만해진 군주와 나라는 기울고, 백성·신하들과 소통하며 이들의 말에 경청하는 군주와 나라는 흥한다"는 게 유향이 내린 결론이다.

2000여 년이 지났지만 『전국책』은 지금도 동양 지식인들 사이에서 꾸준히 읽히고 있다. 급변하는 대내외 환경 속에서 개인과 국가의 생존을 담보하고 힘을 키워나가는 데 이만한 실전 교과서가 드물기 때문이다.

"음모와 권모술수가 판치지만 주변과 끊임없이 소통해 자신의 능력을 키우려는 자세야말로 최고의 문제 해결 방법이라는 교훈은 『전국책』이 변함없이 전하는 교훈이다."(대만의 역사평론가 천저밍)

경제 경영

선택할 자유

밀턴 프리드먼

"평등부터 앞세우는 사회는 자유마저도 잃는다"

양준영

"자유freedom보다 평등equality을 앞세우는 사회는 평등과 자유, 어느 쪽도 얻지 못한다. 평등을 얻기 위해 사용하는 힘이 자유를 파괴할 것이며, 당초의 목적과 상관없이 그 힘은 자신들의 이익을 추구하는 사람들의 손에 들어갈 것이다. (중략) 자유는 다양성과 역동성을 의미한다. 그래서 오늘의 약자층이 내일의 특권층으로 올라갈 수 있는 기회를 제공한다. 그런 과정 속에서 위에서 아래까지 모든 사람들이 더 나은 삶을 누릴 수 있게 된다."

대표적 자유주의 경제학자인 밀턴 프리드먼Milton Friedman(1912~2006)은 1980년 펴낸 『선택할 자유Free to Choose』에서 자유보다 평등을 우선시하는 사회는 발전할 수 없고, 정부 주도로 많은 문제를 해결할 수 있다고 믿는 정부개입주의는 잘못된 환상일 뿐이라고 비판했다.

여기서 말하는 자유는 제약 없는 경제 활동 등을 포함하는 개인의 자유, 평등은 '기회의 평등'이 아니라 '결과의 평등'을 의미한다. 프리드먼의 자유주의 철학을 잘 보여주는 "자유보다 평등을 앞세우면 평등과 자유, 어느 쪽도 얻지 못한다"는 문구는 미국 스탠퍼드대 후버연구소가 프리드먼 사후死後에 발간한 『자유에 관한 밀턴 프리드먼 선집Milton Friedman on Freedom』에도 실려 있다.

'정부 만능 시대'에 자유의 가치 강조

프리드먼은 1930년대 대공황 이후 1970년대까지 정부 역할을 강조하며 승승장구하던 케인스경제학에 맞서 줄기차게 시장경제와 자유주의 복원을 주창한 시카고학파의 대부다. 통화이론과 소비함수이론으로 1976년 노벨경제학상을 받았지만, 자유주의 경제학으로 세계에 더 큰 영향을 끼쳤다. 프리드먼은 프리드리히 하이에크, 루트비히 폰 미제스, 카를 포퍼 등과 함께 1947년 스위스에서 자유주의 학자들의 모임인 몽펠르랭소사이어티MPS를 결성해 자유주의 가치를 지키고 확산하는 데 힘을 쏟았다. 2017년 창립 70주년을 맞은 MPS는 그해 5월 200여 명의 세계 석학이 참석한 가운데 한국경제신문사 주관으로 열린 서울총회에서 자유와 번영의 길을 모색하기도 했다.

『선택할 자유』와 『자본주의와 자유Capitalism and Freedom』는 프리드먼의 대표 저작이다. 그중 『선택할 자유』는 프리드먼이 시카고대에서 은퇴한 뒤 자본주의와 시장경제의 장점과 우수성을 알리기 위해 제작한 TV 프로그램을 기초로 쓰여져 사례가 더 구체적이라는 평가를 받고 있다. 통제하고 간섭하는 정부가 어떻게 잘못된 결과를 가져오는지, 소비자 선택을 제한하는 것이 얼마나 잘못된 일인지를 보여준다.

경제학 교과서에 나오는 '샤워실의 바보Fool in Shower'는 프리드먼이 정부의 무능과 어설픈 경제정책을 꼬집기 위해 내놓은 비유다. 바보가 샤워를 하면서 냉수와 온수 수도꼭지를 제대로 조작하지 못해 낭패를 본다는 것으로, 정부가 엉터리 경기 진단을 토대로 잘못된 경기 대책을 집행하기 일쑤라는 것이다.

프리드먼은 줄곧 "정부의 역할은 개인의 생명과 재산, 자유를 지키는 일로 최소화해야 하며 정부의 힘은 최대한 분산해야 한다"고 주장했다. 또 "진정한 자유인이라면 나라가 무엇을 해줄 것인가를 묻지 않아야 하며 스스로가 개개인의 책무를 어떻게 감당해나갈 수 있을 것인가를 생각해야 한다"고 했다. 각자의 삶을 정부 간섭 없이 자유롭게 계획하고 꾸려가는, 자기책임 원칙을 강조한 것이다.

"개인의 삶은 스스로 책임지는 것"

최근 들어 많은 국가에서 정부 역할이 계속 커지고 있다. 세대 간, 계층 간 불평등이 확대되고 있다는 이유로 소득 분배는 물론 고용시장, 상품가격 등에 영향력을 미치려는 정부개입주의가 강화되는 추세다. 프리드먼이 우려한 자유보다 평등을 우선시하는 분위기가 확산하고 있는 것이다. 한국에서도 개인의 자유와 책임보다 국가의 역할이 강조되는 분위기다. 정부 주도의 복지 정책이 빠르게 증가하고 있고, 직·간접적인 노동시장 개입도 늘고 있다.

몇 년 전 MPS 서울총회에 참석했던 야론 브룩 미국 아인랜드연구소장은 "정부가 규제와 보조금 등으로 다른 사람의 몫을 빼앗고 있는데, 그게 정치적 불평등이자 경제적 평등을 훼손해가는 과정"이라고 꼬집었다. "국민의 개별적 자유를 지켜주지 않는 정부가 큰 문제"라고 지적하기도 했다. 요즘 학계에서도 외부 눈치를 보느라 경제적 자유를 말하는 이가 많지 않다. 프리드먼이 얘기한 자유주의 가치를 다시 새겼으면 한다.

노예의 길

프리드리히 하이에크

"사회주의는 국민을 노예로 이끄는 길"

김태철

"자유주의의 자유보다 더 큰 자유에 대한 약속이 사회주의 선전 선동의 효과적인 무기가 됐다. 사람들은 이런 자유가 실제로 실현된다고 믿는다. (중략) 하지만 그들이 유토피아로 여기는 것이 자유로 가는 길이 아닌 예속隷屬으로 가는 지름길이라는 게 밝혀진다면 단지 비극의 수위를 높일 뿐이다. (중략) 개인의 자유를 지지하는 정책이 유일한 진보적 정책이라는 핵심 원리는 19세기에 진리였고 지금도 여전히 진리다."

자유주의 경제학자 프리드리히 하이에크Friedrich A. Hayek(1899 ~1992)가 1944년 3월 출간한 『노예의 길The Road to Serfdom』은 자유주의 철학을 제대로 담아낸 명작으로 평가받는다. 이 책은 부제인 '사회주의 계획경제의 진실'이 말하듯 사회주의 허구를 파헤친다. 사회주의가 그럴싸한 말로 사람들을 현혹하고 있지만 결국 전체주의로 이끌어 국민을 노예로 만든다는 것이다.

다시 읽는 명저

사람들은 '평등한 사회', '삶의 질이 보장되는 복지'와 같은 사회주의적 구호에 쉽게 열광하곤 한다. 자유주의를 반대하는 사람들은 개인주의를 마치 이기주의나 자기중심주의로 평가절하한다. 반면 사회주의는 자유주의가 갖고 있지 못한 빠른 정책적 진보, 계획을 통한 합리적 목표 달성, 경제적 고통에서의 해방 등을 지닌 유토피아적 사상으로 받아들이는 것이다.

"개인 자유 옹호하는 게 진짜 진보"

『노예의 길』의 출간 당시 상황도 비슷했다. 제2차 세계대전 승전을 앞둔 영국에서조차 사회주의 바람이 거셌다. 수많은 지식인이 사회주의 노선의 정당성을 외쳤고, 사회주의를 거스를 수 없는 시대정신으로 여겼다. 하이에크는 이런 현상을 '영국의 독일화化 과정'이라고 진단했다.

하이에크는 영국이 나치즘을 혐오하면서도 사회주의 정책을 확대할 경우 나치처럼 공동 목표 달성을 위해 개인의 자유를 통제하는 독재의 길을 선택할 수밖에 없다고 지적했다. "분명히 기억해둬야 할 것은 사회주의는 전체주의와 똑같이 집단주의의 한 종류이다. 따라서 집단주의에 대한 모든 진실은 항상 사회주의에도 적용된다. 사회주의를 추구하는 국가들은 완벽한 세상을 만들겠다는 유혹에 빠져 종국에는 수많은 사람의 자유를 희생시키는 길로 나가게 된다."

하이에크가 주창한 것은 정부의 간섭을 배제하고 개인의 자유와 창의를 존중하는 자유시장경제체제다. "경쟁 하에서 가난하게 출발한 사람이 큰 부富를 축적할 가능성은 유산을 가지고 있는 사람보다 훨씬 더 적은 것이 사실이다. 그러나 경쟁시스템에서는 가난하게 출발한 사람도 큰 부를 쌓는 것이 가능하다. 큰 부가 자신에게만 달려 있을 뿐 권력자의 선처에 달려 있지 않다. 경쟁시스템은 아무도 누군가가 큰 부를 이루려는 시도를 금지할 수 없는 유일한 시스템이다."

하이에크는 자유주의 결사체를 만드는 작업도 주도했다. 그는 1947년 36명의 자유주의 학자를 스위스의 작은 마을 몽펠르랭으로 초청해 '몽펠르랭소사이어티MPS'를 창립했다. MPS는 사회주의와 정부개입주의에 맞서 자유주의 가치를 지키고 이를 전파하는 세계적인 학회로 성장했다.

하지만 그의 노력에도 세상은 좀처럼 바뀌지 않았다. 자유진영 국가에서도 사회주의 정책은 점점 확산됐다. 정치인과 국민은 경제가 어려울 때마다 시장을 통한 자율적 치유보다 당장 손쉬운 정부개입과 혜택을 선택했다. 하이에크가 학문적으로 인정받은 것도 1974년 노벨 경제학상을 수상하면서부터다. 그의 정책 제안들은 1980년대 미국과 영국의 경제 부활을 이끈 신新자유주의의 토대가 됐다. 로널드 레이건 미국 대통령과 마거릿 대처 영국 총리는 시장의 자율성을 중시하는 신자유주의 정책을 적극적으로 채택했다.

미국·영국 부활, 중국경제 약진 이끈 토대

하이에크의 해법은 중국에서도 빛을 발했다. 굶주림에 시달리는 인민을 구하기 위해 개혁 개방을 결단한 덩샤오핑이 1978년 그에게 조언을 구했다. 하이에크가 내놓은 처방은 간단하고 분명했다. 재산권 보호와 거래의 자유였다. 중국은 3년 만에 식량 자급을 달성했다.

하이에크는 사회주의는 필연적으로 몰락한다는 자신의 '예언'을 직접 확인한 '행복한 학자'다. 소련과 동유럽 사회주의 국가들의 몰락을 눈으로 목격한 그는 1992년 독일 프라이부르크에서 93세를 일기로 편안히 눈을 감았다.

하이에크는 벤저민 프랭클린의 말을 인용하며 『노예의 길』을 끝맺는다.

"사소한 일시적 안전을 얻으려고 본질적 자유를 포기하는 사람은 자유와 안전 그 어느 것도 누릴 자격이 없다."

자유를 위한 계획

루트비히 폰 미제스

"계획·간섭주의, 시장경제와 양립 안 돼"

홍영식

"계획과 자본주의는 양립할 수 없다. 계획제도 하에서 생산은
정부 지시에 따라 이뤄진다. 소비자의 욕구를 최대한 충족시
킴으로써 이윤을 얻으려는 자본가와 기업가에 의한 게 아니
다. (중략) 케인스 등은 자유사회를 위해서도 계획이 필요하다
고 주장한다. 자본주의와 사회주의 중간에 위치하는 제3의 제
도를 제안한다. 프랑스인들이 간섭주의라고 부르는 것과 같
다. 그러나 자유주의와 사회주의 사이에 제3의 길은 없다."

오스트리아 학파의 거두인 루트비히 폰 미제스Ludwig von Mises
(1881~1973)는 대표적 자유주의 경제학자로 꼽힌다. 프리드리히
하이에크, 밀턴 프리드먼 등 후배 경제학자들의 스승 역할을 했
다. 그가 쓴 『자유를 위한 계획Planning for Freedom』은 자유시장경제
이론의 '바이블'로 통한다. 사회주의, 공산주의, 계획, 가격과 임
금 통제 등과 같은 시장에 대한 정부 간섭을 조목조목 비판했다.

다시 읽는 명저

"자유를 위한 계획은 없다"는 역설

결론은 책 제목과 달리 '자유를 위한 계획은 있어선 안 된다'는 것이다. 국가가 경제에 간섭할수록 사회주의 국가로 가게 된다는 게 그의 설명이다. 미제스는 "계획은 사회주의, 공산주의, 독재주의, 전제주의적 경제운영 방식"이라며 "경제에 대한 완전한 정부 통제를 뜻한다"고 했다. 또 "자유기업, 개인 주도, 생산수단의 사적 소유, 시장경제, 가격제도와 정반대되는 개념"이라고 규정했다. 이 때문에 계획과 자본주의는 양립할 수 없다는 것이다.

그는 이런 관점에서 사회주의뿐만 아니라 정부의 간섭을 내세우는 케인스 학파를 통렬하게 비판했다. 존 메이너드 케인스는 1929년 발생한 미국 대공황의 근본 원인을 유효수요 부족에서 찾았다. 공급과잉을 해소할 소비시장을 확충해야 하며, 이를 위해 정부가 시장에 개입해 고용을 확대해야 한다고 주장했다.

미제스는 "공황은 신용팽창의 여파고, 대량 실업은 시장이 정하는 수준 이상으로 높은 임금을 유지하려는 시도가 낳은 어쩔 수 없는 결과"라고 진단했다. 또 "진보주의자들이 자본주의 실패의 증거라고 한 모든 악惡들은 시장에 대한 사회 간섭의 필연적 산물"이라고 했다.

더 나아가 "케인스 학파는 적자 재정을 통한 지출 확대 정책에 확실한 명분을 제공해줬다"며 "그것은 전前 세대들에 의해 축적된 자본을 낭비하는 것밖에는 생각할 수 없는 사람들의 사이비 철학"이라고 비판했다. "케인스가 범한 치명적 실수는 정부의 간섭을 용인한 것"이라는 게 미제스의 결론이었다.

인위적인 확장적 통화정책으로 조성된 호황은 불황으로 이어지게 된다는 것 역시 미제스의 일관된 견해다. 그는 "정부는 신용팽창, 즉 인플레이션을 이용해 심각한 실업이 생겨나는 것을 막으려고 하지만 결과는 물가 상승, 새로운 임금 인상 요구, 또 다른 신용팽창으로 이어진다"고 지적했다.

최저임금 제도에 대해서도 비판적 시각을 드러냈다. 그는 "정부 조치에 의해서건, 노동조합의 압력에 의해서건 최저임금이 간섭받지 않는 시장에서 정해지는 수준보다 높게 책정되는 순간 장시간 지속되는 대량 실업을 초래한다"고 했다. 그는 "일자리를 구하려는 모든 이의 임금을 인상시켜서 생활수준을 향상시키는 길은 단 한 가지, 인구 대비 자본축적 증가를 가속화하는 것"이라고 강조했다.

"이윤추구 존중될 때 경제 발전"

그러기 위해 '경제적 자유'가 존중돼야 한다고 설파했다. 정부의 개입을 최소화하고 개인의 이기심에서 비롯된 이윤추구가 존중될 때 경제가 지속적으로 발전할 수 있다는 것이다. 그는 "산업화가 가능하게 된 것은 이전에 축적된 자본이나 기술적 지식 때문이 아니고 이 모두를 창조해내는 '경제적 자유' 덕분"이라고 했다.

다시 읽는 명저

시장경제가 제대로 가동되기 위해선 기업가의 역할을 존중해야 한다는 점도 강조했다. 그는 "기업가의 일은 대중이 절박하게 요구하는 물건을 가장 값싸게 공급할 최선의 방법을 선택하는 것"이라며 "이윤에 과세하는 것은 국민에게 잘 봉사한 데 대해 벌금을 매기는 것과 같다"고 비판했다. 노동조합에 대해선 "조직화된 노동자에게 임금을 올려주는 것은 비조직화된 노동자의 임금 하락을 낳는다"고 했다.

65년 전 미제스의 목소리는 여전히 큰 울림으로 다가온다. 새 정부 출범 후 봇물처럼 터지고 있는 시장 개입 사례에 시사하는 바가 적지 않다.

국부론

애덤 스미스

"노력한 만큼 성과 향유하는 게 분배 정의"

홍영식

"노동 생산력을 최대로 개선·증진시키는 것은 분업의 결과
다. 잘 통치된 사회에서는 분업의 결과로 생산물이 대폭 증가
해 최저계층에까지 부富가 전파된다."

"인간은 항상 동료의 도움을 필요로 하는데, 오직 그들의 자
비심에만 기댄다면 헛수고다. 자신이 원하는 것을 해주는 것
이 동료에게도 이익이 된다는 것을 보여주는 게 효과적이다."

영국의 애덤 스미스Adam Smith(1723~1790)가 10년에 걸쳐 완성한
『국부론An Inquiry into the nature and causes of the Wealth of Nations』은 정부의
경제 규제를 철폐해 자유롭고 경쟁적인 시장경제를 확립하는
것이 경제 발전의 지름길이라는 점을 논리정연하게 보여준다.
1776년 출간된 『국부론』은 노동 생산력의 증대 원인, 자본 축적
원칙, 경제발전 단계, 중농주의重農主義와 중상주의重商主義 비판, 정

부의 역할 등 총 다섯 편으로 구성됐다.

이기적 목적 추구, 사회 전체에 이익

스미스는 분업의 중요성, 인간의 이기심과 교역본능의 욕구 등을 설명하면서 경제 문제를 풀어갔다. 그는 이기적인 목적을 추구하는 개인들이 시장에서 자유롭게 거래하는 과정에서 '보이지 않는 손invisible hand'에 이끌려 사회 전체의 복지까지 달성할 수 있다고 확신했다. 사람들은 시장 가격 변화에 맞춰 자신이 생산하고 소비하며 교환할 상품과 물량을 결정한다는 것이다. 그러면서 시장은 눈에 보이지 않는 가격 기능을 통해 수많은 사람을 자연스럽게 호혜적으로 협동하도록 만든다는 설명이다.

'보이지 않는 손'에는 스미스의 신학사상도 담겨 있다. 언뜻 보면 무질서하게 움직이는 것처럼 보이는 하늘의 별들이 모두 신이 만든 법칙으로 질서정연하게 움직이는 것처럼, 인간 사회도 신이 미리 만들어 놓은 섭리에 따라 질서정연하게 움직인다는 견해다.

스미스는 국가의 부富가 증대될 수 있는 방법에 관해서도 관심을 뒀다. "부의 증대 과정은 생산성의 증대 과정"이라고 했다. 노동생산성 향상을 위해 분업을 중시했다. 옷핀을 예로 들었다. 그는 "노동자 한 명이 옷핀 공정 전체를 처리하면 하루에 20개도 만들지 못하지만, 10명이 공정별로 분업하면 1인당 하루 최대 4800개를 만들 수 있다"고 분석했다.

그는 금은을 가치의 원천이라고 본 '중금주의'를 비판하고 노동가치설을 중시했다. "자신의 가치가 결코 변하지 않는 노동만이 모든 상품의 가치를 때와 장소를 가리지 않고 측정하거나 비교할 수 있는 궁극의 척도"라고 했다. 화폐란 단지 재화 간 교환을 원활하게 해주는 매개체일 뿐 그 자체는 부가 아니며, 노동이 모든 상품의 진정한 가격이라는 것이다. 마르크스 경제학에서 노동이 피고용자의 노동만을 의미하는 것과 달리 스미스는 고용자와 피고용자의 노동을 구분하지 않고 모두 노동 가치에 포함시켰다.

스미스가 꼽은 자본주의 경제의 또 다른 발전 요소는 자본축적이다. 누구나 더욱 잘살기 위해 열심히 노력하고 저축하는 것이 개인과 국가 경제 발전의 원동력이라고 주장했다. 또 시장이 발달할수록 교환과 분업이 활발하게 이뤄지며, 경쟁 시장만이 효율적이라고 강조했다. 생산자 간 치열한 경쟁이 가장 좋은 품질과 가장 저렴한 가격의 상품을 공급할 수 있기 때문이다. 따라서 그는 정부 규제가 없는 자유로운 시장경제가 최선의 경제체제라고 주장했다. 가격 규제, 매매 규제, 직업 선택과 이주에 관한 규제 등 자유로운 경제활동을 방해하는 정부의 개입은 잘못됐다는 것이다.

독점 철폐와 경쟁·법치주의 중시

스미스는 자유시장을 주창하며 절대왕정 당시 대★무역상이 무역을 독점하던 중상주의 정책을 비판했다. 그렇다고 무제한의 자유를 주장하지는 않았다. 다른 사람에게 부당한 해악을 끼치지 않기 위해 자유와 평등, 정의의 원칙에 따라 이익이 추구돼야 한다고 했다. 공정한 사회질서를 확립하기 위해 독점 철폐와 경쟁체제 중시, 법치주의 확립을 강조했다.

법치주의는 사유재산권 보호가 핵심이라고 지적했다. 그는 균등 분배가 아니라 각자 노력한 만큼 성과를 향유하는 것이 분배의 정의라고 생각했다. 이런 분배의 정의가 사유재산 제도의 기본 개념이며, 이게 법으로 보장될 때만 국민들이 열심히 일하고 경제가 발전한다고 봤다. 따라서 국가는 법치주의를 통해 국가권력자들의 횡포를 방지해야 한다고 강조했다.

『국부론』은 240여 년이 지난 오늘날에도 자유시장경제의 작동 원리와 효용성을 설명하는 데 유효한 저작이라는 점에는 이견이 없다.

도시의 승리

에드워드 글레이저

"도시는 인류 번영을 이끈 최고 발명품"

양준영

"오랫동안 반^{反}도시화 운동에 앞장섰던 마하트마 간디는 '진정한 인도는 몇몇 도시들이 아니라 70만 개의 마을 속에 세워져야 한다. 국가의 성장은 도시가 아니라 마을에 달려 있다'고 주장했다. 틀린 말이다. 인도의 성장은 도시에 거의 전적으로 의존하고 있다. 어느 나라든지 도시화와 번영 사이에는 완벽할 정도의 상관관계가 존재한다. 평균적으로 볼 때 어떤 국가건 도시 인구의 비중이 10% 늘어날 때마다 그 나라의 1인당 생산성은 30% 향상된다."

에드워드 글레이저Edward Glaeser 미국 하버드대 경제학과 교수는 도시경제학 분야의 손꼽히는 권위자다. 그는 2011년에 쓴 『도시의 승리Triumph of the city』에서 다양한 통계 자료를 바탕으로 도시의 의미와 가치를 분석했다.

핵심은 책의 부제(How our greatest invention makes us richer, smarter, greener, healthier, and happier)처럼 "도시는 인류를 더 부유하고, 더 똑똑하게, 그리고 더 친환경적이고, 더 건강하며, 더 행복하게 살 수 있도록 만든 위대한 발명품"이라는 것이다. 도시가 갖는 의미에 대한 저자의 뛰어난 식견이 책 곳곳에 담겨 있다.

도시의 인접성이 혁신의 원동력

글레이저 교수는 절반 넘는 세계 인구가 살고 있는 도시를 반환경적·반인간적이라고 비판하는 이가 많지만, 명백하게 잘못된 편견일 뿐이라고 반박한다. 오히려 "도시화 현상이야말로 인류 번영과 행복의 열쇠"라는 게 그의 주장이다. 가장 건강하고 친환경적이며 문화적·경제적으로 살기 좋은 곳이 도시라는 것이다.

글레이저 교수는 도시를 혁신과 경제 성장의 원동력으로 본다. 도시는 사람들을 한곳에 모으고 경제 성장에 도움이 되는 협력적 생산 활동을 가능하게 해주기 때문이다. 그는 "도시의 힘은 개인들의 '인접성'이 극대화되는 밀도 높은 환경에서 나온다"며 "도시에서 개인이 가진 지식과 능력이 자유롭게 교환되고 그 과정에서 학습이 이뤄지고 문명의 발전이 이뤄진다"고 했다.

과거 아테네의 철학, 피렌체의 르네상스, 뉴욕의 패션산업뿐 아니라 지금의 페이스북에 이르기까지 숱한 혁신적 성취들은 도시 공간이 만들어내는 '인접성' 효과에 힘입은 것이라고 강조한다. 인간의 협력을 통해서 나오는 힘은 문명의 발전을 가져온 가장 중요한 진실이자 도시가 존재하는 주된 이유라는 설명이다.

따라서 장거리 이동 및 커뮤니케이션 기술이 발달한다고 해서 서로 지척에 머물고 싶은 바람과 욕구가 약화될 것이라는 단순한 생각은 버려야 한다고 말했다. 또 진정한 도시는 콘크리트가 아니라 인간 체취로 이뤄져 있음을 명심해야 한다고 했다.

고밀도 도시가 더 친환경적

글레이저 교수는 도시에 관한 환경주의자들의 주장에 대해선 잇따라 반박했다. 일례로 에너지 소모량 등의 통계를 근거로 저밀도 교외 지역보다 높은 고층 건물로 구성된 고밀도 도시가 오히려 더 환경친화적이라고 했다. 그는 "37년간 도시에서만 살다가 무모하게 교외 생활을 해본 뒤 깨달은 것은 나무와 풀에 둘러싸여 살면서 자연을 사랑하는 사람들이 도시에서 살면서 자연을 사랑하는 사람에 비해 훨씬 더 많은 에너지를 소비한다는 사실"이라고 적었다.

저자는 도시의 밀도를 낮추기 위해 교외화를 촉진하는 정책에 반대한다. 대신 도시의 밀도를 높이고 고층화를 촉진하는 정책이 바람직하다고 주장한다. "중국은 고밀도 정책이 자신들을 부유하게 만들 수 있다는 것을 이해하면서 고속 성장의 길로 들어섰다"고 했다. 고층 건물들이 생산성을 높이고 환경 비용을 낮춘다는 사실을 강조한 것이다. 그는 또 중국이 고밀도를 수용할수록 세계 탄소 배출량이 줄어들고, 지구는 온난화로부터 더 안전해질 것이라고 했다.

글레이저 교수는 번창하는 도시와 쇠퇴하는 도시에 대해서도 분석했다. 그는 "소기업이 많고 교육을 많이 받고 숙련된 기술을 가진 사람들이 많은 도시는 번창하지만, 단일 산업에만 편중돼 있고 교육 수준이 낮은 비숙련자가 많은 도시는 쇠퇴한다"고 했다. 번창하는 도시의 사례로 뉴욕을 꼽았고, 쇠퇴하는 도시로는 디트로이트를 들었다. 도시를 번창하게 하려면 건물이나 인프라가 아니라 '사람'에 더 많이 투자해야 한다는 게 그의 주장이다.

『도시의 승리』는 "똑똑하고 야망 있는 인재들을 끌어들이는 도시의 힘이야말로 나라의 번영과 개인의 행복을 결정짓는다"고 강조한다. 대도시가 지닌 높은 생산성과 효율성, 친환경성의 의미를 제대로 이해하지 못하는 사회는 앞으로 나아가기 힘들다는 게 글레이저 교수의 주장이다.

시장의 탄생

존 맥밀런

"시장은 불완전하지만 최상의 시스템"

양준영

"시장과 정부는 서로 불편한 관계다. 시장은 중앙집중화한 그 어떤 대안보다 경제를 더 잘 조절한다. 정부는 시장을 왜곡하다 못해 심지어 파괴하기도 한다. 하지만 시장경제가 그 가능성을 최대한 발휘하도록 하기 위해서는 정부의 도움이 필요하다."

존 맥밀런John McMillan(1951~2007)이 미국 스탠퍼드대 경영대학원 교수로 재직할 때 쓴 『시장의 탄생*Reinventing the Bazaar*』(2003)은 시장을 통한 경제 운용이 왜 효율적인지를 여러 나라의 다양한 사례를 통해 밝히고 있다. 시장이 제대로 작동하지 않은 실패 사례도 추적해 무엇이, 왜 잘못됐는지를 분석했다. 2017년에 타계한 1972년 노벨경제학상 수상자 케네스 애로 교수는 이 책에 대해 "시장이 왜 성공 또는 실패하거나 남용되는지 그 이유를 잘 설명해준다"고 했다.

다시 읽는 명저

소유권은 혁신의 원동력

"1990년대 초 베트남의 거의 모든 트럭이 멈춰 섰다. 옛 소련에서 수입했거나 소련 기술로 제조된 트럭들이었다. 소련이 무너지면서 필요한 부품을 구할 수 없었기 때문이다. 나라 전체에 운송 대란이 일어났고, 다급해진 베트남 정부는 운전기사들에게 트럭 소유권을 부여했다. 그러자 트럭들이 다시 움직이기 시작하는 기적이 일어났다."

『시장의 탄생』 중 「소유권은 기적도 만들어낸다」는 장(章)에 나오는 내용이다. 맥밀런은 베트남 사례를 통해 시장이 움직이는데 소유권이 왜 중요한지를 파헤쳤다. 원래 국가 소유였던 트럭이 자기 재산이 되자 운전사들은 폐품 속에서 필요한 부품을 찾아냈고 갖가지 방법을 동원해 트럭을 고친 덕분에 기적이 일어났다고 했다. 또 소유권이 보장되자 부품 및 트럭 거래 시장이 작동하기 시작했다고 밝혔다. 소유권이 보장되는 곳에서만 시장이 제대로 작동하는 이유를 알 수 있다.

맥밀런에 따르면 소유권은 두 가지 권리에 대한 보장을 뜻한다. 기계, 토지 같은 특정 자산을 소유한 사람은 △그로부터 창출되는 '잔여수익', 즉 비용을 제외한 모든 여분의 수익을 가질 수 있고 △그 자산에 대한 어떤 결정도 마음대로 내릴 수 있는 '잔여지배권'도 갖는다. 그래서 소유주는 자산을 가능한 한 생산적으로 이용하게 된다.

소유권은 창조와 혁신의 원동력이라는 점도 강조했다. 맥밀런은 빌 게이츠의 마이크로소프트^{MS}가 막 성장하기 시작했을 때, IBM 같은 기업에 인수됐다면 지금과 같은 기업으로 성장하지 못했을 것이라고 했다. 거대기업 IBM은 MS를 하나의 작은 부서로 편입했을 가능성이 크다는 이유에서다. 빌 게이츠가 작은 회사 사장이 아니라 거대 기업의 부서장이었다면 놀라운 혁신을 지속적으로 만들지 못했을 것이라는 진단이다.

맥밀런은 기본적으로 "시장의 힘은 유연한 자기조절능력에 있다"고 했다. 또 "정부는 시장의 효율성을 인정하고 규제를 통해 가로막아서는 안 된다"고 밝혔다. 다만 "시장경제가 잘 돌아가기 위해서는 정부가 시장을 제대로 설계하는 역할을 맡아야 할 때가 있다"고 했다. 애덤 스미스가 말한 '보이지 않는 손'이 시장에서 분산된 정보를 이용하고 경제를 조율하며 거래로부터 이윤을 창출하도록 역할이 필요할 수 있다는 것이다.

"시장과 정부는 불편한 관계"

맥밀런이 꼽은 '시장이 제대로 작동하기 위한 전제조건'은 △사유재산권 보호 △정보의 원활한 유통 △약속에 대한 신뢰기반 △경쟁 장려 △시장거래로 인한 제3자 피해 최소화 등 다섯가지다. 정부 역할은 여기서 소유권과 재산권을 명확히 확립하고, 시장에서의 결정이 의사결정권자가 아닌 다른 사람에게 영향을 미치는 외부효과를 방지하는 등 기본적인 규범을 만드는데 있다.

다시 읽는 명저

맥밀런이 말하는 '시장에 대한 정부 역할'은 무차별적인 간섭이나 개입이 아니다. 1994년 미국 통신업자 대상의 주파수 경매를 정교한 시장설계를 통해 얻은 성공 사례로 꼽은 데서도 알 수 있다. 그 이전까지 미국은 주파수를 원하는 업체들에 추첨으로 할당했기 때문에 사실상 시장이 없었다고 해도 과언이 아니다. 추첨제는 주파수 가치나 사업자별 주파수 활용 능력을 제대로 반영하지 못하는 문제도 있었다.

미국 정부는 경제학자들이 설계한 경매제를 새로 도입했고, 그 결과 엄청난 재정 수입을 얻었다. 비싼 값에 주파수를 할당받은 업체들이 수익 창출을 위해 경쟁적으로 해당 주파수를 활용한 새 서비스를 도입하면서 사회적 이득도 커졌다. 그렇게 효용이 검증된 주파수 경매는 지금 미국 이외의 많은 국가에도 도입됐다.

뉴질랜드에서 태어난 맥밀런은 책을 출간한 지 4년 뒤인 2007년 56세를 일기로 아쉽게도 타계했다.

자본주의의 이상

아인 랜드

"기업인은 세상을 떠받치는 진정한 영웅"

김태철

"모든 독재정권은 몇몇 소수 그룹을 희생양으로 삼는다. 독재 권
력을 요구하기 위한 정치적 정당성 차원이다. 소련에서 희생양
은 부르주아 유산계급이었고, 나치 독일에서는 유대인이었다.
미국에서 그 희생양은 사업가들, 특히 대기업가들이었다."

아인 랜드Ayn Rand(1905~1982)는 20세기 미국 문단을 대표하
는 작가다. 그는 소설과 에세이 등을 통해 시장경제의 중요성
을 역설했다. 그가 1943년에 쓴 소설 『마천루The Fountainhead』는
2500만 부 이상 팔렸다. "인류 발전의 원천은 인간의 자비심
이 아니라 시장에서 좋은 평가를 받아 더 많은 이익을 취하려
는 이기심"이라는 메시지를 담았다. "간섭받지 않는 기업인의
창의력이 사회를 풍요롭게 만든다"고도 했다. 1957년 발표한
『아틀라스Atlas Shrugged』는 당시 미국인들에게 가장 큰 영향을 미
친 책 가운데 2위에 올랐다. 그는 이 소설에서 좌파의 선전선

동과 기업 규제로 인해 몰락해가는 도시를 묘사했다.

그의 저서들은 미국의 로널드 레이건 전 대통령과 앨런 그린
스펀 전 중앙은행Fed 의장 등에 큰 영향을 미쳤다. 아인 랜드가
시장경제 선봉 역을 자임한 데는 러시아에서의 어린 시절 경험
이 작용했다. 러시아 혁명으로 부친이 경영하던 약국이 국유화
됐고 가족은 전 재산을 잃었다. 그는 대학에 진학했지만 공산주
의의 억압과 통제를 이기지 못해 미국으로 망명했다.

경쟁의 궁극적 조정자는 자본시장

아인 랜드는 "국가가 할 일은 최소에 그쳐야 한다"고 주장했
다. "폭력과 사기 등으로부터 시민을 보호하고 각종 계약을 집
행하는 과제만 수행해야 한다"고 강조했다. 이런 국가만이 도
덕적으로 정당하다는 게 그의 지론이다. 1966년에 출간한 『자
본주의의 이상Capitalism: The Unknown Ideal』엔 그의 신념이 고스란히
담겨 있다. 이 책은 24부 567페이지로 구성돼 있다. 그린스펀
등 당대 지식인 세 명의 논문 및 평론 여섯 편도 실려 있다.

아인 랜드는 기업인이 세상을 변혁하고 풍요롭게 만드는 사
람이라고 봤다. "세상을 떠받치는 진정한 영웅"이라고까지 표
현했다. 신약과 의료기 발명, 혁신 등으로 인류를 공포 유행병
기근에서 구출하고, 일자리 창출 등으로 삶의 수준을 끌어올렸
기 때문이다. "정부 규제는 기업인의 창의를 해쳐 사회발전을
저해한다"고 강조했다.

"과거 몇 년 동안 기업인들은 공산주의자, 파시스트 또는 복지국가 등 모든 종류의 국가통제주의의 희생양이 돼왔다. 누구의 죄와 악 때문에 기업인들이 비난을 받았는가? 그것은 규제로 시장을 왜곡시킨 관료들의 죄와 악이다."

개입과 간섭을 통해 통제하려는 정부 폐해를 지적한 아인 랜드는 특히 독점금지법이 초래한 문제들을 맹렬히 공격했다. 아인 랜드는 1890년 제정된 셔먼법을 "미국 역사상 가장 악명 높은 법률"이라고 했다. "자유 경쟁을 보호하기 위해 정부가 취할 수 있는 유일한 행동은 자유방임이다. 자유시장 경제에서 경쟁의 궁극적인 조정자는 자본시장이다. 그러나 독점금지법은 자본의 비효율적인 사용을 야기하는 등 완전히 반대의 조건을 만들었다. 소비자 편익 등 당초 이루고자 했던 것과도 반대되는 결과를 낳았다"고 비판했다.

자본주의 대변 못하는 지식인 각성해야

아인 랜드는 "시장은 모든 사람을 자유롭고 독립된 존재로 인정하는 곳"이라고 역설했다. 인간은 독립적 판단과 노동의 결실을 통해 스스로 경제적으로 성공적인 삶을 만들어 갈 수 있다는 것이다. "노동조합이 아니라 경제적 자유가 노동자의 생활수준을 높였다. 자본주의의 자본 축적과 기술 진보가 생산성 향상으로 이어져 노동자의 임금을 지속적으로 상승시켜 왔다. 이는 역사적으로 실증된 사실이다."

다시 읽는 명저

아인 랜드는 자본주의 위기를 진단하고 행동하기를 꺼리는 지식인들의 각성도 촉구했다. 반反기업 정서 등으로 자본주의를 훼손하려는 좌파들의 선동에도 불구하고, 이에 맞서지 않는 지식인들은 자본주의 쇠퇴를 방조하는 것이라고 질책했다.

"잘못된 정보, 그릇된 설명, 자본주의에 대한 공공연한 기만이 범람해 오늘날 젊은이들은 자본주의 진면목을 알지 못하게 됐다. 자본주의의 적들이 미친 듯이 숨기고 있는 것은 자본주의가 단순히 실용적인 것이 아니고, 역사적으로 검증된 유일한 합리적인 도덕적 체계라는 것이다. (중략) 자본주의를 파괴하는 가장 효과적인 방법은 젊은 세대가 자본주의 내용을 들어보고 인식할 기회조차 갖지 못하게 하는 것이다. 자본주의에 대해 알고 있는 것보다 적게 말하는 자, 그리고 자본주의를 어설프게 얘기하는 자들은 죄책감을 가져야 한다. 그들은 무능하거나, 혹은 도덕적·철학적 문제와 같이 그들이 싸워야 할 곳에서 싸우기를 기피하고 있다."

자본주의는 어떻게 우리를 구할 것인가

스티브 포브스·엘리자베스 아메스

"자본주의의 바탕은 탐욕 아닌 신뢰"

양준영

"자본주의를 오해하는 근본 배경에는 자유시장에서 이뤄지는 거래가 '탐욕'에서 비롯되며 한쪽이 다른 한쪽을 '착취한다'는 악의적인 관념이 도사리고 있다. 하지만 현실은 그 반대다. 자본주의의 바탕은 탐욕과 착취가 아니라 신뢰다. (중략) 자유시장에서의 거래는 '최선의 이익'을 얻기 위한 것으로, 여기서의 이익은 쌍방을 위한 것이다."

경제잡지 《포브스》 발행인인 스티브 포브스Steve Forbes는 2009년 저널리스트인 엘리자베스 아메스Elizabeth Ames와 함께 쓴 『자본주의는 어떻게 우리를 구할 것인가How capitalism will save us』를 통해 사회에 만연한 자본주의와 시장경제에 대한 오해들을 조목조목 반박했다. 이 책은 무차별적으로 공격받고 있는 자유시장 경제 가치의 핵심을 명쾌한 논리로 풀어냈다는 평가를 받는다.

부자가 모두를 더 부유하게 만든다

저자들은 이 책에서 시장경제를 피도 눈물도 없는 차가운 제도로 바라보거나 자본이 노동을 착취한다고 생각하는 사람들이 급증한 현실을 개탄했다. 이와 함께 인류 번영을 이끈 자본주의를 탐욕스럽고 부도덕한 체계로 여기는 세계 지식인들의 잘못된 인식이 어디서 출발하는 것인지도 조명했다.

저자들은 자본주의와 시장경제를 비판하는 지식인이 적지 않은 데는 17~18세기 유럽 중상주의자들의 고루한 관념이 남아 있기 때문이라고 꼬집었다. "어떤 거래에서든 한쪽을 희생시켜 다른 한쪽이 이익을 얻는다"는 과거 중상주의자들의 잘못된 주장이 아직도 유령처럼 떠돌고 있다는 것이다.

그러나 저자들은 애덤 스미스가 밝힌 대로 "자유시장에서의 거래는 쌍방 모두가 이익을 얻기 위해 이뤄진다"고 강조했다. 미국의 자유주의 경제학자인 머리 로스바드의 말을 인용하며 "시장거래는 얻을 것이 없다고 판단되면 누구도 거래에 동의하지 않는 만큼 착취 관계가 지속될 수 없다"고 설명했다.

지금 시장경제를 향한 대중의 분노는 경제 움직임의 본질을 제대로 이해하지 못하기 때문이라는 지적도 내놨다. 미국은 혁신과 부富의 창출 측면에서 다른 나라들이 부러워하는 세계 최고인데도, 그런 번영을 가능하게 한 자유시장경제에 대해서는 너무나 많은 사람이 무지하다는 것이다. 자본주의를 비판하는 사람들이 부유층과 빈곤층을 서로 상반된 이해관계를 가진 고착화된 집단이라고 생각하는 것도 명백한 오류라고 설명했다. 오히려 부자들의 자유로운 경제활동을 통해 다른 사람이 새로운 부를 창출할 기회를 얻는다는 점을 잊어서는 안 된다고 했다.

저자들은 시장경제에 개입하려는 정부와 이런 정부를 옹호하는 개입주의 진영에 대해서도 비판을 쏟아냈다. 경제가 어려움에 처할 때마다 실패한 시장이 주범으로 내몰리지만, 오히려 정부 주도의 해법은 많은 경우 상황을 더 나빠지게 한다고 지적했다.

정부의 시장 방해가 재앙 부른다

아울러 "대중들은 월마트 같은 민간 대기업의 '시장 지배력'이 지나치다고 비판하면서도 그보다 훨씬 큰 지배력을 보유한 정부가 부르는 경제 재앙에 대해서는 미처 깨닫지 못하고 있다"고 했다. 개인 욕구를 충족시켜주는 것은 결국 정부가 아니라 자유시장이며, 민간 부문의 자기이익 추구가 개인과 사회 모두에 번영을 가져다준다는 게 저자들의 일관된 주장이다.

저자들이 책 말미에 정리해 놓은 자유시장경제의 작동 원리와 기본 원칙들은 곱씹어볼 가치가 충분하다.

① 사람들의 기대와 욕구를 충족시키는 데는 자유시장이 최선이다.

② 자유시장에서 타인의 기대와 욕구를 충족시키도록 이끄는 것은 탐욕이 아니라 자기이익이다.

③ 역동적이고 상호이익을 추구하는 민간 부문만이 자유시장에서 성장과 번영을 창조할 수 있다.

④ 기업가적 혁신이야말로 자유사회의 가장 중요한 자원이다.

⑤ 부자가 모두를 더 부유하게 만든다.

이어 저자들은 시장경제를 위한 정부 역할을 소개했다.

⑥ 경제에서 정부의 역할은 '아무것도 하지 않는 것'이 아니라 자유시장의 기능을 돕는 것이다.

⑦ 현실세계에서 가장 효과적인 규제는 '통행 규칙'을 수립하는 것과 '시장을 미시적으로 관리하겠다는 시도'를 포기하는 것이다.

⑧ 최선의 경제부양책은 세율 인하와 시장 개방으로 민간 부문의 족쇄를 풀어주는 것이다.

⑨ 세수를 늘리려면 세율 인하를 통해 조세 기반을 확장시켜야 한다.

⑩ 보호무역을 하면 살려내는 일자리보다 사라지는 일자리가 더 많다.

⑪ 역사적으로 엄청난 경제적 실패를 유발할 수 있는 존재는 막강한 시장지배력을 보유한 정부뿐이다.

인구론

토머스 맬서스

"개인의 자유는 정부가 지켜주지 않는다"

양준영

영국 경제학자인 토머스 맬서스Thomas Robert Malthus(1766~1834)는 1798년 『인구론An Essay on the Principle of Population』을 펴냈다. 산업혁명으로 농촌 사람들이 계속 도시로 몰려들던 때였다. 급팽창한 도시는 혼란스러웠지만, 당시 유럽을 지배하고 있던 계몽주의 사상은 산업혁명과 과학 발달에 힘입어 사회가 더 좋아질 것으로 보고 있었다.

맬서스는 사회 주류의 생각에 동의하지 않았다. 『인구론』을 대표하는 문장인 "인구는 기하급수적으로 증가하고, 식량은 산술급수적으로 늘어난다"에서 보듯 미래를 비관적으로 봤다. 토지 자원은 유한한 만큼 식량 증산이 인구 증가를 따라갈 수 없다는 것이었다.

그리고 그는 식량 부족이 초래할 빈곤은 자연적 조건에 의한 것이지 사회제도에 의한 것이 아니며, 인위적으로 구제할 수 없

다시 읽는 명저

다고 주장했다. 맬서스는 일반 정서와는 다른 주장을 펼치는 데 대한 부담 때문에 『인구론』 초판을 익명으로 낸 뒤 2판부터 실명으로 출판하며 내용을 수정해 나갔다. 경제학자 존 메이너드 케인스John Maynard Keynes(1883~1946)는 『인구론』의 가치를 "문장도 착상도 단순하지만, 여기에는 체계적인 경제학적 사고의 발단이 있고 인용할 만한 부분이 많다"고 했다.

맬서스는 『인구론』 출판에 앞서 미국 정치가이자 과학자인 벤저민 프랭클린으로부터 통계자료를 받아 인구와 식량의 관계를 분석했다. 그의 '기하급수적 인구 증가와 산술급수적 식량 증산' 결론은 그렇게 도출됐다. "25년마다 인구는 1, 2, 4, 8, 16, 32, 64, 128, 256, 512 식으로 증가한다. 식량은 1, 2, 3, 4, 5, 6, 7, 8, 9, 10 식으로 늘어난다. 따라서 225년 뒤에는 인구와 식량의 비율이 512 대 10이 될 것이다."

『인구론』은 출판되자마자 큰 주목을 받았다. 맬서스가 식량 부족에 대비해 인구 급증을 막아야 한다며 언급한 방법들이 논란을 불렀다. 하지만 결과적으로 맬서스의 주장은 틀렸다. 인구는 기하급수적으로 늘지 않았고, 농업 분야의 생산성은 놀랄 만큼 빠른 속도로 증가했다. 품종 개량과 비료 사용, 농업기계 활용 덕분에 식량 생산은 가파르게 늘었다.

『근본 자원The Ultimate Resource』을 쓴 줄리언 사이먼Julian Simon (1932~1998)에 따르면 1950년대 미국 농업에서 옥수수와 밀의 생산성은 1800년과 비교할 때 각각 20배와 30배 이상 높아졌다.

경쟁과 혁신이 경제 성장을 이끌며 빈곤은 물론 인구 문제까지도 스스로 해결했다.

맬서스는 친구인 경제학자 데이비드 리카도David Ricardo(1772~1823)와 여러 경제 사안을 놓고 논쟁을 벌이면서 깊은 통찰력을 드러냈다는 평가를 받고 있다. 그는 『인구론』을 출판할 무렵 곡물 수입을 제한한 '곡물법' 폐지를 놓고 리카도와 대립했다. 애덤 스미스 뒤를 잇는 고전파 경제학자인 리카도는 당시 곡물법 폐지와 자유무역을 주장했다. 그래야 곡물 가격이 떨어지고 서민 수요가 증가해서 경제에도 도움이 된다는 이유에서였다.

반면 맬서스는 곡물 수입을 계속 제한해야 한다는 주장을 폈다. 이른바 '유효수요'를 거론하며 가격이 떨어지더라도 돈이 없는 빈민들은 곡물을 살 수 없을 뿐 아니라, 떨어진 곡물 가격이 농장들에 피해를 줄 뿐이라고 지적했다. 맬서스와 리카도의 논쟁은 자유무역 이론을 체계화시킨 계기가 됐다.

맬서스는 정치·사상적으로 후대에 미친 영향이 큰 경제학자로 꼽힌다. 국가개입주의의 분명한 한계를 지적한 그의 자유주의 사상은 많은 시사점을 던진다.

맬서스는 빈민 구제 일변도의 선심성 정책이 인구 증가를 가속화하고 빈곤의 악순환을 가져올 것이라고 지적했다. 인도적 차원의 조치들만으로는 빈곤 문제를 해결할 수 없다는 것이었다. 영국 정부는 그의 주장에 따라 빈민 보조금을 줄이기도 했다. 좌파로부터 "피도 눈물도 없다"는 비판을 받는 이유다.

그러나 맬서스의 핵심 주장은 가볍지 않다. 그는 "신용 문제에 관하여 또는 처자권속의 장래를 돌보는 문제에 관하여 나태한 자와 근면한 자가 똑같은 대접을 받는다면 오늘날 개인들이 일반적 번영의 원동력인 보다 나아지고자 하는 노력을 할 까닭이 없다"고 지적했다.

또 "우리의 가장 소중한 가치인 자유를 지키는 일에 무관심으로 일관하면서 그저 정부가 대신 지켜줄 것이라고 기대하는 것은 대단히 어리석고 비합리적인 태도"라고 강조했다. "자유는 정부 자체에 있는 것이 아니며, 정부 자체만으로 보장될 수 있는 것도 아니다"고도 했다. 국가 간섭주의와 무조건적인 평등주의를 비판한 것이다.

맬서스는 다윈의 생물학적 진화론에도 영향을 미쳤다. 다윈은 맬서스의 생존 경쟁론과 인구 과밀론에서 자신이 찾아 헤매던 진화의 추동력을 발견했다고 밝혔다. 맬서스가 사용한 '유효수요' 개념은 1930년대 세계 대공황 때 나온 케인스의 유효수요이론으로 발전했다.

좋은 기업을 넘어 위대한 기업으로

짐 콜린스

"'위대한 기업'은 비전 아닌 인재가 일궈낸다"

김태완

"좋은 것은 위대한 것의 적이다. 왜 그런가. 우리는 대개 크고 위대한 것보다는 좋은 것에 만족한다. 회사도 그렇다. 좋은 기업이기 때문에 위대한 기업이 되지 않는다."

『좋은 기업을 넘어 위대한 기업으로Good to Great』를 쓴 짐 콜린스Jim Collins의 문제의식은 여기서 출발한다. '좋은 기업을 위대한 기업으로 바꿀 수 있는가. 그렇다면 무엇이 필요할까'가 이책의 주제다.

미국의 저명 경영컨설턴트인 짐 콜린스는 이 책을 포함해 모두 6권의 책을 냈다. 그가 1994년 제리 포라스와 함께 쓴 첫 저서 『성공하는 기업들의 8가지 습관』은 6년간 비즈니스위크의 베스트셀러 목록에 올랐고 25개국 언어로 번역됐다. 『좋은 기업을 넘어 위대한 기업으로』도 1000만 부가 팔린 베스트셀러다.

"적합한 사람이 중요하다"

이 책은 콜린스 개인이 아니라 그의 팀이 5년간 수행한 연구 결과를 정리한 것이다. 연구팀은 1965년부터 1995년까지 30여 년간의 자료를 근거로 '좋은 기업' 1435개를 선정한 뒤 까다로운 기준을 적용해 '위대한 기업' 11개를 골라냈다. 적어도 15년간 누적 주식수익률이 시장수익률보다 3배 이상 높은 기업들이다. 구체적으로 애벗, 서킷시티, 패니매이, 질레트, 킴벌리클라크, 크로거, 뉴커, 필립모리스, 피트니보즈, 월그린즈, 웰스파고 등이다. 이 중 상당수는 일반인에게 낯설지만 IBM, 코카콜라, 인텔 등 유명 기업을 뛰어넘는 성과를 냈다.

콜린스는 좋은 기업이 위대한 기업으로 전환하는 과정을 한 장의 그림으로 압축해 설명한다. 출발점은 리더십과 인재다. 그는 경험적 분석을 통해 위대한 기업의 공통점으로 '겸손함과 불굴의 의지를 가진' 최고경영자CEO가 있다는 점을 들었다. 이들은 회사의 비전과 전략을 먼저 짜지 않는다. 자신의 버스(회사)에 태울 사람과 내릴 사람을 먼저 구분한다. 적임자를 적합한 자리에 앉히는 것이 가장 중요하다. 그래서 콜린스는 "사람이 가장 중요한 자산이라는 말은 틀렸다. 적합한 사람이 중요하다"고 말한다. 적합한 사람들에겐 동기부여나 관리를 할 필요가 없다. 스스로 동기부여하고 최선의 성과를 낸다. 부적합한 사람이 있으면 올바른 방향은 의미가 없다. 어차피 위대한 회사를 일굴 수 없기 때문이다.

콜린스는 '위대한 기업'은 엄격하지만 비정하지 않다고 말한다. 그는 '비정한 것'은 마구 자르고, 배려 없이 사람들을 제멋대로 해고하는 것이라고 주장한다. '엄격한 것'은 시기나 직급에 관계없이 정해진 기준을 한결같이 적용하는 것이라고 했다. 따라서 엄격하지만 비정하지 않다는 것은 "인재들이 자기 자리를 걱정하지 않고 일에만 전념할 수 있다는 의미"라고 했다. 그는 "최고의 인재는 문제가 큰 곳이 아니라 기회가 가장 큰 곳에 배치하라"고 강조했다.

'위대한 회사' 되려면 냉혹한 현실 직시해야

'위대한 회사'가 되려면 냉혹한 현실을 직시할 수 있어야 한다. 이를 위해 사람들의 목소리를 듣는 문화를 조성해야 한다. 그래야 자신이 처한 현실에 정면으로 대응할 수 있고, 위기를 맞더라도 강한 회사로 다시 일어설 수 있다. 콜린스는 "사람들에게 동기를 잃게 하는 방법 중 하나가 냉혹한 현실을 무시하는 것"이라고 지적했다.

겸손함과 불굴의 의지를 가진 리더십과 적합한 인재 배치, 그리고 냉혹한 현실 직시는 '위대한 기업'으로 도약하기 위한 축적 과정이다. 도약하려면 기업이 무엇에서 최고가 될 수 있는지를 알아야 한다. 저자는 이를 고슴도치 개념으로 설명했다. 여우는 다양한 방법으로 고슴도치를 공격한다. 고슴도치는 몸을 동그랗게 마는 단순 전략으로 여우를 격퇴한다. 위대한 기업들

다시 읽는 명저

은 고슴도치처럼 단순 개념을 습득해 모든 결정의 준거 틀로 삼았다. 그는 단순 개념은 세계 최고가 될 수 있는 일, 자신의 경제 엔진을 움직이는 것(현금흐름과 수익성), 그리고 열정을 가진 일 등 세 가지 교집합에서 나와야 한다고 강조했다. 축적과 도약의 전 과정을 관통하는 것은 엄격한 규율이다. 저자는 "매우 엄격하게 사고하고 규율 있는 행동을 하는 자율적인 사람을 먼저 얻는 게 중요하다"고 했다.

그는 '위대한 기업'으로의 축적과 도약을 바퀴에 비유했다. 무거운 바퀴를 한 방향으로 돌린다고 해보자. 처음엔 힘을 써야 한 바퀴를 돌린다. 계속 밀다보면 힘을 덜 써도 속도는 빨라진다. 위대한 회사로의 전환에도 결정적인 행동, 혁명적 변화 같은 것은 없다. 일관된 행동과 결정을 축적해야 달성된다.

이 책은 수많은 경영서에 등장한 '성공한 기업'이 아니라 한계를 뛰어넘은 '위대한 기업'이 어떻게 생겨났는지를 개념적으로 정리해 큰 반향을 일으켰다. 그런데 당황스러운 일이 생겼다. '위대한 기업' 일부가 망한 것이다. 책이 출판된 뒤 서킷시티는 파산했고, 질레트는 P&G에 인수됐다. 콜린스는 2009년 『위대한 기업은 다 어디로 갔을까How the Mighty Fall』라는 제목의 책을 썼다. 그는 "성공으로부터 자만심이 생겨나고, 원칙 없이 더 많은 욕심을 낸 것"을 몰락의 발단으로 지적했다. 그러면서 몰락은 스스로 자초한 것이며, 회복 역시 스스로 이뤄낼 수 있다고 강조했다.

과학적 관리법

프레드릭 테일러

"생산성 높여 분배 문제 해결한 '과학적 관리'"

김태완

"노동자의 작업량을 구하는 문제는 논쟁이 아니라 과학의 문제이고, 이를 해결하면 근무태만이 사라지고 노사 협력으로 사회도 평안해진다."

자본주의 경제는 '비효율과의 전쟁'을 통해 발전해왔다. 초기에 비효율은 삼림 파괴, 수水자원 낭비, 탄광 개발 남발 등 주로 자원과 관련한 문제였다. 프레드릭 테일러Frederick W. Taylor(1856~1915)는 사람의 노력이 낭비되고 있다는 데 처음으로 주목했다. 효율적인 국가를 건설하려면 산업 현장에서 매일 반복되는 실수, 잘못된 지시, 노사 갈등을 해결하는 데서 출발해야 한다고 믿었다. 노사가 협업해 과학적인 생산 방법으로 생산성을 끌어올리면 분배의 공평성도 달성할 수 있다고 주장했다. 그가 이런 생각을 체계적으로 정리한 책이 『과학적 관리법The Principle of Scientific Management』(1911년)이다.

테일러는 고등학교 졸업 후 공장에 들어가 공장장 자리에까지 오른 현장 전문가였다. 그는 30년간 과학적 관리법 보급을 위해 노력했지만 노동자로부터는 "초시계를 이용해 노동자를 착취한다"고, 기업가로부터는 "우리를 눈먼 돼지로 보느냐"고 비난받았다. 그러나 그는 과학적 관리법이 노사 모두에 도움이 되기 때문에 결국 널리 퍼질 것으로 확신했다. 훗날 과학적 관리법은 '테일러리즘Taylorism'으로 불리며 현대 경영학의 뿌리가 됐다.

1900년대 영국과 미국에선 공장 근로자의 근무태만이 만연했다. 노동조합도 "노동자가 너무 많은 일을 하면 다른 사람의 일자리를 뺏을 수 있다"며 '적은 노동'을 권했다. 전체 생산량에 따라 임금을 주니 특별히 일을 더 많이 할 이유도 없었다.

근무태만 몰아낸 과학적 관리법

테일러는 노동자가 시간과 동작으로 분석한 과학적 원리에 따라 일하면 생산성을 크게 향상시킬 수 있다는 것을 실증적으로 보여줬다. 과학적 원리는 5단계를 거쳐 개발된다. 첫째, 특정 작업에 능숙한 노동자 10~15명을 선발한다. 둘째, 작업동작을 세분화하고, 도구의 효율적 사용방법을 연구한다. 셋째, 초시계로 각 동작을 마치는 데 필요한 시간을 측정하고 분석해 '최적의 동작'을 발견해낸다. 넷째, 부자연스럽거나 불필요한 작업동작을 없앤다. 다섯째, 최적의 동작과 도구를 조합해 하나의 연속동작을 만든다. 이는 표준 작업방식이 된다. 그의 과학적 원리는 삽질부터 금속 가공까지 다양한 작업에 예외 없이 적용할 수 있었고 생산성을 2~4배 끌어올리는 성과를 냈다.

테일러는 과학적 관리법이 단순한 기법이 아니라 노사의 진정한 협력을 기반으로 하는 철학이라고 강조했다. 경영진은 과학적 관리법을 개발하고, 노동자가 잘 적응할 수 있도록 훈련할 의무가 있다. 또 생산성을 끌어올린 노동자에게는 상여금 지급 등 반드시 포상을 해야 한다. 노동자는 노동 강도는 더 세지지 않았는데 더 많은 임금을 받을 수 있으므로 만족한다. 테일러는 "노동자의 작업량을 정하는 문제는 논쟁이나 협상이 아니라 과학의 문제이고, 이를 해결하면 근무태만이 사라지고 노사 협력으로 사회도 평안해진다"며 "노동자는 물론 경영진도 마음가짐과 습관을 혁명처럼 바꿔야 한다"고 강조했다.

테일러는 과학적 관리법을 통해 노동자와 경영자, 소비자인 국민이 모두 공정하게 자신의 몫을 배분받을 수 있다고 주장했다. 그가 제시한 베들레헴 제철소의 사례를 보자. 이 공장의 노동자는 하루 평균 12.5t의 무쇠를 화차로 나르고 1.15달러의 일당을 받았다. 과학적 관리법을 적용한 후엔 매일 47t의 무쇠를 나르고 1.85달러의 일당을 받았다. 생산성은 3.7배 늘었는데 임금은 60% 늘었다. 이게 공평한가.

국민도 공정한 몫 받을 수 있어

테일러는 무쇠 운반 작업자의 생산성이 올라간 것은 그가 회

다시 읽는 명저

사로부터 과학적 원리를 배웠기 때문이라고 봤다. 작업자들은 평범한 사람이었고 노동 강도도 큰 차이가 없었다. 따라서 생산성 상승분만큼 임금을 다 주는 게 오히려 부당하다고 했다. 경영진은 과학적 관리법을 개발하고, 노동자 훈련을 통해 이를 정착시킨 대가로 이익을 얻는다. 또 무쇠의 가격이 내려가 결과적으로 국민도 이익을 본다. 테일러는 "이런 사실이 알려지면 전체 사회 구성원은 경영자와 노동자에게 더 효율적으로 일하라고 요구할 것"이라며 "노동자를 닦달하고 저임금을 강요하는 경영자와 비능률적으로 일하면서 임금 인상만을 주장하는 노동자의 횡포도 더 이상 용납하지 않을 것"이라고 말했다.

『과학적 관리법』 출판 이후 테일러리즘은 미국 산업계를 휩쓸었고, 1920년대엔 사회주의 국가인 소련으로 수출되기도 했다. 그러나 노동자를 수동적 도구화했다는 비판을 받았고, 노동자의 사회·심리적 요인이 생산성에 더 큰 영향을 준다는 인간관계론이 등장했다.

피터 드러커는 테일러를 새로운 사회를 지향한 위대한 사상가로 격상시켰다. 그는 "테일러의 주된 동기는 노사가 생산성 향상에 함께 관심을 갖고 지식을 작업에 적용하는 데 있어 협조 관계에 있는 사회를 창조하는 것이었다"며 "사람들은 현대 세계를 창조한 세 사람으로 찰스 다윈, 카를 마르크스, 지그문트 프로이트를 꼽지만 만약 이 세상에 정의가 있다면 마르크스를 빼고 테일러를 대신 집어넣어야 한다"고 말했다.

경제발전의 이론

조지프 슘페터

"기업가 혁신이 자본주의 발전의 원천"

김태완

"경제발전은 외부 여건 변화에 의한 단순한 순응과 수용이 아
니라 경제체제 내부에서 발생한다."

"신용이란 본질적으로 기업가에게 양도할 목적으로 이뤄지는
구매력의 창조이며, 경제발전이 수행되는 방법을 특징짓는다."

고전경제학 세계에서 경제 주체는 시장에 수동적인 존재다.
'보이지 않는 손'에 따라, 주어진 조건에서 최대의 효용을 추구
하면 경제는 균형 상태에 도달한다. '균형'은 그들이 생각한 경
제의 일반적인 상태였다. 현실은 그렇지 않다. 자본주의 경제는
항상 균형을 깨고 호황과 불황을 반복하면서 질적인 발전을 해
왔다.

조지프 슘페터Joseph A. Schumpeter(1883~1950)는 이런 자본주의
의 균형을 파괴하는 힘의 원천이 무엇인지에 주목했다. 과거

엔 기껏해야 천재지변이나 전쟁 같은 외부적 요소라는 시각
이 많았다. 그러나 그는 힘의 원천이 경제 내부에 있다고 믿었
다. 슘페터는 28세의 젊은 나이에 쓴 『경제발전의 이론*Theorie der*
wirtschaftlichen Entwicklung』(1911년)에서 "경제발전은 외부 여건 변화에
의한 단순한 순응과 수용이 아니라 경제체제 내부에서 발생하
는 것"이라며 "기업가의 혁신, 즉 생산요소의 새로운 결합이 경
제발전을 자극하는 원천"이라고 주장했다.

슘페터는 경제의 '성장'과 '발전'을 엄격히 구분했다. 그가 말
하는 발전은 '점진적 변화(성장)가 아니라, 경제의 틀과 궤도 자
체를 바꾸는 혁명적인 변화'다. 소매점에 백화점이 들어선 것이
성장이라면, 역마차에서 기차로 바뀐 것은 발전이다. 그 발전의
원동력이 혁신이다.

기업의 초과 이윤은 '혁신의 대가'

슘페터에 따르면 기업가 혁신은 다섯 가지 방식으로 나타난
다. 첫째는 새로운 재화, 즉 소비자에게 알려지지 않은 상품이
나 새로운 품질의 상품을 생산하는 것이다. 둘째는 새로운 생산
방식 도입이다. 셋째는 한 나라의 특정 부문 제조업이 참가한
적이 없는 새로운 시장의 개척이다. 넷째는 원료나 반제품의 새
로운 공급원 확보다. 그리고 다섯째가 어떤 산업의 새로운 조
직 실현, 즉 독점적 지위 형성이다. 그가 혁신이 발전의 동인이
라고 말한 가장 큰 근거는 기업가 이윤(정상 이윤을 뛰어넘는 초과 이윤)

에 있었다. 그는 기업의 초과 이윤은 노동자로부터 착취한 것이
라는 마르크스주의에 반박해 '혁신의 대가'라고 주장했다.

슘페터는 자본주의 사회의 신용도 이윤 추구를 덕목으로
하는 기업가의 혁신 활동에 좌우된다고 봤다. 기업가가 혁신
하려면 새로운 생산수단이 필요하다. 이를 위해 대출을 받아
야 한다. 그런데 혁신을 위한 자금 수요는 기존과는 다른 새
로운 수요이기 때문에 신용 창조가 필수적이다. 그는 "신용
이란 본질적으로 기업가에게 양도할 목적으로 이뤄지는 구
매력 창조이며, 경제발전이 수행되는 방법을 특징짓는다"고
지적했다.

슘페터는 자본주의 사회의 경제 발전이 순환적 변동을 통해
진행된다고 봤다. 변동의 출발점은 혁신적 기업가들이다. 그에
따르면 혁신은 집단적으로 또는 떼를 지어 불연속적으로 나타
난다. 혁신적 기업가는 은행에서 자금을 지원받아 새로운 생산
수단에 투자하고, 신규 노동력을 고용한다. 이로 인해 생산수단
가격이 오르고 임금도 상승한다. 이런 과정은 혁신적 기업가의
생산물이 시장에 등장할 때까지 계속된다. 이 기간이 호황이다.
이후 혁신을 통해 나온 생산물이 시장에 쌓이면서 가격이 내려
가기 시작한다. 또 이익을 실현한 기업들은 대출을 상환하고,
은행들도 신용 팽창에 따른 위험 관리를 위해 자금 회수에 나선
다. 결국 신용 디플레이션 현상이 발생하면서 새로 창조됐던 사
회의 구매력도 소멸한다.

다시 읽는 명저

"불황은 균형을 찾아가는 정상적 과정"

그렇다면 왜 호황이 끝나갈 때 대출받는 기업이 등장해 호황 국면을 이어가지 않을까. 슘페터는 "첫째는 가격 하락과 비용 상승으로 기업의 이윤이 소멸하고, 둘째는 기업들의 혁신으로 경제의 균형이 깨지면서 불확실성이 커지고, 셋째는 은행이 과도한 신용 팽창을 경계해 의도적으로 긴축을 하기 때문"이라고 설명했다.

슘페터에게 경기 불황은 새로운 혁신을 준비하기 위해 균형점을 찾아가는 정상적인 과정이다. 그는 특히 경기순환 과정에서 노동자들의 소득도 꾸준히 증가한다고 봤다. 아무리 혁신이 자본 집약적 형태로 일어난다고 하더라도 기존의 생산 활동과는 별개로 이뤄지기 때문에 노동 수요는 증가할 수밖에 없다는 것이다. 이런 점을 고려하면 『경제발전의 이론』에서 나타난 슘페터의 자본주의 경제관은 지극히 낙관적이다. 기업가의 혁신만 있다면 자본주의는 무한히 발전하고, 노동자의 생활수준도 개선되기 때문이다.

그러나 슘페터는 1942년 발간한 『자본주의·사회주의·민주주의Capitalism, Socialism and Democracy』에서 역설적이게도 '혁신의 일상화'로 자본주의가 사회주의로 대체될 것이라는 견해를 내놨다. 그는 이 책에서 △혁신이 일상화되면서 혁신 기업가의 기능과 사회적 지위가 상실되고 △비판적인 지식계급이 출현해 자본주의 울타리를 파괴하고 △평등, 사회보장, 정부 개입, 여가 등을 선호하는 풍조 등이 조성돼 자본주의가 붕괴한다고 주장했다. 이런 이유로 슘페터는 독특한 경제학 체계를 완성한 탁월한 학자라는 찬사에도 불구하고 "경제 분석은 신고전파의 일반균형 이론을 기초로 하고, 자본주의 경제발전 과정은 마르크스주의의 틀을 벗어나지 못했다"는 혹평을 동시에 받고 있다.

다시 읽는 명저

자본주의 이후의 사회

피터 드러커

"탈脫자본주의 사회 가장 중요한 자원은 지식"

홍영식

"탈脫자본주의 사회에서 가장 중요한 생산요소는 더 이상 자본도, 토지도, 노동도 아닌 지식이 될 것이다. 탈자본주의 사회의 주도적 사회집단은 자본가와 전통적 프롤레타리아가 아니라 지식경영자와 지식근로자다."

'현대 경영학의 아버지'로 평가받는 피터 드러커Peter F. Drucker (1909~2005)는 경제적 재원을 제대로 활용하고 관리하면 인간 생활을 더 향상시키고 사회 발전을 제대로 이룰 수 있다고 믿었다. 그가 이런 신념에 따라 '지식'이란 새로운 생산수단을 경영에 접목해 1993년 펴낸 것이 『자본주의 이후의 사회Post_Capitalist Society』다.

이 책을 관통하는 핵심적인 키워드는 지식사회로의 전환이다. 드러커는 자본주의적 시장 구조와 기구는 그대로 존속하겠지만, 주권국가의 통제력은 약해지고 전문지식을 갖춘 지식경

영자와 지식근로자 중심의 글로벌화한 사회가 도래할 것으로
예측했다.

이 책을 펴낸 때는 소련의 붕괴로 공산주의체제에 대한 자본
주의 진영의 승리감이 팽배하던 시기였다. 드러커도 소련의 붕
괴와 공산주의의 실패를 예견했다. 드러커는 "서양 역사상 200
년 만에 한 번씩 주기적으로 급격한 변화가 일어났다"며 중세
유럽의 르네상스, 산업혁명 등을 꼽았다. 이어 "산업혁명 이후
약 200년이 지나 또 한 번의 전환 시대를 맞았다"며 "전환기에
는 세계를 보는 관점과 기본적 가치관, 사회적·정치적 구조들
이 재조직된다"고 했다. 그는 "우리가 맞이할 새로운 사회는 탈
자본주의적이며, 이런 사회에서 가장 중요한 자원은 지식"이라
고 강조했다.

"생산성 혁명이 공산주의 패배시켜"

경제발전의 극적인 변화를 가져온 산업혁명과 생산성 혁명
은 지식을 작업에 적용한 결과라는 게 드러커의 주장이다. 그는
"1750년부터 약 150년 동안 자본주의와 기술은 이 지구를 정복
하고, 새로운 문명을 창조했다"며 "지식은 작업도구와 제조공
정, 그리고 제품에 적용됐고, 이게 산업혁명을 일으키는 원동력
이었다"고 강조했다.

드러커에 따르면 1880년대부터 제2차 세계대전 무렵까지는
산업혁명 바탕 위에서 '과학적 관리법' 등 새로운 의미의 지식

이 가미돼 생산성 혁명을 일으킨 시기였다. 그 이후 75년 만에 생산성 혁명은 프롤레타리아들을 소득이 거의 상위권에 드는 중산층 부르주아로 바꾸어놓았다. 드러커는 "이런 생산성 혁명은 계급투쟁과 공산주의를 패배시켰다"고 했다.

마르크스가 주장한 자본주의의 종말이 오지 않은 이유는 생산성 혁명 때문이라는 것이다. 드러커는 "프레드릭 테일러의 '과학적 관리법'이 탄생한 이후 모든 선진국에서 생산성은 거의 50배 증가했다"며 "이런 미증유의 생산성 증가야말로 생활수준과 삶의 질을 향상시켜 준 근원"이라고 강조했다.

산업혁명과 생산성 혁명에 이은 지식의 마지막 단계 변화는 경영 혁명이다. 드러커는 경영자에 대한 정의를 '다른 사람들의 성과에 책임을 진다'는 전통적 의미에서 '지식의 적용과 성과에 책임을 진다'로 바꿨다. 전통적 경제 이론에 따르면 경제의 생산요소는 토지, 자본, 노동이다. 하지만 드러커는 지식사회에서는 지식이 가장 중요한 생산요소 역할을 한다고 했다.

"지식노동자가 자본의 역할 대체"

그는 "지식 자체가 산업혁명과 생산성 혁명, 경영 혁명의 자원이 됐고, 지식을 자산으로 가진 지식노동자가 등장한 세계가 만들어졌다"고 했다. 경영자의 역할은 경영에 어떤 새로운 지식이 필요한지, 지식이 효과를 내기 위해 무엇을 해야 하는지, 지식을 어떻게 잘 적용할 것인지를 결정하는 것이라고 했다. 드러커는 "생산적인 곳에 자본을 투자하는 자본가처럼, 지식을 배분하는 지식경영자와 지식을 작업도구나 제품에 잘 적용하는 지식노동자가 지식사회의 주역이 될 것"이라고 예측했다. 드러커가 규정한 지식사회란 이렇게 지식경영자, 지식노동자가 자본의 역할을 대체하는 데까지 발전한 사회다.

드러커는 1959년 지식근로자라는 단어를 처음 사용했을 때부터 머리를 써서 가치를 생성하는 시대를 예측했다. 30여 년 뒤 드러커는 땅, 노동, 금융자산보다 중요한 경제적 자산이 지식이라고 확신했고, 이런 시대를 '자본주의 이후의 사회'라고 불렀다.

특히 지식사회로의 전환 과정에서 교육의 중요성을 강조했다. 그는 "지식은 그 자체가 변하기 때문에 끊임없이 학습을 요구한다"며 "대량소비 체계에서는 교육이 괜찮은 보통 사람을 만들어내는 데 초점을 뒀다면, 앞으로는 학생뿐만 아니라 모든 성인에게 지속적으로 높은 수준의 교육을 할 수 있게 해야 한다"고 했다.

드러커는 국가의 역할과 관련해선 "지금은 국가가 경쟁하는 시대가 아니라 산업과 기업이 세계적으로 경쟁하는 시대"라며 "국가는 산업이나 기업이 세계에 나가 경쟁할 수 있도록 도와주는 역할을 하는 것"이라고 규정했다.

드러커의 진단과 예측이 정확히 맞아떨어지느냐에 대해선

평가가 엇갈린다. 그러나 그가 산업화가 가속화되기 훨씬 이전 지식사회라는 개념을 최초로 체계적으로 분석해 지식 경영의 새 장을 연 위대한 석학이라는 데는 이견이 별로 없다.

경제학의 교훈

헨리 해즐릿

"자본주의 위기는 '경제의 정치화'가 원인"

김태철

미국의 경제 저널리스트인 헨리 해즐릿Henry Hazlitt(1894~1993)이 1946년 출간한 『경제학의 교훈Economics in One Lesson』은 지금도 미국 경제학도들이 탐독하는 스테디셀러다. 그는 이 책을 통해 대중에게 자유시장경제 원리를 널리 알렸다. 수요와 공급 등 다양한 경제법칙을 쉽게 설명하며 경제 현상을 분석했다. 1974년 노벨경제학상 수상자인 프리드리히 하이에크는 "경제학 문외한도 짧은 시간에 경제학 기본 진리를 배울 수 있는 책"이라고 평가했다.

해즐릿은 "자유시장경제 원리에 맞지 않는 상품가격과 임대료 통제, 과도한 최저임금 인상 등의 정부 개입은 필연적으로 시장 왜곡과 국민 고통 증가로 이어진다"고 지적했다. 이런 정책들이 나오는 배경은 "자유시장경제체제 오류 때문이 아니라 단기성과에 집착하는 정부와 대중의 조급증躁急症과 이를 악용하는 정치권의 합작품"이라고 갈파했다.

시장 왜곡하는 가격통제의 수렁

해즐릿은 실업, 불황 등 경제 문제의 상당수는 경제학 원리를 무시한 정책적 오류에서 발생한다고 진단했다. 정책적 오류 중 흔히 저지르는 실수가 정부의 시장 개입이라고 설명했다. 그는 의도가 선하면 '좋은 정책'이라고 생각하는 무지無知가 시장 개입을 부른다고 강조했다.

"정부가 가격에 개입하면 결과는 참혹해진다. 판매가가 정상가보다 싸게 매겨져 수요는 필요 이상으로 폭증한다. 반대로 공급은 급감하고 품질은 떨어진다. 좋은 제품을 서민에게 싼값에 안정적으로 공급하려고 했던 정책 의도와는 달리 서민은 더 고달파진다."

해즐릿은 한 번 가격을 통제하면 되돌리기 어려운 악순환에 빠진다고 지적했다. "가격 통제의 결과는 우리가 익히 알고 있는 바와 같다. 이런 와중에 기득권자의 집단 반발 탓에 '개혁(가격 통제)'이 좌초했다는 주장이 난무한다. 일부 정치인은 생필품 가격 등이 높은 것은 자신들이 만들어낸 규제 탓이 아니라 자본가의 탐욕 때문이라고 책임을 떠넘기기도 한다."

그는 임대료 규제는 포퓰리스트(대중인기영합주의자)가 즐겨 외치는 선전문구라고 했다. "주택 공급이 달리면 임대료는 올라간다. 공급 부족이 임대료를 밀어 올리는 것이지만 대중의 눈에는 임대업자가 올리는 것처럼 보인다. 이로 인해 대중은 임대업자에게 분노한다. 물을 만난 물고기 마냥 포퓰리스트는 지지 세력을 강화하는 계기로 삼는다. '가진 자'와 '갖지 못한 자'의 갈등 구조로 비화시킨다."

해즐릿은 '정책 실패를 인정하지 않는 정치'가 가장 큰 정책 리스크라고 지적했다. "규제론자들은 민간이 실패했기 때문에 정부가 더욱 깊숙이 개입해야 한다고 주장한다. 임대료 규제의 마지막 아이러니는 정책 실패가 클수록 정부 개입이 더 필요하다는 정치적 주장이 더 뜨거워진다는 것이다."

해즐릿은 기업과 시장이 감내할 수 있는 수준을 벗어난 최저임금인상의 위험을 경고했다. "과도한 최저임금의 피해자는 최저임금이 보호하려는 청년과 여성 등 비숙련자다. 최저임금이 오르면 이들의 일자리부터 줄어든다. 노동생산성을 웃도는 임금 인상은 약자에겐 재앙이다."

'전능한 정부'는 시장 개입 지름길

그는 임금 인상과 생산성 향상이 직결돼야 한다고 강조했다. "임금을 올리는 가장 좋은 방법은 최저임금 인상이 아니라 노동생산성을 높이는 것이다. 임금 상승은 최저임금을 좌지우지하는 정부의 명령에서 나오는 게 아니라 생산성에서 나온다."

해즐릿은 노동권 보호에서 벗어나 기득권 수호 집단으로 변질되고 있는 일부 노동조합의 행태도 비판했다. "노조가 장기적으로 노동자 전체의 실질임금을 올릴 수 있다는 믿음은 과장됐다. 일부 기득권 노조는 자신의 이익을 위해 비조합원을 희생

다시 읽는 명저

시키는 경우가 적지 않다."

해즐릿은 사회에 만연한 반反기업·친親노조 정서가 고용시장을 왜곡시킨다는 쓴소리도 마다하지 않았다. "포퓰리즘이 난무하는 곳 중 하나가 노동 분야다. 노조의 정치적 영향력이 크기 때문에 정치인들은 기업인에게 일방적으로 불리한 노동법을 강요한다. 기업인을 궁지에 몰아넣는 것보다 더 확실하게 고용을 방해하는 방법은 없다."

그는 개입주의가 발호하는 근본 원인은 시장경제와 자기책임 원칙을 외면하는 데 있다고 진단했다. "대중은 어떤 문제가 터질 때마다 '도대체 정부는 무엇을 했느냐'고 아우성친다. 오늘날 사회가 직면한 가장 중요한 문제는 경제적인 것이 아니라 정치적인 것이다. '전능全能한 정부'를 요구하는 대중과 이를 시장 개입의 명분으로 악용하는 정치 탓이다."

해즐릿은 자본주의의 근간인 시장경제와 자기책임 원칙을 중시해야 왜곡된 사회문제들을 해결할 수 있다고 강조했다. 정부 역할은 시장을 지원하는 데 머물러야 한다고 덧붙였다.

"알렉산더 대왕과 철학자 디오게네스의 일화는 자유시장경제를 표방하는 정부의 역할이 어때야 하는지를 알려준다. 대왕이 '무엇을 해드릴까요?'라고 물었을 때 디오게네스는 '햇빛을 가리지 않도록 조금만 비켜주십시오'라고 답했다. 시민과 기업가는 정부에 이렇게 요구할 권리가 있다."

개입주의: 경제적 분석

루트비히 폰 미제스

"'경제의 탈脫정치화'가 위기 해결책"

김태철

오스트리아 학파의 정신적 지주인 루트비히 폰 미제스Ludwig von Mises(1881~1973)는 대표적 자유주의 경제학자다. 그는 노벨경제학상 수상자인 프리드리히 하이에크(1974년)와 밀턴 프리드먼(1976년) 등 20세기 경제학 거두巨頭들에게 자유주의 경제학을 전수傳授했다. 미제스와 하이에크 등으로 이어지는 자유주의 경제학은 영국과 미국의 경제를 부흥시킨 대처리즘Thatcherism과 레이거노믹스Reaganomics의 이론적 토대가 됐다.

'정치 과잉'이 부르는 시장 간섭

미제스는 국가 개입주의에 맞서 자유시장경제를 수호하는데 일생을 바쳤다. 그는 1941년 출간한『개입주의: 경제적 분석 *Interventionism: An Economic Analysis*』을 통해 당시 세계를 휩쓸고 있던 국가개입주의의 폐해를 경고했다. 시장을 무시한 가격 통제와 임대료 통제, 최저임금 인상 등의 대중인기영합 정책이 초래할 부작용을 조목조목 비판했다.

"오늘날 시장 개입 정책들이 일반 대중에게 큰 인기를 끌고 있다는 사실을 부인하기 어렵다. 불행히도 합리적인 근거와 주장도 이들 정책의 인기를 약화시키기 힘들다. 개입주의 설계자와 추종자들은 수요와 공급, 시장의 기능과 같은 보편적인 경제 이론의 가르침도 거부한다. 경제가 결딴나도 자신들의 과오를 인정하지 않는 경우가 많다. 정부의 시장 개입은 정책 실패를 교정하려는 또 다른 개입으로 이어진다."

미제스는 "정부의 시장 간섭은 정치 과잉이 원인"이라고 진단했다. 도덕과 이념, 가치 등이 끼어들면서 경제가 왜곡되고 있다고 설명했다. "경제 문제를 분석하고 해석하려면 이념과 가치로부터 자유로워야 한다. 경제 문제를 경제 문제로만 보는 것이 '경제적 분석'이다. 대중의 인기를 얻기 위한 가격통제 조치들은 시장 기능을 마비시킨다. 시장을 파괴하고 시장경제를 조정하는 힘을 빼앗는다. 서민과 노동자를 위하겠다는 정책이 결과적으로 그들을 곤궁하게 만들 뿐이다. 감정을 자극하는 구호와 선전 문구가 궁핍, 실업, 불황을 극복할 수 있다면 지구상에 가난한 국민도, 빈곤한 국가도 존재하지 않을 것이다. 경제 문제를 풀기 위해서는 경제의 탈脫정치화가 시급하다."

미제스는 급속한 최저임금 인상을 최악의 시장 간섭이라고 비판했다. 사회가 감내할 수 있는 수준을 넘는 최저임금 인상이 실업과 경기 불황의 주요 원인이라고 봤기 때문이다. "정부 조치에 의해서건, 노동조합의 압력에 의해서건 최저임금이 간섭받지 않는 시장에서 정해지는 수준보다 높게 책정되는 순간 대량 실업이 발생한다."

미제스는 이념과 구호가 아니라 자유시장경제체제만이 노동자의 삶의 질을 향상시킬 수 있다고 역설했다. 자유시장경제는 한정적인 자원을 경제 주체들에게 가장 효율적으로 분배하기 때문이다. 이런 과정을 통해 노동자, 기업, 국가의 부富가 증대된다고 설명했다. "시장경제는 소비자 민주주의다. 소비자는 자신의 선호選好에 기초해 무엇을 구매할지 끊임없이 '투표(결정)'한다. 부富는 이런 과정을 거쳐 소비자를 만족시키는 방법을 모르는 기업가에서 소비자를 가장 잘 만족시키는 기업가로 이전된다. 간섭과 규제를 없애 시장과 기업을 활성화시키면 다양한 일자리가 생겨난다. 근로자에게는 일자리야말로 최고의 복지다."

미제스는 시장경제가 제대로 작동하기 위해서는 기업가의 역할과 '경제적 자유'가 존중돼야 한다고 강조했다. "이윤을 추구하는 기업가의 행위는 시장경제의 주요 동인動因이다. 경제적 자유는 개인과 기업가의 활동을 보장하는 전제 조건이다. 기업가정신과 개인의 창의성을 부추기는 국가들이 선진국이 된 것은 이런 이유 때문이다."

"시장경제 수호하는 게 지식인 역할"

미제스는 시장경제가 지속적으로 발전하려면 대의정치가 성숙해야 한다는 충고도 했다. "민의의 대표자들이 특정 지역과 집단의 영향력에서 벗어나 국민 전체를 바라봐야 진정한 대의민주주의가 실현된다"고 했다. "대의정치가 제대로 작동하려면 의회 대표들이 국가 전체를 대표해야 한다. 정당들이 특정 지역이나 압력단체의 특별한 이익을 대표하는 순간 대의민주주의는 추락한다. 하지만 오늘날 의회는 철강, 농업, 그리고 노동자 대표들로 가득 차 있다."

미제스는 자유시장경제를 수호하는 것이 지식인의 의무라고 강조했다.

"갈수록 확산되는 거대한 국가 개입주의에 맞서 시장경제를 지켜내는 게 지식인의 의무이자 역할이다. 역사가 우리에게 가르치는 것이 있다면, 그것은 생산수단의 사적私的 소유 없이는 더 높은 수준의 문명사회를 창출할 수 없다는 것이다. 진정한 민주주의는 생산수단의 사적 소유가 존재하고 자유로운 경제활동이 가능한 곳에서만 발견된다. 만약 서구문명이 쇠퇴한다면 사람들이 역사로부터 이런 교훈을 배우기를 거절했기 때문일 것이다. 문명을 유지·발전시킬 수 있는 유일한 제도인 자유시장경제를 수호하는 것이 지식인에게 맡겨진 사명이다."

프로테스탄트 윤리와 자본주의 정신

막스 베버

"노동·절제로 부富를 축적하는 것은 신의 축복"

홍영식

"프로테스탄트(개신교)는 세속적인 직업에서 거둔 성공을 구원의 증표로 삼았고, 이윤 획득과 물질적인 성공을 신神의 축복으로 여겼다. 이런 새로운 사고방식이 전통주의적 경제체제를 허물어버리고 근대 자본주의가 발전할 수 있는 길을 열어놓았다."

독일 사회학자 막스 베버Gordon C. Max Weber(1864~1920)는 평생에 걸쳐 산업사회의 새로운 발전 방식과 구조를 연구하는 데 몰두했다. 특히 큰 경제적 번영을 가져온 자본주의 발전의 원천이 무엇인지를 분석하는 데 많은 시간을 보냈다. 그는 "미국·영국·독일·네덜란드 등 개신교가 들어선 나라가 이탈리아 스페인 등 가톨릭 영향이 강한 나라에 비해 경제 성장이 빠른 이유가 무엇인지 궁금증을 갖지 않을 수 없었다"고 했다. 이에 대한 답을 담아 1920년 출간한 책이 『프로테스탄트 윤리와 자본주의 정신*Die Protestantische Ethik und der Geist des Kapitalismus*』이다.

베버는 자본주의를 단순한 경제체제로 보지 않고 인간의 생활양식이나 가치관, 신념 등과 연관된 문화 현상의 하나로 보았다. 그는 "금욕적 개신교의 직업 윤리관이 합리적 생활을 중시하는 근대 자본주의 정신을 탄생시킨 핵심이었다"며 구체적인 사례를 들어가면서 증명했다.

베버는 "과거 가톨릭은 필요 이상으로 돈을 벌거나 저축해 자본을 축적하는 것을 죄악시했고, 노동을 인간의 원죄에서 비롯된 고통으로 봤다"고 했다. 그러나 개신교가 등장하면서 모든 게 변했다고 베버는 설명했다. 직업 노동과 금욕적 절제를 통해 부ᅟᅡᆷ를 축적하는 것을 신의 축복이라고 여기게 된 것이다.

"개신교 금욕주의, 자본 형성에 기여"

베버는 개신교, 특히 칼뱅파의 교리에 주목했다. 종교개혁가장 칼뱅은 구원받은 자와 저주받은 자의 운명이 신에 의해 미리 정해졌다는 예정설豫定說을 내세워 현세에서 어떻게 살아야 하는지에 대한 윤리 지침을 체계적으로 세웠다. 신자도 수도사처럼 엄격한 금욕 생활을 해야 한다고 가르침으로써 신앙과 윤리를 결합했다. 베버는 이런 금욕주의를 '세속적 금욕주의'라고 불렀다.

베버에 따르면 칼뱅파는 세속적인 직업 노동을 통한 부의 획득은 신의 축복이라고 여겼다. 또 지속적인 직업 노동을 금욕을 위한 최고의 수단이자 신앙의 진실성을 보여주는 증표로 삼았다. 풍요로운 하나님의 나라를 만들기 위해 사치를 배격하고 근검절약을 실천했다. "구원 가능성에 대한 불안은 금욕적인 생활을 낳고, 이런 절제와 검약이 자본 형성에 기여하게 됐다. 가난은 게으름의 결과이며 신에 대한 모독으로 여겨졌다. 개신교 신자들은 더 이상 돈 버는 일에 거리낌이 없었다. 이들은 열심히 벌어 축적한 부를 투자했다." 베버는 이를 자본주의 태동으로 보았다.

이런 개신교의 윤리가 널리 퍼지면서 기업과 상업을 통해 이윤을 추구하는 사람들은 더 이상 탐욕적이며 이기적인 자들로 여겨지지 않게 됐다. 오히려 하나님이 맡긴 일을 성실하게 해내는 사람들로 평가됐다. 베버는 "직업 노동을 통해 자본을 증식하고, 창출한 부를 또 다른 부를 창출하는 데 사용하는 개신교의 윤리와 그 윤리를 기반으로 한 생활양식이 자본주의 정신을 출현시켰다"고 강조했다.

"자본주의, 탐욕을 합리적으로 억제"

베버는 이런 관점에서 자본주의를 '탐욕' 자체와 동일시하는 기존 통념에 대해 '천진난만한 것'이라고 비판했다. 자본주의는 무제한의 탐욕을 동력으로 삼아 나아가는 체제가 아니라, 그 탐욕을 합리적으로 억제하고 조절하는 체제라는 것이 베버의 관점이다.

베버가 미국 사회학자이자 경제학자인 소스타인 베블런과

벌인 논쟁은 유명하다. 베블런이 자본주의를 착취의 대표적 사례라고 하자, 베버는 "자본주의 정신이야말로 약탈을 막고 건전한 소비생활을 촉진시킨다"고 반박했다.

주목되는 점은 베버가 자본주의의 장래를 걱정했다는 것이다. 자본주의가 발전할수록 세속화하면서 금욕주의를 비롯한 개신교 윤리의 퇴색과 기업의 관료화를 불러올 것이라고 우려했다. 그는 "이는 결국 자본주의의 활력을 떨어뜨릴 것"이라고 전망했다.

베버의 이 책은 격렬한 논쟁을 불러일으켰다. 비판론자들은 "종교의 영향력을 지나치게 과장했다"며 베버를 관념론적인 결정론자라고 화살을 날렸다. 논쟁은 근래에도 이어졌다. 대런 애쓰모글루와 제임스 로빈슨은 『국가는 왜 실패하는가*Why Nations Fail*』에서 "번영을 좌우하는 것은 종교적 믿음, 윤리 등이 아니라 국가가 만드는 제도"라고 했다.

여러 비판에도 불구하고 이 책이 근대 자본주의 출현을 분석한 탁월한 전범典範이라는 데는 이견이 별로 없다. 특히 베버의 우수성은 자신의 견해를 풍부한 사례 등 객관적이고 과학적인 방법을 통해 설명한 데 있다. 예를 들어 당시 상공업이 발달한 국가나 도시에서 개신교 신자 비율이 다른 곳보다 높았다는 사실을 구체적인 통계자료를 제시해 증명했다. 이 때문에 베버는 그때까지 일반적인 학문 영역에서 분화되지 않았던 사회학을 창시한 사상가로 평가받고 있다.

화려한 약속, 우울한 성과

밀턴 프리드먼

"착한 정부보다 나쁜 시장이 더 낫다"

김태철

"약자들을 위한다는 정부의 '화려한 약속'은 좋은 의도와는
달리 '우울한 성과'만을 낳을 뿐이다. 약자들을 더욱 고통스러
운 상황에 직면하게 만들기 때문이다."

20세기 자본주의 국가의 경제정책은 두 경제학자를 중심으
로 설명된다. 존 메이너드 케인스와 밀턴 프리드먼이다. 1929
년 미국 대공황 이후 1960년대까지 세계 경제학계는 케인스 학
파의 시대였다. 케인스는 불황을 극복하고 완전고용을 실현하
기 위해서는 소비와 투자, 즉 유효 수요를 확대하기 위한 정부
지출이 필요하다고 주장했다. 반면 신자유주의 학파로 불리는
시카고 학파의 거두巨頭 프리드먼은 자유시장을 지지하며 정부
역할이 최소화돼야 한다고 강조했다. 가격 통제, 규제 등 정부
의 시장 개입 부작용이 크게 부각된 1970년대 이후 프리드먼으
로 대표되는 시카고 학파가 주목받았다.

약자를 위기로 내모는 '선한 정책'

미제스에서 하이에크로 이어지는 오스트리아 학파의 자유주의 전통을 계승한 프리드먼의 사상은 영국과 미국의 경제를 부흥시킨 대처리즘과 레이거노믹스의 이론적 토대가 됐다. 복지정책 구조조정, 공공지출 삭감, 세금 감면, 규제 완화, 공기업 민영화 등이 두 정책의 공통점이다.

프리드먼이 1982년 출간한 『화려한 약속, 우울한 성과Bright Promises Dismal Performance』는 그가 1966년부터 1982년까지 16년간 시사주간지《뉴스위크》에 연재한 칼럼 등을 엮은 책이다. 정부 역할, 가격 통제, 사회보장제도, 조세정책 등 다양한 주제를 다뤘다. 자유시장경제 수호자인 프리드먼의 사상을 쉽고 명료하게 소개하고 있다는 평가를 받고 있다.

프리드먼은 개인의 경제적 자유와 시장경제의 중요성을 일관되게 강조했다. "정부가 필요한 것은 한 사람의 자유가 다른 사람의 자유를 지키기 위해 제한돼야 하기 때문이다. 자유시장경제의 가장 큰 장점은 국부國富의 원천인 기업들을 끊임없이 자극하고 경쟁을 유도하는 것이다. 가장 낮은 비용으로 소비자의 수요를 충족시키는 제품과 서비스가 등장하는 비결이다."

그는 자유주의적 시각에서 당시 정부의 시장 개입에 대해 비판을 쏟아냈다. "정부는 선善하고 착한 의도로 시장에 개입한다고 주장한다. '착한 정부'는 '큰 정부'를 자처하기 십상이다. 소기업 등 이른바 경제적 약자를 보호하기 위해 시장에 규제를 가

한다. 가난한 사람을 위해 가격을 통제하고 복지정책을 무더기로 내놓는다. 그러나 시장이 감내할 수 있는 수준을 넘어선 최저임금 인상이 약자들의 해고로 이어지는 게 대표적이다."

프리드먼은 정부개입주의로 인한 반ळ시장 정책과 복지정책들이 가져올 폐해를 지적했다. "정부가 시장 효율을 무시하고 정의, 평등, 도덕 등 가치에 매몰되면 인기영합주의에 휩쓸리기 쉽다. 하지만 착한 정부가 다스리는 착한 국가에서도 복지 수혜자들은 행복해지기 어렵다. 이들은 자신의 '수혜 자격'이 정당하며 아직도 더 많은 혜택을 받아야 한다고 믿는다. 가난이 '청구請求 권력'이 되는 사회, 국가에 대한 의존이 당연시되는 사회에 창의력과 활력이 생길 리 없다."

프리드먼은 정부 역할과 지출을 줄이는 것이야말로 최상의 경제정책이라고 역설했다. "모두가 더 새롭고, 더 크고, 더 후한 정책이 나와야 한다고 외치지만 정부는 누군가의 희생(세금 부담) 없이는 돈을 지출할 수 없다. 개인이 잘 살고 국가가 발전하기 위해서는 자유시장경제와 작은 정부가 필수적이다. 미국 연방정부에 사하라 사막의 관리를 맡겨 보라. 5년 안에 모래가 부족해질 것이다. 선의를 가진 착한 정부도 일부 기업이 시장을 과점하는 '나쁜 시장'보다 낫다고 할 수 없다. 나쁜 시장에도 수요와 공급에 의한 가격조절 기능과 기업 간 경쟁이 작동하기 때문이다."

다시 읽는 명저

"최고의 경기부양책은 규제완화"

프리드먼은 재정 투입보다는 규제 완화가 경기 부양에 더 효과적이라고 강조했다. "경기를 살리려면 규제를 과감히 없애고 기업 투자 여건을 향상시켜 일자리를 창출하는 게 중요하다. 대다수 정부는 조급함에 빠져 재정 투입으로 일자리를 늘리려 한다. 시장의 효율성과 복원력을 믿지 못해 섣부르게 시장에 개입한다. 정부의 시장 개입은 '샤워실의 바보(온수를 틀었다가 뜨거우면 냉수를 틀고, 차다고 다시 온수를 트는 등 오락가락 행보)'가 되는 길이다."

프리드먼은 '각자 능력에 따라 일하고, 필요에 따라 가진다'는 사회주의 구호의 허구성도 지적했다. "마르크스와 레닌 추종자들은 민중을 억압에서 해방시키는 사회주의가 개인의 자유와 번영을 증진시킬 것이라고 주장했다. 하지만 우리는 소련과 중화인민공화국의 상황이 어땠는지 잘 알고 있다. 자본주의가 물질적으로 풍요롭지만 정신적으로 빈곤하다는 비판도 잘못된 것이다. 문학, 예술, 건축, 과학의 눈부신 발전은 모두 개인 성취의 산물이었다. 개인의 자유로운 영업 활동과 창작이 보장됐던 르네상스가 인류 문화 발전을 이끈 것은 무엇을 의미하는가."

대공황, 1929~1933년

밀턴 프리드먼 · 안나 슈워츠

"큰 불황은 중앙은행의 실기·무지가 초래"

백광엽

"대공황에 관해 당신들이 옳았습니다. 그간 우리의 잘못에 유감을 표시하며, 다시는 그런 실수를 반복하지 않겠습니다."

미국 중앙은행^{Fed} 의장을 지낸 벤 버냉키가 Fed 이사였던 2002년 11월 시카고대에서 열린 콘퍼런스에서 『대공황, 1929~1933년$^{Great\ Contraction,\ 1929-1933}$』의 공동저자 밀턴 프리드먼$^{Milton\ Friedman}$과 안나 J. 슈워츠$^{Anna\ J.\ Schwartz}$에게 바친 헌사다. Fed가 '통화 감축'이라는 부실대응으로 대공황 사태를 키웠다는 분석에 동조하며, 최고의 찬사를 보낸 것이다. 그로부터 3년 뒤 Fed 의장이 된 버냉키는 2008년 '글로벌 금융위기'가 닥치자 당시 다짐을 실천했다. 저자들의 분석에 기초해 '제로금리'까지 동원하는 비전통적 통화정책을 감행한 것이다.

초유의 정책에 갑론을박이 불붙었다. 버냉키 의장은 통화를 마치 공중에서 뿌려대는 듯 마구 살포한다며 '헬리콥터 벤'이라는 비아냥을 들었다. 하지만 위기가 진정됐고, 세계 경제는 정상궤도로 복귀했다. "지금까지는 성공적"이라는 평가에 토를 다는 사람은 이제 많지 않다. "현대경제학은 여전히 이 책이 제기한 문제를 중심으로 논쟁 중"(버냉키)이라고 할 만큼 아이디어와 영감이 넘치는 저작이다.

수요부족 아닌 통화축소가 공황 원인

1963년 출간된 이 책은 대공황 심층 진단을 통해 '경제 분석 틀'의 근본적인 변화를 몰고 왔다. 당시 제왕적 지위를 누리던 '케인스주의'를 골방으로 밀어내고 '통화주의'라는 새 지평을 열었다. 1929~1933년 전 세계 산업국가들이 딱히 설명하기 힘든 동반 경기침체에 맞닥뜨렸다. 불과 4년여 만에 미국 실질 국내총생산^{GDP}은 장기추세선에서 30% 이상 이탈했다. 독일·영국 등 유럽 산업국의 경제도 곤두박질쳤다. "대공황은 고장 난 통화 메커니즘에서 비롯됐고, Fed의 긴축통화 정책 탓에 심화됐다"는 게 프리드먼과 슈위츠의 결론이다. 저자들은 "통화량 긴축이 대공황을 촉발시켰다"는 가설을 세운 뒤, 광범위한 통계와 정황을 들어 꼼꼼하게 논증해 냈다. Fed가 최종대부자 역할을 하지 못해 통화 공급 위축이 가속화됐고, 이것이 총수요와 고용을 위축시켰다고 진단했다. "디플레와 은행 도산의 고통을 단축시킬 능력이 있음을 Fed가 자각하고, 그 힘을 사용했다면 사태는 완전히 달라졌을 것이다."

『대공황, 1929~1933년』은 출간 직후부터 큰 논쟁을 불렀다. "공황은 과소 소비와 유효수요 부족 때문에 발생하며, 재정 확대로 해소해야 한다"는 케인스경제학이 절대적 권위로 수용되던 시절이었기 때문이다. 저자들은 Fed의 '서투른 통화정책'을 조목조목 제시하며 직격탄을 날렸다. "통화가 감소하는 데도 신용확장 국면으로 오판하는 등 Fed는 너무 무지했다."

이 책은 실기失機하지 않는 선제적 통화정책이 작은 불황이 큰 불황으로 가는 것을 막는 핵심이라고 설명한다. "사태가 시작되려는 상황에서 돌덩어리를 멈추게 하는 데는 큰 힘이 필요하지 않다. 이를 막지 않아 발생하는 산사태는 감당하기 힘든 큰 규모가 될 수 있다."

'양적완화' 기초 된 현대경제학 교본

중앙은행의 리더십도 강조하고 있다. 대공황 당시 출범 20년이 채 안 됐던 연방준비은행은 경험도 통찰도 없었다. 사실상 중앙은행 역할을 수행했던 뉴욕연방은행의 벤저민 스트롱 총재가 대공황 발생 1년 전인 1928년 10월 갑작스레 타계하면서 리더십 공백이 나타났다. 혜안, 설득력, 용기까지 갖췄던 스트롱 총재는 영국중앙은행의 몬태규 노먼, 프랑스은행의 에밀 모로, 독일제국은행의 히알마르 샤흐트 총재 등과 글로벌 금융시장을 주도한 거물이었다. 스트롱이 사라지자 아무도 뉴욕연방은행의 지도력을 인정하지 않았다. 스트롱의 후임인 해리슨 총재는 신속한 팽창정책을 강력 지지했지만, 다른 총재들을 설득하지 못해 확장정책이 좌절되고 말았다. "국가적 차원의 책임에는 관심 없는 지역 은행들은 따로 움직였고 사회 전반에 패닉 분위기가 확산됐다."

『대공황, 1929~1933년』은 '화폐적 현상은 부차적이고, 통화정책은 무력하다'며 재정과 총수요 관리정책을 강조하는 케인스주의와 오랜 주도권 다툼의 신호탄을 쏘아 올렸다. 1970년대 스태그플레이션과 싸운 '인플레이션 파이터' 폴 볼커 Fed 의장이 가장 먼저 프리드먼과 슈워츠에게 승점을 안겼다. 볼커는 치솟은 실업률과 물가를 통화 조절로 진정시키며 통화정책의 유효성을 입증했다. 2008년 11월부터 6년간 시행된 버냉키의 '양적완화' 정책은 화룡점정 격이다. 글로벌 금융위기를 기화로 신자유주의를 비난하며 '왕좌 복귀'를 노렸던 케인지언들은 또 한 번의 좌절을 맛보고 말았다는 평가다.

이 책의 주장은 학파를 떠나 현대경제학에서 대부분 수용되고 있다. △인플레는 통화정책으로 통제가능하다 △장기적으로 인플레이션과 실업 사이의 상충관계는 없다 △정치인·의회에 휘둘리는 재정정책은 비효율적 요소가 많다 등의 명제가 대표적이다. "통화 공급은 일정률로 유지하는 게 바람직하다"는 주장에도 공감이 커지면서 각국 중앙은행의 '인플레이션 타기팅'(물가안정 목표제) 도입도 확산되고 있다.

부의 탄생

윌리엄 번스타인

"재산권 보장과 법치가 부국富國의 으뜸 조건"

홍영식

"확고한 재산권 보호와 법치주의가 장인들의 혁신 본능을 자극했고, 과학적 합리주의가 그들에게 도구를 제공했으며, 자본시장이 그들의 놀라운 발명품을 개발하고 생산할 자본을 제공했다. 수송 수단의 발달은 성장과 부富 창출의 급류를 만들었다."

미국의 투자이론가이자 경제사학자인 윌리엄 번스타인William Bernstein은 2004년 펴낸 『부의 탄생The Birth of Plenty』에서 세계 경제가 특정한 시점과 장소에서 갑자기 성장하기 시작한 이유에 대해 설명하고, 부국富國의 원천이 무엇인지 짚었다. 그에 따르면 동면冬眠 상태에 있던 세계 경제는 1820년 전후 유럽 일부 국가를 중심으로 폭발적으로 성장하기 시작했다. 왜 이 시기 특정 장소에서 그런 일이 일어났는가. 경제 성장과 발전의 원동력, 즉 부의 원천을 네 가지 요인에서 찾았다. △재산권 보장과 법

치주의 △과학적 합리주의 △활성화된 자본시장 △수송·통신
의 발달이다.

"1820년 전후 경제 폭발적 성장 시작"

번스타인은 재산권과 이를 지켜줄 법치주의가 나라의 흥망
성쇠를 결정하는 가장 중요한 요인으로 꼽았다. 권력자, 범죄자
등에 의해 자기 재산을 빼앗길 가능성이 있다면 누구도 최선을
다해 일하지 않을 게 뻔하다. 이런 문제를 해결하기 위해서는
법치주의 확립이 필수 요소라고 본 것이다. "법률에 따라 재산
보호를 명확하게 규정해야 한다. 그러지 않으면 분노와 갈등,
혼란이 난무하고 각 분야에서 생산성이 높아질 수 없으며, 국력
은 추락할 것이다."

과학적 합리주의는 자신의 생명과 재산에 대한 위험을 걱정
하지 않고 과학적이고 합리적으로 사고하며 실험할 수 있도록
보장한다. "경제적 진보는 사상의 발전과 밀접하다. 오늘날 빈
국貧國들을 생각해보자. 아프리카와 일부 아시아·중동 국가들에
서는 지적인 탐구를 하려면 국가와 종교의 힘 앞에 생명과 재산
을 걸어야 한다. 이념이나 종교적 편견 등 전前근대적 망령에서
벗어나지 못한 채 합리적 사고를 막는 나라는 결코 부국이 될 수
없다."

그는 자본시장의 중요성에 대해 "19세기 이전 사회에서는 아
무리 영리하며 야심에 찬 사람이라고 하더라도 자신의 꿈을 실

현시키는 데 필요한 대량의 자금을 충분히 끌어들일 수 없었다. 그러나 일반 대중도 참여할 수 있는 주식시장 발달 등으로 인한 풍부한 자금원源이 혁신적인 발명품을 대량생산할 수 있게 해줬다"고 지적했다. 재화와 중요한 정보를 신속하게 전달해 시장을 넓혀주는 교통·통신의 발달도 경제 성장의 원동력으로 꼽았다.

번스타인은 "부의 네 가지 요인 가운데 한 가지라도 빠지면 부국이 될 수 없다"고 했다. 물론 부의 탄생을 가져오는 네 가지 요인 가운데 일부는 1820년대 이전에도 존재했다. 그러나 네 가지 요인이 한 장소에서 동시에 나타난 것은 1820년께 영국이 처음이라는 게 그의 설명이다.

"영국에선 마그나카르타(대헌장)로 시작된 보통법의 진보가 재산권 보호를 가능케 했고, 유한책임회사를 만들어내는 등 자본시장도 발달해 있었다. 과학적 계몽주의도 확산됐다. 이런 상태에서 증기엔진 발명으로 성장의 불꽃에 기름을 부었다."

네덜란드도 경제 발전의 선두주자였다. 주변 나라에 비해 주민들이 안정된 재산권을 누리고 있었으며, 종교개혁을 통해 종교로 인한 분열을 피할 수 있었고, 낮은 이자율과 강력한 투자자 보호 덕분에 자본시장이 활성화돼 있었다. 다만 네덜란드는 1인당 기준으로는 큰 부를 가졌지만, 경쟁국에 비해 적은 인구 등으로 국력이 커나가는 데 한계가 있었다는 게 번스타인의 지적이다.

프랑스가 영국보다 근대화에 뒤진 이유는 무엇일까. "앙시앙 레짐(절대왕정 체제)' 하에서 중앙집권적인 정부 제도를 지나치게 장

기간 지속하면서 개인의 활력을 떨어뜨렸다. 정부는 생산 방식마저 일일이 규제했고, 자본은 기업보다는 안정된 수입을 제공하는 정부 국채로 향했으며, 통행세 부과로 수송 능력이 떨어졌다."

"물질 아닌 제도가 국가 번영 결정"

16~17세기 유럽 최고의 강자로 떠올랐던 스페인은 상업적 본능을 살리기보다는 정복과 약탈에 의존한 경제시스템을 유지해 자본시장 활성화를 어렵게 하는 바람에 근대화에서 밀려났다. 경제 성장의 네 가지 요인으로 짚어보면 공산주의의 쇠퇴는 당연한 결말이었다. 자유로운 사상과 사고의 발현을 억압했고, 자본의 집중을 이루지 못했으며, 자유로운 재산권 행사를 통한 사회의 활력을 기대할 수 없었다.

국가의 번영을 결정짓는 요인은 물질이 아니라 제도에 있다는 게 번스타인의 결론이다. "단지 수력 댐, 돈, 천연자원을 많이 갖고 있다고 국가가 번영하지 않는다. 번영은 제도, 즉 인간의 사고와 상호작용, 사업 활동의 틀에 관한 문제다. 개인들의 활발한 시장 참여를 가능케 하는 제도를 갖췄는지가 중요하다." 그는 민주주의와 부의 관계에 대해서도 명쾌한 결론을 내렸다.

"경제 성장이 민주주의를 촉진시킨다. 그러나 민주주의가 너무 진전되면 경제 성장에 제동이 걸린다. 포퓰리즘과 산업 보조금의 확대 등 경제적으로 비생산적인 자선적·정치적 배출구가 만들어지기 때문이다."

회사법의 경제학적 구조

프랭크 이스터브룩 · 다니엘 피셀

"회사법 목적은 기업가치의 극대화"

백광엽

기업에 대한 국가의 개입을 당연시하는 '규제주의 회사관觀'
에 빠진 사람이 적지 않다. 경영자가 전횡하면서 소액주주나 고
객을 착취한다는 생각에서다. 회사법을 통해 임금·생산·가격
을 제한하고 의결권도 규제해야 한다는 이런 부류의 주장은 회
사와 회사법에 관한 논의가 일천했던 1970년대까지 대세를 이
뤘다.

1980년대 들어 회사 본질에 대한 탐색이 본격화되면서 규제
주의적 회사관은 급속 퇴조했다. 경영자 전횡은 채권자와 주주
들이 '계약'으로, 더 중요하게는 다수 투자자로 구성된 시장 압
력만으로도 통제할 수 있다는 생각이 자리 잡았다. 회사법에 의
한 규제는 시장과 가격 메커니즘 작동을 방해해 문제를 악화시
킬 뿐이라는 연구 결과가 속속 나온 덕분이다. 프랭크 이스터브
룩Frank H. Easterbrook 미국 연방법원 판사와 법학교수 다니엘 피
셀Daniel R. Fischel이 함께 쓴 『회사법의 경제학적 구조The Economic

다시 읽는 명저

Structure of Corporate Law』는 회사와 회사법에 대한 인식 전환을 불러오고, 확산시킨 핵심 저작이다.

"개입 강조하는 회사관觀은 방향착오"

회사의 사전적 의미는 '영리를 목적으로 설립되는 법인'이다. 회사법은 형식적으로 상법 '제3편 회사' 조문들을 말하지만 실질적으로는 기업 관련 법규 일반을 통칭하는 말이다. 『회사법의 경제학적 구조』에서 내리는 정의는 좀 다르다. 저자들은 법경제학자답게 회사를 '주주와 경영자들 사이에 체결된 계약의 집합체'로 규정한다. 자연히 회사법도 '표준적인 계약조항의 모음'으로 정의된다. 합리적 계약당사자들이 완전한 정보를 갖고 있고, 계약 체결에 비용이 들지 않을 경우에 선택했을 조항들을 제시한 것이 회사법이라는 설명이다.

저자들은 회사법의 목적을 '회사 가치의 극대화'로 봤다. 좋은 회사법이 작동하면 사회적 거래비용이 최소화되고 기업 가치가 사회 전체적으로 극대화된다는 설명이다. 회사법을 해석하는 법관 역시 경영자와 주주 사이에 체결된 표준적 계약을 보충하고, 회사 가치 극대화라는 목표에 부합하는 방향으로 재판을 진행할 것을 주문했다. "모두의 부富를 증가시키는 것이 목표이며 공정을 앞세우는 것이나 가부장적 간섭은 회사법의 지향이 될 수 없다."

경영자가 회사를 지배하고 있으며 투자자는 무기력한 존재라는 전제에서 출발한 '규제주의적 회사관'은 방향 착오라는 지적도 이어진다. 주주나 투자자에게 손해를 끼치는 경영자들의 행동을 막아내는 '보이지 않지만 실재하는 손'이 작용하고 있다는 것이다. "경영진은 시장과 주주들이 원하는 지배구조, 투자, 배당에 실패 시 주가 하락을 포함한 여러 불이익이 뒤따른다는 점을 잘 인식하고 있다. 많은 급여와 직책에 딸린 특권 상실에 대한 위기감에 주주와 투자자의 이익을 우선시할 수밖에 없다."

최적 조치에 소홀한 경영자도 있겠지만 그런 기업은 시장 경쟁 과정에서 도태된다고 설명한다. 이는 경영자의 위법·부당행위를 방지하려면 금융회사의 독립성 보장과 효율적 자본시장 구축이 중요하다는 논지로 이어진다.

회사법의 대표적 특징인 '유한책임의 원칙'도 회사 가치 극대화를 위해 필수 불가결한 개념이라고 진단했다. "무한책임을 져야 한다면 다른 주주들이 재산을 은닉하지 않도록 감시하는 등의 업무에 자원을 투입해야 하는 비효율이 발생한다"는 것이다. 다른 주주의 재산이 적을수록 회사 채권자들이 유사 시 자신의 재산에 권리를 설정할 가능성이 높아질 것이고, 이는 감당하기 어려운 리스크라고 설명했다.

또 외부효과가 없을 경우 기업의 이윤은 사회 후생과 일치한다고 봤다. 회사 계약당사자가 아닌 제3자에게 비용이 발생하지 않기 때문에 기업과 주주에게 최적인 것은 사회 전체 관점에서도 최적이라고 분석했다.

다시 읽는 명저

주주에 좋은 것이 사회적으로도 최적

회사법은 적용이 강제되는 강행규정이라기보다 기업이 취사 선택할 수 있는 임의법규여야 한다는 게 이 책의 주장이다. 회사법의 기본 목적이 '표준계약서 제공'인 데다 입법자나 관료보다 경영자가 정보와 전문지식에서 우월하다는 이유를 들었다. "경영자와 투자자가 원하는 대로, 감독기관의 통제 없이 회사 지배구조를 구성하도록 사적 자치가 허용돼야 한다"는 게 저자들의 판단이다. 부정한 동기 없이 성실하게 행동하는 한 오류의 책임을 묻지 않는 '경영판단 존중의 원칙'을 법원이 견지하는 것도 회사법의 임의법규성에 대한 동의에서 비롯된다고 적었다. 따라서 "회사에 대한 규율과 강제가 필요한 경우에도 강성 규제인 법률 대신, 처벌조항이 약한 연성 규제인 가이드라인 등으로 접근하는 것이 바람직하다"고 주문했다.

미국은 50개 주가 각기 다른 회사법을 운용하는 방식으로 임의법규성을 확보했다는 게 저자들의 설명이다. 유수 기업 상당수가 자유방임으로 유명한 델라웨어주에 본사를 두는 식으로 회사법을 선택한다는 것이다. '단일 경제권'인 한국이 선진 회사법 체계 구축을 게을리 할 수 없는 이유다. 규제와 개입 위주의 회사법 체계로는 자본이 빠른 속도로 이동하는 글로벌 시대에 한국 기업들의 경쟁력을 지켜내기 힘들다.

꿀벌의 우화

버나드 맨더빌

"사치가 100만 명 먹여 살린다"

양준영

"사치는 가난뱅이 100만 명에게 일자리를 주었고, 얄미운 오
만은 또 다른 100만 명을 먹여 살렸다."

18세기 초 영국은 경제 자유가 확대되고 상업과 금융이 발전
하면서 풍요와 번영을 누렸다. 일각에서는 물질 추구, 이기심,
탐욕이 만연하고 과도한 사치와 낭비가 도덕을 파괴시켜 사회
적 분열을 초래한다는 비판의 목소리가 커져갔다. 이런 주장이
힘을 얻으면서 도덕 개혁 운동이 크게 일어났다. 그 무렵 악덕
으로 여겨지던 이기심과 사치가 오히려 번영을 가져온다고 주
장하며 도덕 개혁 운동에 찬물을 끼얹은 사람이 있었다. 네덜란
드에서 태어나 영국에서 활동한 정신과 의사이자 철학자 버나
드 맨더빌Bernard Mandevillem(1670~1733)이다.

맨더빌의 대표작 『꿀벌의 우화: 또는 개인의 악덕, 사회의 이
익The Fable of the Bees: Or Private Vices, Publick Benefits』은 자본주의 발전의

초입에서 발생하는 '돈과 도덕'의 문제를 다룬 책이다. 우화寓話 형식을 빌려 때로는 시詩로, 때로는 대화하는 방식을 통해 상업 사회의 출현으로 야기된 도덕문제를 예리하게 진단했다. 맨더 빌은 1705년 펴낸 풍자시 『투덜대는 벌집』에서 '악덕이 사라지 면 잘살던 사회도 무너진다'는 명제를 제시했다. 여기에 주석 20개를 달고 「미덕은 어디서 왔는가」라는 글을 추가해 1714년 에 출간한 책이 『꿀벌의 우화』다. 맨더빌의 핵심 주제인 '개인 의 악덕, 사회의 이익'이 여기서 처음 나온다.

"개인의 악덕이 사회의 이익"

그때만 해도 눈길을 크게 끌지는 못했다. 맨더빌이 주목받은 것은 9년 뒤인 1723년이다. 주석을 새로 달고 「사회의 본질을 찾아서」, 「자선과 자선학교」 등 두 편을 추가해 다시 펴낸 책이 관심을 끌면서 하루아침에 악명을 떨치게 됐다. 영국에서는 사 회를 어지럽힌 혐의로 고발당했고, 프랑스에서는 책을 금서로 분류해 불태우기도 했다. 맨더빌을 '인간 악마Man-Devil'로 부르 는 사람도 있었다. 맨더빌은 굴하지 않고 이듬해 반박문을 담아 다시 책을 냈고, 1729년에는 대화록 여섯 편을 담은 『꿀벌의 우 화』 제2권을 출간했다.

"그러니 불평하지 말아라. 바보들은 오로지/위대한 벌집을 정직하게 만든다고 애를 쓴다만/세상의 편리함을 누리며/전쟁 에서 이름을 떨치면서도 넉넉하게 사는 것이/커다란 악덕 없이

도 된다는 것은/머릿속에나 들어 있는 헛된 꿈나라 이야기일 뿐이다." 정신병을 연구한 맨더빌은 사람이란 감성적이므로 자연스럽게 이기심을 가질 수밖에 없다고 생각했다. 그가 주목한 것은 각자가 사익私益을 추구하는 과정에서 모두에게 이익이 되는 사회구조가 자생적으로 형성되는 현상이었다.

맨더빌은 "세상은 이기심, 탐욕, 사치 등 악덕으로 가득 차 있는데도 멀쩡하게 잘 돌아간다"고 했다. 악덕이 있더라도 세상이 잘 돌아가는 게 아니라, 오히려 바로 그 악덕 때문에 세상 사람들이 잘 먹고 잘산다는 것이다. 사회 번영은 한 개인이 아니라 수많은 사람의 재주를 통해, 수세대에 걸쳐 축적된 지혜를 통해 창출된다며 시장질서의 탁월함을 역설했다. 프리드리히 하이에크는 "맨더빌의 명작에서 나오는 생각이 진화와 자발적인 질서 형성이라는 쌍둥이 같은 생각을 현대 사상으로 바꾸는 데 결정적인 돌파구를 마련했다"고 평가했다.

자유주의 경제학 발전에 기여

맨더빌은 소비의 중요성도 강조했다. 그는 부자들의 사치가 생산과 일자리 창출을 가져오며, 사치를 막는다면 물건이 팔리지 않아 경제가 침체할 것이라고 주장했다. 오로지 저축만 미덕으로 간주하는 세상은 소비 부족으로 유지되기 어렵고, 아무리 좋은 상품이 있어도 이를 사줄 수 있는 유효수요가 없으면 경제가 제대로 돌아갈 수 없다는 것이다.

다시 읽는 명저

맨더빌은 번영의 원동력인 복잡한 분업관계도 인위적으로 만들어진 게 아니라 사익 추구 과정에서 자생적으로 생성된다고 봤다. 정부의 규제나 간섭에 대해서도 부정적인 견해를 나타냈다. 그는 "잘살고 못사는 것을 공무원과 정치인의 미덕과 양심에 의지하려는 사람들은 불행하며, 그들의 법질서는 언제까지나 불안할 것"이라고 경고했다. 정부에 의존하지 말고 스스로 삶을 개척해야 한다는 의미다.

맨더빌은 체계화된 경제이론을 갖추지는 못했지만, 그의 사상은 자유주의 경제학의 등장과 발전에 큰 기여를 했다. 개인의 이기심을 경제활동의 원천으로 본 애덤 스미스는 『국부론』에서 "우리가 식사를 할 수 있는 것은 정육점 주인, 양조장 주인, 빵집 주인의 자비심 때문이 아니라 그들 자신의 이익에 대한 관심 때문"이라고 언급했다. 스미스의 이런 사상은 맨더빌로부터 결정적인 영향을 받았다는 게 일반적 평가다.

맨더빌이 사치를 오늘날 경제학에서 쓰는 중립적 용어인 소비에 가깝게 이해한 것도 시대를 앞선 것이었다. 훗날 존 메이너드 케인스는 맨더빌의 시와 주석을 인용하면서 유효수요가 국민소득을 결정한다는 자신의 주장을 뒷받침하는 자료로 썼다. 맨더빌은 경제학자는 아니었지만 시장의 메커니즘에 대한 깊은 통찰력을 보여줬다. 300년이 지난 오늘날까지 그가 설파한 사상이 빛을 발하는 이유일 것이다.

파킨슨의 법칙

노스코트 파킨슨

"세금인상이 가능한 한 공무원 무한정 증가"

김태철

영국의 역사학자이자 경영연구자 시릴 노스코트 파킨슨Cyril Northcote Parkinson(1909~1993)은 1955년, 관료 조직의 자기 증식성增殖性을 분석한 흥미로운 이론을 발표했다. 자신의 이름을 따 '파킨슨의 법칙Parkinson's law'이라고 명명한 이 이론의 요지는 '공무원 수는 업무량과 무관하게 증가한다'(파킨슨 제1 법칙)는 것이다. 그는 2년 뒤 자신의 이론을 체계화하고 사례들을 추가해 『파킨슨의 법칙*Parkinson's Law*』을 내놨다.

파킨슨은 자신이 근무했던 영국 해군성 사례를 이론 입증의 논거로 제시했다. 1914년 62척이던 영국 주력 함정은 1928년 20척으로 67.7% 감소했고, 이 기간 해군 병력도 14만 6000명에서 10만 명으로 31.5% 줄었다. 반면 해군성 공무원은 2000명에서 3569명으로 78.4% 급증했다. 파킨슨은 이를 "영국은 공무원의 '창의적인 인력 창출' 덕분에 '웅장한 지상해군'을 건설했다"고 냉소적으로 표현했다.

공무원 수는 업무량과 무관

식민지를 관장하던 영국 식민성 사례도 이와 비슷했다. 식민성은 1935년 직원 수가 372명에 불과했지만 제2차 세계대전 이후 식민지들이 대거 독립한 1954년에는 되레 1661명으로 늘었다. 파킨슨은 두 부처의 인력 증가를 통계적으로 분석해 "공무원 수는 업무량 변화와 상관없이 해마다 평균 5.75% 증가한다"고 결론 내렸다.

파킨슨은 '부하배증部下倍增'과 '업무배증業務倍增'을 '파킨슨 제1 법칙' 원인으로 지목했다. 관리자는 승진하기 위해 부하를 늘리려고 하는 반면 경쟁자가 늘어나는 것은 바라지 않는다는 것이다. 공무원은 서로를 위해 일거리를 만들어내는 경향도 있다고 했다. "격무에 시달린다고 믿는 공무원이 '과로'를 벗어나기 위해 선택할 수 있는 방법은 대략 세 가지다. 사표를 쓰거나, 동료에게 협조를 구하거나, 잡일을 도울 부하 A와 B를 채용하는 것이다. 유사 이래 거의 모든 공무원들은 부하를 늘리는 방법을 택했다. 사표를 내면 근무 연한을 못 채워 연금을 받을 수 없고, 동료에게 도움을 요청하면 무능하다는 딱지 때문에 승진 경쟁에서 밀릴 공산이 크기 때문이다."

부하를 두 명 이상 두는 것도 매우 계산적이다. 한 명만 두면 업무를 분담해야 한다. 이는 부하가 아니라 동등한 동료를 의미한다. 따라서 '머리가 돌아가는' 상사는 반드시 부하를 두 사람이상 둬서 서로 견제하고 서열을 지키도록 한다는 것이다.

하지만 인력이 늘었다고 업무량이 줄어들지는 않는다. 파킨슨은 조직이 커질수록 왜 조직의 낭비와 비효율이 덩달아 커지는지를 구체적으로 설명했다. 그가 1950년대 후반에 제시한 '파킨슨 제2 법칙(지출은 수입만큼 증가한다)'은 정부가 세금을 계속 올릴 수 있는 동안에는 공무원 수가 무한정 늘어난다는 것을 전제로 하고 있다. "관료 조직의 자기증식으로 '과로' 문제가 해결되는 것은 아니다. 부하 A와 B는 저마다의 'A와 B'를 지속적으로 확대재생산한다. 과잉 충원된 공무원의 일은 불필요한 것이거나, 적어도 비효율적인 일이 대부분이다. 지시, 감독, 보고, 승인 등 '관리를 위한 관리'가 늘어나 공무원들도 끝없이 일에 짓눌린다."

파킨슨은 각종 정부위원회와 의회의 비효율성도 질타했다. '한 안건을 논의하는 시간은 그 안건에 포함된 예산액에 반비례한다', '회의에서 처음부터 일곱 번째 안건까지는 열심히 논의하다가 그다음부터는 쉽게 넘어간다'는 게 그의 지론이다. "위원회를 늘리는 것만큼 비효율적인 행정은 없다. 위원회가 필요하더라도 극히 소수여야 한다. 전문성과 영속성을 살리려면 5명으로 위원회를 구성하는 게 이상적이다. 5명은 모이기도 쉽고, 긴밀한 관계를 유지하면서 신속하고 효과적으로 의사결정을 내릴 수 있다. '민주적 과정'을 과시하려고 이런저런 사람들을 끌어모으면 효과적인 회의 진행이 어려워진다. 위원이 20명 안팎이면 이너서클이 구성되고 나머지 사람들은 들러리로 전락한다."

무능·질시 판치는 비대화된 조직

파킨슨은 비대화된 조직이 왜 병들어 가는지에 대해서도 설명했다. 조직이 팽창하면 급속히 관료화되게 마련이다. 이런 조직문화에서는 둔하고 고집 센 고위 간부들, 경쟁 상대에 대해 음모를 꾸미는 데 골몰하는 중간 관리자들, 체념적이거나 어리석은 하급 직원들이 늘어난다. "관료화된 조직은 인재들이 두각을 나타내는 것을 꺼린다. 간부들은 자신보다 못한 사람을 고용해 자신의 무능이 드러나는 것을 막는다. 서서히 조직 내 무능과 질시가 증가하고 보신주의가 만연해진다. 자연히 조직 전체가 무능해진다. 관료화된 조직에서는 인재들이 상사들과 동료들에게 끊임없이 견제 받아 살아남기도, 출세하기도 힘들다."

'파킨슨의 법칙'은 생산성과 무관하게 끊임없이 비대해지는 조직 속성을 일깨워준다. 비대화는 '무능과 질시'라는 치명적인 바이러스를 예외 없이 확산시키기 때문에 끊임없이 경계해야 한다. "비대화된 조직은 긍정적인 변화보다는 자리 지키기와 경쟁자 밀어내기를 위한 투서와 음모에 열중한다. 이런 상황에서 어떻게 경쟁력이 생겨날 수 있겠는가."

넥스트 소사이어티

피터 드러커

"기업의 성패는 지식근로자에 달렸다"

양준영

"다음 사회에서는 지식근로자가 지배적 집단이 될 것이다. 기업의 성공과 생존은 그 회사가 보유한 지식근로자의 성과에 점점 더 의존하게 될 것이다."

'현대 경영학의 아버지'로 평가받는 피터 드러커(1909~2005)에게 '지식근로자knowledge worker'는 일생의 화두였다. 그는 1959년 『내일의 이정표』에서 이 용어를 처음 사용한 뒤 평생에 걸쳐 저술과 강연을 통해 '지식사회'의 도래와 '지식근로자'의 등장을 설파했다.

2002년 출간된 『넥스트 소사이어티*The Next Society*』 역시 지식사회 이론의 연장선에 있다. 그는 이 책에서 '지식근로자의 시대'를 조명하는 데 그치지 않고, 다음 사회를 이끌 변화의 동력을 다각적으로 탐색했다.

드러커가 예측한 다음 사회의 특성은 지식근로자의 급부상과 제조업의 쇠퇴, 인구 구조 변화로 요약된다. 그는 다가올 사회의 진정한 자본은 돈이 아니라 지식이며, 지식근로자가 사회의 주도 세력이 될 것으로 봤다. 또 지식근로자를 자본가로 규정했다. 핵심 자원이자 생산수단인 지식과 기술을 소유한 지식근로자들이 연금기금과 투자신탁기금 투자를 통해 기업의 주주가 되고 있다는 점에 주목했다.

"진정한 자본은 돈이 아니라 지식"

드러커는 "지식사회는 상승 이동이 실질적으로, 무제한적으로 열려 있는 최초의 인간사회"라고 단언했다. 국경이 없고, 누구나 쉽게 지식을 획득할 수 있지만, 경쟁도 그만큼 치열해질 것이란 설명이다. 지식사회를 가속화할 원동력은 정보기술이다. 드러커는 전통적인 지식근로자 외에 컴퓨터 기술자, 소프트웨어 개발자 등 '지식기술자knowledge technologist'가 뚜렷하게 증가할 것으로 내다봤다.

드러커에 따르면 산업혁명을 일으킨 진정한 힘은 증기기관의 발명이 아니라 철도였다. 그는 "철도는 새로운 경제의 장을 열었을 뿐만 아니라 '심리적 지리mental geography'를 급속히 변화시켰다"며 "인류 역사상 처음으로 진정한 이동 능력을 갖게 됐고, 시야가 세계로 확대됐다"고 강조했다. 정보혁명도 컴퓨터보다는 인터넷을 통한 전자상거래의 발달이 더 큰 영향을 미쳤다고 설명한다. 그는 "컴퓨터의 등장은 수많은 프로세스를 정형화해 시간과 비용을 줄였지만 프로세스 자체는 달라진 게 없다"며 "반면 전자상거래는 경제, 시장, 산업구조, 유통, 소비계층, 직업과 노동시장 등에 심각한 변화를 가져왔다"고 분석했다. "철도가 창조한 새로운 심리적 지리가 지리적 차이를 극복했다면, 전자상거래가 창조한 심리적 지리는 거리라는 개념을 아예 없애버렸다"는 것이다. 그는 "전자상거래로 인해 단 하나의 경제, 단 하나의 시장만 존재하게 됐다"며 "기업은 전 지구적 차원에서 경쟁력을 갖춰야 한다"고 강조했다.

드러커는 제조업의 쇠퇴와 보호주의 강화도 예견했다. 산업혁명 이후 끊임없이 부와 일자리를 늘려왔던 제조업의 지위는 농업처럼 빠르게 추락할 것으로 봤다. 제조업 생산성은 높아지지만 국내총생산과 고용에서 차지하는 비중은 줄어든다는 것이다. 제조업 쇠퇴는 보호무역주의와 경제 블록화를 가속화하고, 개발도상국의 '경제 기적'은 점점 더 어려워질 것으로 내다봤다. 이미 세계 경제는 이런 길을 걷고 있다.

"CEO는 오케스트라 지휘자 역할"

인구 구조 변화는 이미 일어나고 있는 미래다. 고령 인구의 증가와 젊은 인구의 감소는 선진국이 공통으로 안고 있는 문제다. 드러커는 "인구 변화가 초래할 가장 큰 영향은 동질적 사회와 시장을 분열시킨다는 것"이라고 지적했다. 코카콜라 등을 성장시켰던 젊은 층 주도의 동질적 대량시장이 쇠퇴하고 다변화될 것이라는 얘기다. 노인 인구가 노동시장에서 중요한 역할을 수행하고, 사회의 주류 문화를 이끄는 계층도 청년층에서 노년층으로 옮겨갈 것으로 예측했다.

드러커는 지식사회에서는 '지식근로자의 생산성'이 회사의 중심적인 경영 과제로 자리 잡을 것으로 봤다. 지식근로자의 지식은 노동이 아니라 자본이기 때문이다. 드러커는 "옛 소련 경제를 몰락시킨 것은 자본의 생산성이 터무니없이 낮았기 때문"이라며 "아무도 자본의 생산성에 관심을 보이지 않았고, 자신의 일이라고 생각한 사람도 없었다"고 설명했다. 지식에 기초한 기업들 역시 자본 생산성, 즉 지식근로자의 생산성에 초점을 맞출 필요가 있다는 게 드러커의 주장이다.

다음 사회에서는 최고경영자CEO의 역할도 변화가 불가피하다. 한 명의 경영자가 모든 업무를 통합 관리하는 시스템은 불가능해졌다. 드러커는 서로 독립적이고 대등한 오케스트라 단원들을 총괄하는 지휘자와 같은 역할을 해야 한다고 봤다. 특히 지식을 부의 창출요소로 활용하는 지식근로자를 이전의 근로자 다루듯이 대해서는 안 된다고 충고한다. 지식근로자들은 자신을 '종업원'이 아니라 '전문가'로 인식하고 있기 때문이다.

드러커는 미래를 향한 기업의 CEO는 모든 변화에 주목하고 변화의 현상을 관찰하고 있어야 한다고 조언했다. 진정한 변화이고 새로운 것인가, 단순한 유행은 아닌가 항상 질문을 던지고 고민해야 한다는 것이다.

"불안하고도 급격한 변화의 시대에 조직의 경영은 기본적이고도 예측 가능한 추세에 기초하지 않으면 안 된다. 그런 기본적 추세들이 모여 다음 사회를 만들기 때문이다."

경제정책의 원리

발터 오이켄

"노조의 정책참여가 경제를 정치로 변질시킨다"

백광엽

19세기 들어 세계 경제는 비약적으로 발전했다. 자국 산업 보호를 위해 문을 걸어 잠그던 '중상주의'에서 애덤 스미스가 제안한 '자유방임의 지배'로 전환한 덕분이었다. 그러나 1873년 시작된 세계 최초의 '대불황'이 23년간 지속되자 보호주의로 회귀했고, 이는 제국주의로 이어졌다. 이후 대공황(1929년)과 세계전쟁이 덮치자 세계는 개입주의로 치달았다.

퇴조하던 자유주의를 부활시킨 주역은 자본주의 종가 영국, 미국이 아니라 독일(서독)이었다. 두 차례의 세계전쟁으로 피폐해진 독일은 1948년 화폐개혁 후 '질서자유주의'라는 이름의 새로운 실험을 시작했다. 대처와 레이건 시대인 1980년대 초에야 '신자유주의'로 회귀한 영국과 미국보다 30여 년이나 빠른 행보였다.

'라인강의 기적' 이끈 질서자유주의

독일 질서자유주의의 이론적 틀을 제공한 경제학자가 발터 오이켄Walter Eucken(1891~1950)이다. 제2차 세계대전 종전 후 정부 역할을 중시하는 케인스경제학이 득세하던 시기에 독일은 오이켄 등이 주창한 프라이부르크학파의 질서자유주의를 채택했다. 결과는 '라인강의 기적'이었다. 오이켄 사후 2년 뒤 발간된 『경제정책의 원리The Foundations of Economics』는 그의 통찰이 집대성된 경제학의 고전이다.

오이켄은 독일 경제의 '정신적 아버지'로 불린다. 질서자유주의의 핵심 명제는 "경제정책은 안정된 질서를 형성하는 것이어야 하며, 결코 시장 과정에 자의적으로 개입해서는 안 된다"는 것이다. 오이켄 등장 전 독일과 유럽에선 '강단 사회주의자' 구스타프 슈몰러Gustav Schmoller(1838~1917)로 대표되는 '역사주의 경제학'이 대세였다. 역사학파는 '모든 사회에 적용되는 보편적 이론은 존재할 수 없다'며 규제의 당위성을 역설했다. 후진국 독일을 영국 같은 산업국가로 만들려면 자유무역론이 아니라 보호무역이 필요하다는 주장이었다.

나치 경제정책에 기여한 역사주의가 나치 지배의 종료로 힘을 잃자, 독일은 오이켄에 주목했다. 『경제정책의 원리』는 강하고 제한된 정부에 의한 '질서 정책'이라는 비전을 제시한다. "시장원리를 잘 작동시키는 전제조건인 경쟁질서의 틀을 형성하고 유지하는 일에 한해 정부 개입을 허용하고, 투자 생산 소비

다시 읽는 명저

등의 '경제 과정'은 시장 자율에 맡겨야 한다."

질서자유주의는 정부가 확립해야 할 '질서의 범위'에서 고전적 자유방임주의와 구별된다. 애덤 스미스는 정부는 사법질서 하나만 확립하면 족하다고 했다. 그 외 일체의 정부규제를 없애면 하나님이 만든 효율적 시장경제질서가 형성될 것이라고 봤다. 반면 오이켄은 심각한 독점이나 특권집단의 준동에 주목하고 "사법질서뿐 아니라 경제질서도 정부가 의도적으로 만들어야 한다"고 강조했다.

정부의 역할을 강조했지만 오이켄의 방점은 어디까지나 규제 최소화에 있었다. 그는 역사적 경험으로 볼 때 정부 역할은 통화안정, 개방적 시장, 사유재산제, 계약 자유, 자기책임의 원칙 등의 유지로 제한해야 한다고 강조했다. 복지·투자·분배·고용 같은 목표를 세우고 사안별로 '시장 과정'에 개입하는 간섭주의는 빈곤과 실업이라는 치명적 결과를 초래할 것이란 설명이다.

오이켄은 자본주의와 사회주의로 경제체제를 구분하는 것을 '매우 비과학적'이라고 비판했다. 자원과 재화를 언제 어떻게, 무엇에 사용할지 계획을 세우는 주체가 '국가'냐 '가계와 기업'이냐에 따라 중앙관리경제와 교환경제(시장경제)로 분류해야 한다는 주장이다. "나치하 독일 경제와 혁명 이후 소련 경제를 포함한 사회주의 경제는 중앙관리경제라는 점에서 동일한 경제질서"라고 진단했다. 자본주의의 모순을 해결하고 사회 정의와 경제 안정을 달성하겠다는 명분을 내세우지만 '진짜 동인'은 끊임없는 권력욕이라고 꼬집었다. "내재적 모순 탓에 중앙관리경제는 지속되지 못하며, 거의 유일한 존재이유인 '평등' 달성에도 실패할 수밖에 없다."

국가 의무는 '자유의 질서' 보호

『경제정책의 원리』는 부분적·사안별로 시장에 개입하는 케인스 식 '중도 경제정책'도 작동불가능하다고 강조한다. 케인스는 투자 부족이 문제라며 적자 재정, 저금리 및 신용 확대를 처방했지만, 오이켄은 가격 동결, 환율 조작, 금리 규제 같은 미시적 규제는 '가격 기구'를 파괴하고 인플레이션을 유발할 뿐이라고 지적했다. 1960~1970년대에 세계 각국이 케인스의 총수요 확대 정책을 따르다 스태그플레이션과 맞닥뜨렸다는 점에서 그의 진단은 빛을 발한다.

오이켄은 "집단이기주의 행태를 간과하지 말라"며 민간단체를 정책 결정에 참여시키는 일의 위험도 경고했다. 기업 간 '동업 조합'이나 노동자 간 '직능 노조' 같은 민간단체가 끼면 경제는 정치 투쟁의 장으로 변질된다며 의견은 듣되 정책 결정에는 철저히 배제할 것을 주문했다. "집단은 양심이 없다. 더 정확히는 어떤 경우에도 양심의 가책을 느끼지 않는다."

이 책은 다양한 자유주의적 경제질서를 통해 세계가 발전해 왔음을 보여주는 명징한 기록으로도 읽힌다. 세계가 어디에서 와서 어디로 가고 있는지에 대해 자연스럽게 일깨워준다. "어느 한 부분이 붕괴되면 연쇄반응에 의해 자유의 질서는 급격히 훼손된다. 국가는 항상 전체 질서의 틀로서 사고하고 행동할 의무가 있다."

국민 합의의 분석

제임스 뷰캐넌 · 고든 털럭

"정부도 사적 이익 추구 … 권한남용 막아야"

양준영

『국민 합의의 분석The Calculus of Consent』은 제임스 뷰캐넌James H. Buchanan(1919~2013)과 고든 털럭Gordon Tullock(1922~2014)이 1962년 펴낸 '공공선택론'의 고전이다. 공공선택론은 정치와 정부가 어떻게 작동하는지 연구하는 데 경제학 방법론을 적용한다. 공공선택론자들은 정치인과 관료 역시 기업가와 마찬가지로 자신의 이익을 위해 행동한다고 본다. '시장 실패'보다 무서운 게 '정부 실패'라고 주장하며 주류 경제학을 흔들었다.

집단이 커지면 의사결정 비용 증가

뷰캐넌과 털럭은 1960년대부터 공공선택론을 발전시키며 작은 정부와 재정적자 축소, 규제완화 등을 주장했다. 뷰캐넌은 공공선택론과 '헌법경제학'이라는 새로운 영역을 개척한 공로로 1986년 노벨 경제학상을 수상했다. 털럭은 그의 책『지대 추구』를 통해 정부의 민간 경제 개입을 강하게 비판했다.

『국민 합의의 분석』은 집단 의사결정 규칙의 문제를 다룬 책이다. 저자들은 헌법을 사회 구성원 간 합리적 선택의 산물로 인식했다. '동의'에 이르는 정치적 의사결정 과정을 '방법론적 개인주의' 입장에서 경제학적으로 분석했다. 정부의 비효율을 해결하기 위한 대안으로 헌법 체계의 근본적 개혁을 주장했다.

저자들은 공공선택을 '헌법적 선택'과 '헌법 이후 일상적 정치'로 구별해 새로운 관점에서 진단했다. 헌법적 선택은 게임의 규칙을 설정하는 것이며, 일상적 정치는 그 규칙 안에서 다양한 전략을 구사하는 것이다. 정치적 헌법도 마찬가지 원칙이 적용된다는 게 저자들의 견해다. 과반, 3분의 2, 만장일치 등 여러 규칙 가운데 과반을 선택하는 것과 과반 규칙 아래에서 정치인들이 자신의 이익을 극대화하기 위해 전략을 택하는 것은 다르다는 설명이다.

뷰캐넌과 털럭은 헌법적 선택 단계에서는 참여자들의 직접적인 자기 이익이 결여돼 있기 때문에 만장일치 합의가 가능하다고 봤다. "자신들이 불리한 결정을 수용해야 할지라도 그것이 장기적으로는 이로운 '거래'나 '교환'이 될 것임을 알기 때문"이라는 것이다. 경제적 교환에서 당사자들의 이익이 충돌하지만 만장일치에 도달하고 계약이 이뤄지는 방식이 정치적 관계에도 적용될 수 있다고 봤다. 반면 전략 선택 단계에서는 자기 이익이 모습을 드러내 첨예하게 대립한다고 설명했다.

두 사람이 집합적 행동을 분석하기 위해 채택한 것은 '비용

접근법'이다. 집단적 의사결정 과정에는 두 가지 종류의 사회적 비용이 있다. 다른 사람의 행동 결과로 개인이 감수해야 하는 '외부비용'과 다수의 동의를 얻기 위해 노력하는 과정에서 발생할 것으로 예상되는 '의사결정 비용'이다. 외부비용은 과반, 3분의 2, 만장일치에 가까이 갈수록 적어지는 반면 의사결정 비용은 동의에 필요한 집단이 커질수록 늘어난다.

합리적 개인은 제도적·헌법적 변경의 문제를 고찰할 때 두 비용을 합친 상호의존 비용을 최소화하는 규칙을 선택한다고 저자들은 분석했다. 어떤 의사결정 규칙이 사용되느냐에 따라 상호의존 비용이 달라지는 만큼 안건에 따라 적정 의사결정 규칙이 달라야 한다고 강조했다.

큰 국가 일수록 시장에 더 많이 의존해야

저자들은 "단순 과반수 규칙을 신성시할 아무런 근거가 없다"고 역설했다. "소수파가 다수파보다 특정 쟁점에 더욱 강한 선호를 갖고 있다면 만장일치 미만의 어떤 규칙도 손해를 낳는 정책을 초래한다"고 지적했다. 과반수 규칙이란 광범위한 합의를 얻는 데 비용이 너무 많이 들기 때문에 어쩔 수 없이 선택하는 규칙일 뿐이라는 얘기다. 가령 특정 소유주가 원한다는 이유로 정부가 토지 용도를 변경한다면, 인근 토지 소유주의 거의 만장일치 합의를 얻는 게 필요할 수도 있다. 재산권이 걸린 집단 의사결정의 경우 개인들이 의사결정 비용을 기꺼이 감당할 가능성이 있다는 것이다. 저자들은 많은 정치적 문제의 경우 만장일치에서 크게 벗어나지 않는 가중 다수결 규칙이 단순 과반수 규칙보다 바람직하다고 주장했다.

의사결정 비용이 정치적 집단의 크기를 결정하는 데도 중요하다고 저자들은 설명했다. 어떤 규칙 아래서든 결정을 조직하는 예상 비용은 큰 단위보다 작은 단위에서 더 적다는 것이다. 또 집합적 활동의 조직이 효과적으로 분권화될 수 있다면 이는 정치 과정에 시장적 대안을 도입하는 한 가지 수단이 될 수 있다고 봤다.

저자들은 정부 역시 유권자나 정치인처럼 사익을 추구하는 존재라고 진단하고, 정부가 커지는 것을 억제하는 방향으로 제도를 정비해야 한다고 주장했다. 중앙정부의 비대화를 방지하고 권한을 나눠 갖는 연방제나 양원제가 더 나은 결과를 가져온다는 설명이다. 지방자치단체들이 서로 경쟁하게 하는 것이 바람직하다고 강조했다. "집단이 커질수록 의사결정 비용이 증가한다. 집합적으로 수행되는 활동들의 집합은 그 크기가 더욱 작아져야 한다. 큰 국가일수록 시장에 더 많이 의존해야 한다."

권력이동

앨빈 토플러

"전세계 권력투쟁의 핵심은 지식의 장악"

양준영

"지식의 장악이야말로 인류의 모든 조직체에서 전개될 전 세
계적 권력투쟁에서 핵심 문제다. 앞으로의 권력투쟁은 더욱
더 지식의 배분과 접근기회를 둘러싼 투쟁으로 바뀌어갈 것
이다."

미래학자 앨빈 토플러Alvin Toffler(1928~2016)가 1990년 펴낸『권
력이동*Powershift*』은『미래 쇼크*Future Shock*』(1970년),『제3물결*The Third
Wave*』(1980년)에 이은 미래학 3부작의 완결편이다. 10년 주기로
출간한 세 책에서 '변화'를 공통 주제로 삼으면서도 각기 다른
렌즈로 현실을 들여다봤다.『미래 쇼크』가 변화의 '과정'에 주
목했다면『제3물결』은 변화의 '방향'에 초점을 맞췄다.『권력이
동』은 미래의 변화를 누가 주도할 것인가 하는 변화의 '통제'를
다뤘다.

"폭력·富→지식으로 권력 본질적 변화"

토플러는 농업사회(제1물결)에서 산업사회(제2물결), 정보사회(제3물결)로 옮겨가면서 권력이 이동하는 현상을 탐구했다. 특히 단순한 '권력의 이동power shift'이 아니라 권력 본질 자체의 심층적 변화인 '권력이동powershift'에 주목했다. 토플러는 권력의 본질이 변하는 것은 '새로운 부富의 창출체제'에서 비롯되며, 그 힘의 정체가 지식이라고 강조했다. 데이터·아이디어·상징체계가 즉시 전달되는 '초超기호경제super-symbolic economy'가 낡은 '공장 굴뚝smokestack경제'와 충돌하면서 권력의 원천인 '물리력(폭력)·부·지식'의 급진적 변화를 야기했다는 것이다. 사회를 통제하는 힘은 물리력과 부에서 지식으로 옮겨가고 있다. 지식은 원자재·노동·시간·장소 및 자본의 필요를 감소시켜 선진경제의 중심적 자원이 되고 있다. 지식의 가치가 급상승하면서 지식을 장악하기 위한 투쟁이 세계적으로 펼쳐지고 있다는 게 토플러의 진단이었다.

정보화 혁명 이후 권력이동은 각 분야에서 나타나고 있다. 지식이 재분배되면서 지식에 기초한 권력도 재분배되고 있다. 과거 의사들은 지식을 독점하면서 환자에게 절대적 권위를 가졌지만 오늘날 의료정보 접근이 쉬워지면서 권좌에서 밀려났다. 기업 내부에서도 종업원들이 경영층이 독점하던 지식에 접근할 수 있게 됐다. 더 중요한 것은 근육노동이 아니라 정신에 기초해 부를 창출하는 새로운 체제가 등장했다는 점이다. 프롤레타리아(무산계급)는 갈수록 코그니타리아cognitariat(지식과 두뇌에 바탕을 둔 유식계급)가 돼갔다. 지식근로자를 대체하기가 어려워지면서 근로자의 교섭력도 커졌다는 게 토플러의 설명이다. "물리력과 부는 강자와 부자의 소유물이었지만, 지식은 약자와 가난한 자도 소유할 수 있다. 이것이야말로 지식이 갖는 진정으로 혁명적인 특징이다."

토플러는 금융과 미디어에서의 권력이동도 예견했다. 농업사회의 실물, 산업사회의 지폐에 이어 정보사회에서는 유사화폐가 출현할 것으로 봤다. TV와 컴퓨터 기술이 결합하면 시청자들이 '마음대로 영상을 개조하게 될 것'이라고 예측했다. 오늘날 암호화폐가 등장해 기존 금융체제를 위협하고, 유튜브 등 1인 미디어가 발달한 것을 보면 토플러의 통찰에 놀라지 않을 수 없다.

기업과 일상생활에서 권력의 붕괴가 가속화하는 것과 함께 범세계적인 권력구조도 와해됐다. 제2차 세계대전 이후 양대 초강대국이 거인처럼 지구 위를 활보했지만, 소련 권력의 위축으로 균형 유지는 끝났다. 토플러는 공장굴뚝경제의 쇠퇴와 초기호경제의 등장이라는 변화 속에서 사회주의자들이 신봉하는 세 가지 기둥인 '소유, 중앙계획, 하드웨어의 지나친 강조'는 힘을 잃을 수밖에 없었다고 진단했다. 국유기업들은 지식이 부를 창출한다는 혁명적 사실을 받아들이지 못했고, 중앙계획경제는 높은 수준의 정보와 경제적 복잡성을 통제하지 못했다. 사회주의자들이 공장굴뚝 산업에 치중하고 정신노동을 경시하면서 소프트웨어와 무형자산을 1차적 원료로 삼는 신新경제에 대비하지 못했다고 지적했다. 토플러는 "사회주의의 미래와의 충돌은 치명적이었다"며 "어떤 국가라도 지식을 볼모로 삼으면 그 시민들을 과거의 악몽 속에 묶어두게 될 것"이라고 경고했다.

"전체주의적 통제는 경제 질식시켜"

토플러는 "각국이 선진적인 초기호경제로 이행하면서 보다 많은 수평적 자율규제와 보다 적은 하향식 통제가 필요하다"고 강조했다. 전체주의적 통제는 경제발전을 질식시킨다는 얘기다. 그는 "소련 등 여러 나라의 위기가 보여주는 바와 같이 국민과 경제를 과잉통제하고자 하는 나라는 결국 국가가 추구하는 질서 자체를 파괴하게 된다"며 "간섭을 적게 하는 국가가 가장 많은 것을 성취하고, 그 과정에서 자신의 권력을 고양시키게 될 것"이라고 했다.

지식의 시대에도 폭력과 부라는 권력 요소들이 완전히 사라지는 것은 아니다. 국가는 결코 대포를 포기하지 않을 것이고, 부는 앞으로도 계속 가공할 만한 권력의 수단이 될 것이다. 그러나 토플러는 권력의 역사상 중요한 한 가지 변화를 목격하고 있는 것도 사실이라고 강조했다. 최고급 권력의 원천인 지식이 시시각각으로 그 중요성을 더해가고 있는 현실 말이다. "권력이동은 사회가 미래와의 충돌을 향해 달려감에 따라 폭력·부·지식 간의 관계에서 일어나는 숨겨진 이동이다."

초우량 기업의 조건

톰 피터스

"계획보다 실행하고, 생각보다 실천하라"

양준영

"경영에서 전문성은 흔히 냉철한 합리주의와 동의어로 간주
된다. 수치와 정량적 지표 등 합리주의적 접근 방법은 경영대
학원이 가르치는 내용의 주를 이룬다. 하지만 이것만으로 초
우량 기업의 탁월함을 설명할 수는 없다."

미국의 저명한 경영학자인 톰 피터스Tom Peters가 로버트 워
터맨Robert Waterman과 함께 1982년 펴낸 『초우량 기업의 조건
In Search of Excellence』은 이 같은 문제의식에서 출발했다. 당시만
해도 미국 주류 경영학과 일선 기업의 경영기법은 거대한 전
략과 합리주의적 분석에 입각해 기업 활동을 계량화하는 데
매몰돼 있었다. 모든 것을 수치로 계산하고 이를 토대로 전략
과 시스템을 세우는 것이 바람직한 결과를 도출할 수 있다고
봤다.

그러나 1970년대 발생한 두 번의 오일쇼크와 이에 따른 미국

경제의 불황, 그리고 일본 기업의 승승장구는 더 이상 분석적이고 계량적인 모델만으로는 경영 문제를 해결할 수 없다는 근본적 회의를 불러일으켰다. 피터스는 "사람과 조직은 그리 합리적이지 않고, 우리가 존재하는 세계는 혼란스럽고 모호한 것들로 가득 차 있다"며 "합리주의에만 의존하거나 숫자가 경영의 모든 것을 말해준다는 생각은 잘못됐다"고 했다.

자율성 부여해 끝없이 시도하게 해야

피터스는 초우량 기업을 만드는 핵심은 전략, 조직구조, 시스템보다 사람, 문화, 자율성, 창의성, 공유가치 등 눈에 보이지 않는 요소들이라고 강조했다. 경영의 본질은 하드hard한 것보다 소프트soft한 것이라는 주장이었다. 기존 경영이론에 반기를 든 이 책이 몰고 온 반향은 대단했다. 4년 만에 300만 부가 팔렸고, 경영전문지 《포브스》의 20년(1981~2000년)간 '가장 영향력 있는 경영서' 1위로 뽑히며 20세기를 대표하는 경영서 반열에 올랐다.

이 책은 1961년부터 1980년까지 높은 성장률과 수익률을 달성한 43개 미국 기업의 사례를 심층 분석해 경쟁력의 DNA를 도출한 내용을 담고 있다. 분석 기업 중 일부는 다른 기업에 인수되거나 쇠락의 길을 걸었지만 HP, IBM, 인텔, 맥도날드, 디즈니, 보잉, 3M 등 여전히 세계를 호령하는 기업이 다수 포함돼 있다.

피터스가 초우량 기업에서 찾아낸 여덟 가지 특징은 △실행 중시 △고객과의 밀착 △자율성과 기업가 정신 △사람을 통한 생산성 향상 △가치에 근거한 실천 △핵심 사업에 집중 △단순한 조직과 작은 본사 지향 △엄격함과 온건함의 겸비다. 그는 말보다 행동을 앞세우는 '실행 지향성'이야말로 초우량 기업의 가장 뚜렷한 특성이라고 강조했다. 성공한 많은 기업이 '먼저 실행하고 뒤에 생각하라'를 경영의 핵심으로 삼고, 실험을 장려하고 있다는 것이다. 이런 특성에 걸맞게 조직의 규모도 작고, 구조도 훨씬 단순하다고 설명했다. P&G의 한 장짜리 기획서가 대표적이다. 보고서를 작성하는 데 시간을 낭비하지 말고 바로 행동에 옮기라는 게 핵심이다. 피터스는 "보고서더미 속에 파묻히면 아이디어는 생명력을 잃고, 위원회와 프로젝트팀이 많아지면 서로 얽혀 창의성을 질식시키고 실행을 방해한다"고 했다.

자율성과 기업가 정신도 초우량 기업과 일반 기업을 차별화하는 대목이다. 피터스는 다수의 대기업이 자신의 성장을 가능케 했던 혁신 능력을 점점 잃어가는 데 비해 초우량 기업은 대기업의 능력을 갖추고 있으면서 동시에 소규모 기업처럼 행동한다고 분석했다. 강한 의욕을 갖고 목표 달성을 위해 돌진하는 '챔피언'들을 다수 보유한 것도 초우량 기업의 강점이다. 구성원에게 충분한 자율성을 부여해 기업가 정신을 발휘할 수 있도록 한다.

"고객 밀착하고 현장 목소리 들어라"

실패에 대한 관대함도 두드러진 특징이다. 피터스는 "'안타'를 많이 치기 위해서는 '타석'에 오르는 횟수를 늘리는 것이 가장 확실한 방법"이라며 "초우량 기업들은 미래 챔피언들에게 적극적으로 자신들이 좋아하는 일을 할 수 있는 기회를 경쟁사보다 더 많이 제공한다"고 했다.

개인에 대한 존중도 중요한 요소다. 생산성을 높이고 수익을 얻기를 원한다면 직원을 가장 중요한 자산으로 대우하라는 것이다. 그렇다고 응석을 받아주라는 게 아니다. 초우량 기업은 직원 스스로 자신의 운명을 결정하고 목적의식을 갖도록 유도한다. 직원들이 업무에 기여할 수 있도록 자율성을 부여한다. 많은 경영자들이 '사람을 중요시한다'고 하지만 강도와 조직 내 침투성에서 차이를 보인다고 피터스는 지적했다.

피터스는 "경영자가 '단순한 조직'과 '작은 본사'를 지향하라"고 강조했다. 조직 구조가 복잡해지면 관료주의가 생겨날 가능성이 높다는 점을 지적한 것이다. 숫자와 보고서에 의존하지 말고 현장과 고객의 목소리를 기반으로 하여 의사결정을 내려야 한다고 조언했다. 기업의 원칙적인 방향에는 엄격하지만, 개인의 자율성은 최대한 보장해야 한다고 강조했다.

피터스가 제시한 초우량 기업의 특징은 금과옥조로 삼을 만한 내용이지만 현시점에서는 그리 신선하게 다가오지 않을 수도 있다. 하지만 30년 넘게 기업 경영에 영향력을 발휘한 것을 보면 여전히 불변의 원칙이며, 미래에도 유효한 경영 원칙임에 틀림없다. 중요한 것은 실천이다. "초우량 기업은 평범한 기업이 하지 않는 일을 하는 것이 아니다. 평범한 기업도 하고 있는 일을 탁월하게 하고 있을 뿐이다."

비즈니스@생각의 속도

빌 게이츠

"정보 흐름은 '생명줄' … 나쁜 소식도 빨리 퍼져야"

양준영

20년 전 새 밀레니엄을 앞둔 지구촌의 최고 화두 중 하나는 인터넷이었다. 불의 발견, 증기기관과 전기의 발명 이래 인류 최대의 발명으로 평가되는 인터넷이 세상을 바꿀 것이라는 예측이 쏟아졌다. 마이크로소프트 창업자 빌 게이츠Bill Gates가 1999년 펴낸 『비즈니스@생각의 속도Business@the Speed of Thought』는 이런 사회 분위기 속에서 세계적인 베스트셀러가 됐다. 게이츠는 이 책에서 인터넷 확산으로 일어날 디지털 기술문명 시대의 혁명적 변화를 조망하고, 정보기술 혁신이 비즈니스, 나아가 경제·사회 전반에 미칠 영향을 분석해 주목받았다.

그는 인터넷이 바꿀 패러다임 변화를 믿음 자체가 바뀐 '종교 혁명'에 비유하며 기업 경영에서도 종래의 속도 개념이 파괴될 것이라고 전망했다. "1980년대가 질質의 시대요, 1990년대가 리엔지니어링의 시대였다면, 2000년대는 속도의 시대가 될 것"이라며 "정보를 어떻게 수집하고, 관리하며, 활용하는가에 따라 사업의 성패가 좌우될 것"이라고 예견했다.

정보 공유·전달 속도가 기업 성패 좌우

게이츠가 제시한 핵심 키워드는 '디지털 신경망digital nervous system'이다. 디지털 시대의 기업을 인체의 신경계에 비춰 고찰하고, 신경망처럼 퍼진 디지털의 발전과 정보 전달 속도가 기업 경쟁력의 척도가 될 것이라고 강조했다. 유능한 직원과 탁월한 제품, 안정적 재무구조 등을 갖췄다 해도 프로세스를 능률화하고 사업 운영을 개선하려면 정보가 빠르게 흐르도록 하는 것이 필수라고 봤다. "정보의 흐름은 기업의 생명줄"이라고 한 배경이다.

게이츠는 디지털 신경망이 구축되면 정보가 마치 인간의 사고활동처럼 조직 전체로 신속하고 자연스럽게 전달되고, 여러 팀이 한 사람처럼 문제 해결을 위해 협력할 수 있게 된다고 설명했다. 광속光速보다 빠른 '생각의 속도'로 비즈니스를 운영하는 것이 가능해진다는 얘기다.

게이츠는 기업 내 정보의 개방과 공유의 중요성을 역설했다. 회사 중역뿐만 아니라 중간관리자와 일선 직원까지 전반적인 업무자료를 볼 수 있어야 한다는 것이다. 나쁜 소식도 빨리 퍼져야 한다고 강조했다. 유능한 경영진이 갖춰야 할 자질 가운데 하나는 나쁜 소식을 피하지 않고 정면으로 대처하는 결단력이라고 했다. 직원들이 얼마나 신속하게 나쁜 소식을 찾아내고,

다시 읽는 명저

그에 대처하느냐가 디지털 신경망을 평가하는 중요한 척도라는 것이다. 특히 소비자의 불만을 제품과 서비스 질을 개선하는 가장 중요한 자원으로 활용해야 한다고 했다.

게이츠는 비행기 조종사들이 "훌륭한 착륙은 훌륭한 진입의 결과"라고 말하는 것처럼 "훌륭한 회의는 훌륭한 준비의 결과"라고 했다. 회의가 정보를 전달하는 자리로 이용돼서는 안 되며, 건전한 제안과 의미 있는 논쟁의 경연장이 돼야 한다는 설명이다. 이메일 등을 활용해 회의 효율성을 높여야 한다고 했다.

디지털 신경망 구축해 '기업 IQ' 높여야

게이츠는 스마트 시스템 도입이 '기업 IQ'를 높이는 지름길이라고 봤다. 디지털 신경망이 직원 개개인의 능력을 끌어올리고, 그들의 탁월함을 바탕으로 조직의 지능을 향상시킬 수 있다는 것이다. 일상적인 업무를 소프트웨어로 처리하면 근로자들은 보다 창의적인 일에 정열을 쏟을 수 있게 된다.

기업 IQ가 높다는 것은 회사 내에 똑똑한 사람이 많다는 의미가 아니다. 회사 내에서 얼마나 쉽게 폭넓은 정보 공유가 이뤄지는지, 또 직원들이 서로의 아이디어를 얼마나 잘 활용하는지를 나타내는 척도다. 궁극적인 목표는 조직 전체로부터 최고의 아이디어를 이끌어내는 것이다. 게이츠는 "아는 것이 힘이다"란 말에서 '힘'은 지식을 보유하는 데서 오는 것이 아니라 공유하는 데서 온다고 설명했다. 특히 인간의 사고력과 협동이 컴퓨터 기술에 의해 의미 있게 보조될 때 정적인 데이터가 '동적인 정보'로 가치를 발휘한다고 했다.

컴퓨터 운영체제OS 윈도Window를 개발해 사무자동화 혁명을 일으킨 게이츠는 인터넷 등 기술 발전에 대해 잘 이해하고 있었고, 미래에 대한 통찰 또한 탁월했다. 세상은 그가 20여 년 전 예견한 대로 흘러왔다. 이 책에서 언급한 스마트폰을 비롯해 가격비교 사이트, 인터넷 결제, 인공지능AI 비서, 소셜미디어, 맞춤형 광고 등 미래 기술은 대부분 현실화됐다.

4차 산업혁명과 모바일 혁명의 한복판에 있는 우리에게 "빠른 속도로 대처하지 않으면 몰락한다"는 게이츠의 메시지는 설득력 있게 다가온다.

"우리가 변화에 반발해 변화가 우리를 압도하게 놔둔다면, 우리는 변화를 부정적으로 인식하게 될 것이다. 그러나 변화에 순응하고, 변화를 포용한다면 예기치 못했던 아이디어도 고무적인 생각이 될 수 있다."

자유헌정론

프리드리히 하이에크

"국가의 경제활동 통제는 자유에 대한 커다란 위협"

양준영

"경제활동의 지나치게 많은 부분이 국가의 직접적인 통제에
예속되면 자유에 대한 실질적인 위협이 될 수 있다."

오스트리아 출신 경제학자이자 정치철학자인 프리드리히 하
이에크Friedrich A. Hayek(1899~1992)가 1960년 출간한 『자유헌정론
The Constitution of Liberty』은 19세기 고전적 자유주의의 이상을 20세
기 시각에서 재천명한 저작이다.

하이에크는 존 스튜어트 밀의 계승자적 위치에서 한 발 더
나아가 고유의 이상적 자유주의론을 확립했다. 이 책을 펴냈을
당시엔 전 세계에 사회주의와 복지국가의 이상이 휘몰아쳤다.
서구문명의 성공을 가능케 한 자유의 가치가 쇠퇴해가던 시기
하이에크는 "자유야말로 모든 도덕적 가치의 원천"임을 주창하
며 그 전통의 복원을 모색했다.

하이에크가 이 책에서 주목한 자유는 타인의 강제가 없는 상

태인 '개인적 자유'다. '정치적 자유', '집단적 자유'와 구별되는 개념이다. 개인적 자유를 문화적 진화의 산물로 본 하이에크는 자유가 필요한 이유를 '무지無知'라는 인간 본성에서 찾았다. 인간이 전지전능하다면 지식을 습득하고 새로운 지식을 창출할 필요가 없겠지만, 현실은 그렇지 않다. 문명의 발전 과정은 확실성이 아니라 우연과 개연성에 대처한, 무지라는 근원적 사실에 대한 적응의 결과라고 봤다. 자유가 발전과 진화의 원동력으로 작용해 문명의 진보를 가능케 했다는 설명이다.

자생적 질서가 시장경제 발전 이뤄

하이에크는 개인들이 자발적으로 상호 작용함으로써 확립되는 '자생적 질서'가 존재한다고 봤다. 정부가 나서 사회를 계획할 수 있다는 사고가 일반적이던 시절, 하이에크는 개인 행위의 자발적 상호 조정이 시장을 통해 효율적으로 이뤄지는 시장경제의 중요성을 강조한 것이다.

자유에 대한 유일한 침해는 타인의 강제라고 했다. 하이에크는 "강제는 스스로 생각하거나 평가할 수 없도록 하고, 타인의 목적 달성을 위한 도구로 만들기 때문에 해악"이라고 주장했다. 국가의 강제는 최소화돼야 하며 일반준칙으로 제한함으로써 개인이 예측 가능한 상태에서 자유를 행사할 수 있도록 해야 한다고 지적했다. 그는 "자유에 대한 가장 커다란 위험은 자기들이 공공선이라고 간주하는 것에만 몰두하는 유능한 전문 행

다시 읽는 명저

정가들에게서 나온다"며 "정부 권력의 개입은 그것이 피할 수 없고, 예측 불가능한 경우에 가장 파괴적"이라고 지적했다.

그렇다고 자유가 어떤 제한도 받지 않아야 한다는 얘기는 아니다. 자유와 책임은 분리될 수 없다는 게 그의 견해다. 다만 책임이 효율적이기 위해서는 명백하고 제한적이어야 한다. 또한 자유는 법과 불가분의 관계를 갖고 있다. 하이에크는 국가의 역할이 '법의 지배'를 유지하는 데 있다고 봤다. 자유로운 사회를 이루려면 타인의 자유를 침해하지 않는 한도 내에서만 자유가 보장될 수 있기 때문이다. 그러나 모든 형태의 법이 자유를 보장하는 것은 아니다. 누구에게나 동일하게 적용돼야 하고, 확실해야 하며, 그 적용이 동일한 사람이나 기구에 맡겨져서는 안된다고 했다.

"민주주의가 꼭 자유를 보장하지 않아"

하이에크는 현대 민주주의 제도가 지닌 문제점도 비판했다. 민주주의가 개인의 자유를 지켜주기는커녕 이를 유린하는 도구로 전락했다는 지적이다. 자유주의는 통치의 범위와 목적에 관한 원칙인 반면 민주주의는 다수의 지배라는 통치 방식이다. 자유주의는 전체주의, 민주주의는 전제주의와 맞서는 개념이다. 교조적 민주주의자는 다수결로 많은 쟁점이 결정되는 것이 바람직하다고 보지만, 자유주의자는 그렇게 결정될 사안의 범위에 한계가 있다고 믿는다. 하이에크는 "민주주의가 특정한 목적을 달성하는 최상의 방법일 수 있지만, 그 자체가 목적은 아니다"고 주장했다. "민주주의에서 권리는 다수가 규정하는 바대로다"라는 주장이 제기될 때 민주주의는 '선동정치'로 전락한다고 경고했다.

하이에크는 사회주의의 변형으로 등장한 복지국가에 대해서도 비판의 칼날을 들이댔다. 농업인구의 특정 구성원을 보존하려는 시도에 대해서는 "그들을 정부의 영속적 피후견자로, 또 인구의 나머지에 기식하는 연금생활자로 변화시키고 그들의 생활을 계속해서 정치적 결정에 의존하도록 만들었다"고 지적했다. 서유럽 국가에서 이뤄진 땅값 규제 조치에 대해서는 개인 생활이 당국의 재량적 결정에 종속되는 결과를 낳았다고 비판했다. 경제적 자유가 위협받고 법치 훼손 및 복지 확대에 대한 논란이 커지는 이즈음, 자유에 대한 근원적인 의미를 되새기게 하는 책이다.

사회과학

도덕감정론

애덤 스미스

"약속 이행과 재산권 보호가 정의의 핵심"

김태철

> "인간이 아무리 이기적이라고 할지라도 인간의 본성에는 연민
> 憐憫과 공감共感의 원리가 존재한다. 무도한 폭한暴漢과 법을 심하
> 게 위반하는 사람들도 그렇다. (중략) 인간은 이런 자율적 본성
> 을 바탕으로 사회질서를 형성한다. 하지만 인애仁愛가 없어도
> 사회는 존속할 수 있지만, 정의가 없으면 사회는 붕괴한다."

중세시대에만 하더라도 인간의 이기심은 죄악으로 취급받았
다. 근대에 와서도 토머스 홉스 같은 사람은 개인의 이기심을
견제하기 위해 국가가 필요하다고 주장했다. 그는 『리바이어
던』에서 인간을 자연 상태로 두면 각자 자기 이익만을 추구하
기 때문에 결국 '만인에 의한 만인의 투쟁'이 불가피하다고 강
조했다.

하지만 스코틀랜드 출신 사회철학자인 애덤 스미스Adam
Smith(1723~1790)는 이기심을 경제활동을 가능케 하는 긍정적인

동인動因으로 봤다. "정부의 개입은 시장을 왜곡시킬 뿐이어서 '보이지 않는 손invisible hand'에 맡겨야 한다"고 주장했다. 시대를 앞선 자유시장경제체제에 대한 그의 생각은 1776년 출간한 『국부론』에서 구체화됐다. 애덤 스미스가 경제학의 아버지로 불리는 이유다.

그가 1759년에 쓴 『도덕감정론The Theory of Moral Sentiments』은 『국부론』의 논리적 토대가 되는 책이다. 인간 행동에 대한 고찰과 사회적 작동 원리에 대한 통찰이 스며 있어 『국부론』을 제대로 이해하기 위해서는 반드시 읽어야 할 책으로 평가받는다. 스미스는 『도덕감정론』에서 "모든 사람은 다른 사람보다는 자기 자신에게 직접적으로 더 깊은 관심을 가진다"고 진단했다.

"거만하고 냉혹한 지주가 자신의 넓은 들판을 바라보면서 이웃의 궁핍은 전혀 생각지 않고, 수확물 전부를 혼자 소비하겠다고 결심하는 것은 헛수고일 뿐이다. 그의 위胃는 자신의 욕심보다 훨씬 작다. 지주는 잉여 생산물을 자신의 땅을 경작하는 소작농에게, 자신의 저택에서 시중을 들고 있는 하인들에게, 자신과 가족이 소비하는 사치품을 공급하는 사람들에게 나눠주지 않을 수 없다. 이처럼 많은 사람의 생계유지에 필요한 몫은 지주의 사치와 변덕으로부터 얻어지는 것이다."

『국부론』에는 더 세련되게 표현돼 있다. "우리가 식사를 할 수 있는 것은 정육점 주인, 양조장 주인, 빵집 주인의 자비심 때문이 아니라 그들 자신의 이익에 대한 관심 때문이다. 우리는 그들의 인간성에 호소하지 않고 그들의 이기심에 호소한다. 우리는 그들에게 우리 자신의 필요를 이야기하지 않고 그들의 이익을 얘기한다."

개인의 이기심을 국가가 통제해야 한다는 홉스와 달리 스미스는 이기심이야말로 인간의 자연적인 성향이라고 판단했다. 남과 더불어 세상을 사는 원리로 충분히 활용될 수 있다고도 했다. 그가 관심을 가진 것은 교환을 통한 분업의 원리다. "내가 원하는 것을 나에게 주면, 나는 네가 원하는 것을 주겠다"는 것이다. 이는 곧 '각자 원하는 것을 각자 갖는' 이기심의 교환이다.

자유주의에 반감을 가진 이들은 스미스의 이런 '이기심'을 자주 공격한다. 세계적인 금융위기가 한 번 휩쓸고 지나가면 위기의 원인을 가진 자의 탐욕이나 이기심의 결과로 몰아가기도 한다. 그러나 스미스는 『도덕감정론』에서 인간의 이기심을 통제하는 메커니즘으로 개인의 자율적 절제와 이것을 바탕으로 한 자율적 사회규범의 필요성을 역설했다.

스미스에게 공감共感은 도덕의 출발점이다. 공감은 한마디로 역지사지易地思之다. 그의 도덕철학 핵심인 인간 내면의 '공정한 관찰자'와 '자유 경쟁', '정의' 등은 인간이 보편적으로 갖고 있는 공감 능력을 기반으로 한 것이다. 스미스는 자유 경쟁과 정의 등을 통해서 이기심을 통제하는 경우에만 공공의 이익을 실현할 수 있다고 강조했다.

정의는 약속(계약) 이행과 재산권 존중 등이 중심이다. 폭력,

사기, 약속 위반과 같은 불의를 막는 게 정의의 역할이다. 국가는 정의의 버팀목이지만 그 역할은 제한적이다. "국가의 주요한 역할은 정의의 원칙이 유지되도록 개인의 명예와 재산을 보호하는 것이다."

국가의 간섭이 최소화된 상태에서 개인의 자율이 물 흐르듯 발휘될 때 개인의 '절제된 이기심'에 따라 자생적인 사회질서가 유지될 수 있다. 그것은 인위적인 이타심이 아니라 자연적인 이기심이라서 가능하다는 게 스미스의 통찰이다.

법

클로드 프레데릭 바스티아

"법은 시민의 재산 지켜주는 도구일 뿐"

홍영식

"법이 있기 때문에 재산이 있는 게 아니라, 재산이 있기 때문에 인간이 법을 만들게 됐다."

"법은 조직화한 정의正義다. 법이 타락하면 정의와 불의에 대한 판단 기준이 흐려지고, 정치의 역할이 지나치게 커진다."

클로드 프레데릭 바스티아Claude Frederic Bastiat(1801~1850)가 사망 직전 펴낸 『법The Law』은 정부와 정치권의 자의적인 권력 행사를 억제해 경제 자유를 보호해야 하는 이유를 설명하고 있다. 그는 "국가와 법은 시민들이 각자 스스로를 지킬 권한을 대행해주는 것일 뿐"이라고 주장했다. 경쟁이 경제 발전의 근본이라는 점도 강조했다.

그가 이런 논리를 편 것은 그 시대 상황 때문이다. 당시 유럽은 격렬한 이념투쟁이 진행되던 때였다. 프랑스 혁명(1789년)

에서 비롯된 자유, 평등, 박애의 가치가 유럽 전역으로 퍼졌고, 1848년『공산당 선언』이 나오는 등 사회주의가 기세를 발휘하고 있었다.『법』은 사회주의적 분배 정의를 요구하던 대중에 대한 일종의 답변서다. 사회주의가 얼마나 오류가 많고 허구인지를 담아내려 했다. 바스티아의 이런 생각들은『국가는 거대한 허구다』라는 제목으로 번역된 책에서도 확인할 수 있다.

『법』의 제1장「보이는 것과 보이지 않는 것」은 기회비용 개념을 풀어서 설명했다. 진짜 경제학자는 '보이는 것'만이 아니라 '보이지 않는 것'까지 봐야 한다고 바스티아는 강조했다. '깨진 유리창' 사례를 들었다. "한 아이가 유리창을 깼다고 하자. 새 유리창을 갈아 끼워야 하고, 그러면 유리 업자는 돈을 벌 수 있다. 자연히 유리 공장의 생산과 고용도 늘어날 것이다." 여기까지는 '보이는 경제효과'다.

"보이지 않는 것 봐야 진짜 경제학자"

"하지만 유리창을 깨지 않았다면 유리창을 살 돈으로 옷을 샀을 것이다. 옷 생산이 늘어나고 고용도 창출됐을 것이다. 그러면 온전히 남아 있는 유리창과 새로 만들어진 옷, 두 가지를 다 가질 수 있다"는 게 바스티아의 주장이다. 이게 '보이지 않는 효과'다. 바스티아는 "사회주의자들은 보이는 효과만을 추구한다"고 비판했다. "세금을 더 거둬 일자리를 만들 수 있지만, 세금을 내는 곳에서는 일자리 파괴가 이뤄진다는 사실을 간과하고 있다"고 지적했다. 공공지출도 같은 맥락으로 설명했다. 그는 "공공지출 증가는 납세자 부담이 늘어난다는 뜻"이라며 "납세자는 소비를 줄이게 되고, 그 결과 새 일자리가 더 늘어날 수 없다"고 했다.

기계가 일자리를 뺏는다는 주장도 비판했다. '기계로 노동비를 줄일 수 있다면 절약된 비용은 어딘가에 쓰일 것이고, 그렇게 쓰인 비용으로 인해 새 일자리가 창출될 것'이라는 논리를 내세웠다. 그는 "진짜 경제학자는 당장은 고통스럽지만 오랜 기간에 걸쳐 나타나는 간접적인 효과까지 내다볼 수 있어야 한다"고 강조했다.

제2장 「법」과 제3장 「재산권과 법」, 제4장 「정의와 박애」, 제5장 「국가」에서 바스티아는 법과 국가, 개인의 관계를 집중적으로 다뤘다. 시민은 자신의 재산과 생명, 자유를 방어하고 지킬 권리가 있으며, 국가는 그 방어권을 위임받아 행사하는 것일 뿐이라는 게 그의 견해다. 법은 그 임무를 수행하기 위한 도구로 봤다.

"법法, 개인권리 보호임무 벗어나 타락"

바스티아는 법이 본연의 임무에서 벗어나 '타락'하고 있다고 비판했다. 개인의 권리를 보호해야 하는 법이 다수의 누군가에게서 빼앗아 소수의 다른 누군가에게 주는 수단으로 전락했다는 것이다. 입법권자가 전체 국민의 이익은 도외시하고 표를 겨냥, 특정 집단의 이익을 위한 입법활동에 치중하고 있다고 주장했다. 이를 '합법적 약탈'로 이름 붙였다. 요즘으로 치면 '포퓰리즘 정책'이다. 그는 "약탈은 보통선거권이 정착되면서 우리를 위협하기 시작했다"고 꼬집었다. "정의를 확립하는 것이 법의 원래 기능이지만, 실제의 법은 오히려 정의를 질식시키고 있다"고도 했다. 그렇게 되면 결국 사회주의로 귀결된다고 바스티아는 강조했다.

그는 책 말미에 "국민들로부터 거둬간 것보다 더 많은 것을 국가가 국민들에게 나눠준 적은 없다. 앞으로도 그럴 것"이라고 썼다. 이어 "친절한 한쪽 손이 많은 시혜를 베푸느라고 몹시 바쁘게 움직이는 것을 보게 될 것"이라며 "또 한편으로는 국민들의 호주머니로부터 세금을 거두느라고 거친 다른 쪽의 손도 바쁘게 움직이는 것을 보게 될 것이다. 이제 선동가들에게 더 이상 기만당하지 말라"고 경고했다.

21세기에도 여전히 유효한 지적이다. 조지프 슘페터가 바스티아를 '역사상 가장 재기가 뛰어난 경제저술가'라고 평한 이유를 알 만하다.

미국의 민주주의

알렉시 드 토크빌

"다수의 전횡은 민주주의 위협 요소"

김태철

"민주주의는 자유와 평등을 기반으로 한다. 하지만 시간이 흐를수록 사람들은 자유보다는 평등을 선호하는 경향이 있다. 이는 개인을 약하게, 국가를 극단적으로 강하게 만들 것이다. 평등의 원리가 인간으로 하여금 과거와 같은 예속상태로 나아가게 할지, 평등이 공급하는 새로운 이익(독립, 지혜, 인간의 무한한 가능성)을 얻는 쪽으로 나아가게 할지는 전적으로 우리 자신의 노력에 달렸다."

자유·평등·박애를 내세우며 구舊체제를 무너뜨린 1789년 대혁명 이후 프랑스에서는 정치적 과잉 현상이 나타났다. 선동과 폭력이 난무했고, 진정한 민주 정치는 실현되지 않았다. 당시 판사로 일하던 알렉시 드 토크빌Alexis de Tocqueville(1805~1859)은 1831년 미국 교도소 등 행형行刑제도를 참관하기 위해 북미지역을 7개월간 돌아봤다.

정치철학자이기도 했던 그에게 당시 미국의 모습은 충격이었다. 시민들이 자발적으로 결사체를 만들고 다양한 공동체 활동에 참여했기 때문이다. 토크빌에게 비친 미국은 '풀뿌리 민주주의'의 모델이었다. 미국의 정치·경제·사회 제도 등을 자세히 기록해 유럽 민주주의의 바람직한 방향을 제시하고자 한 책이 『미국의 민주주의De la democratie en Amerique』다.

자유와 평등의 충돌

그는 미국에서 공화정을 기반으로 한 대의민주주의가 유지되는 이유를 법치를 보장하는 사법제도 등 다양한 제도적 장치와 국민주권주의 덕분이라고 설명했다. 특히 사회적 평등을 추구한 것이 주효했다고 강조했다. 토크빌은 백인 사이에선 귀족과 하인으로 나뉘지 않은 무無계급성과 이를 발판으로 한 도전정신이 신개척지인 미국을 빠르게 발전시키고 있다고 봤다.

토크빌은 미국의 민주주의를 부러워하면서도 민주주의에 가해질 수 있는 위협과 민주주의 자체에 내재된 위험도 함께 지적했다. 민주주의가 중시하는 다수결 투표제도에서 다수의 횡포와 이에 따른 입법·행정의 불안정, 정치인의 포퓰리즘화라는 문제점을 간파한 것이다.

민주주의의 주요 가치인 자유와 평등이 충돌할 가능성도 있다고 판단했다. 일상화된 자유는 장점이 잘 드러나지 않지만, 평등은 그 효과가 즉각적이기 때문에 사람들이 평등을 더 선호

한다는 것이다. "민주주의의 가장 큰 위험이란 평등이 자유를 잠식하는 데 있다. 다수의 의견이 소수에게 동일화同一化의 압력을 가하고, 그 결과 개인의 자유가 희생된다."

그는 다수의 의견에 매달리는 미국을 '정신적 독립성이 가장 약한 나라'라고 지적하기까지 했다. 특히 사람들이 정치적 자유와 권리에는 무관심하면서 물질적 향유에만 관심을 기울일 수 있다고 우려했다. 이는 다수의 전능(다수의 폭정)에 의한 '민주주의적 전제정'으로 이어질 것이라고 내다봤다.

언론의 자유가 정치적 자유 보장

"다수의 전능은 입법자의 전제정치를 가능하게 하고 또한 관리들이 임의적인 권한을 가질 수 있게 한다. 다수는 법률을 만들고 감독하는 절대적인 권한을 갖고 통치자와 피통치자에 대한 통제권을 행사하며, 공무원을 자신들의 수동적인 대행자로 간주한다."

토크빌은 정치적 야심가가 대중과 연대할 때 민주주의가 위기에 봉착할 것이라고 경고했다. 이성적이고 능력 있는 사람보다는 카리스마가 있고 선동을 잘하는 사람이 국민의 귀를 솔깃하게 하는 공약으로 권력을 잡게 된다는 것이다. 민주주의가 필연적으로 직면하는 포퓰리즘의 폐단을 간파했다.

그는 서서히 정치적 무관심에 빠지는 미국을 보며, 민주주의가 다수를 등에 업은 독재자의 등장을 부를 수도 있다고 우려했

다시 읽는 명저

다. 1930년대 히틀러가 '민주적으로' 집권하고 결국 독재를 하게 된 것은 그의 예측이 얼마나 정확한 것인지 보여준다.

토크빌은 언론과 종교, 지식인의 역할을 강조했다. 특히 언론과 결사의 자유가 민주주의의 약점을 보완한다고 역설했다. "과도한 평등과 다수의 횡포에 의해 발생하는 악惡에 맞서기 위해서는 오직 한 가지 효과적인 방법밖에 없다. 바로 정치적 자유다. 특히 언론의 자유야말로 정치적 자유를 보장하는 가장 확실한 수단이다." 민주주의가 발전하기 위해서는 유권자의 자질과 교육도 중요하다고 생각했다. 그래서 그는 "모든 민주주의 국가에서 국민은 그 수준에 맞는 정부를 갖는다"고 지적했다.

과학혁명의 구조

토머스 쿤

"패러다임 변화는 혁명으로 이어진다"

김태철

"과학혁명이란 하나의 패러다임paradigm이 양립 불가능한 새로운 패러다임에 의해 전체적 또는 부분적으로 대체되는 과학적 발전이다. (중략) 과학의 역사는 벽돌을 차곡차곡 쌓아 건물 하나를 짓는 과정이 아니라 어느날 굴삭기로 건물을 밀어버리고 그 옆에 새 건물을 짓는 것과 비슷하다."

『과학혁명의 구조The Structure of Scientific Revolution』는 미국의 과학철학자 토머스 쿤Thomas Samuel Kuhn(1922~1996)이 1962년 출간한 책이다. 과학 서적으론 이례적으로 20여 개 언어로 번역돼 100만부 넘게 팔렸다. 미국 시사주간지 《타임》은 '제2차 세계대전 이후 가장 영향력 있는 100권의 도서' 가운데 하나로 선정했다.

쿤은 미국 하버드대에서 이론물리학을 전공했지만 과학사에 관심을 뒀다. 그는 책에서 "과학발전은 점진적으로 이뤄지는 것이 아니라 패러다임 전환에 의해 혁명적으로 일어난다"고 주장했다. 쿤이 창안한 용어인 '패러다임'은 한 시대 사람들의 견해나 사고를 규정하고 있는 인식의 체계, 또는 사물에 대한 이론적인 틀이나 체계를 의미한다.

쿤이 제시한 새로운 과학관

이전에는 과학혁명이 지식의 축적에 따라 점진적으로 이뤄진다는 게 보편적 인식이었다. "과학은 체계화된 관찰을 통해 사실을 수집하고, 수집된 사실로부터 이론을 도출해낸다. 이런 일련의 지식 축적이 과학 발전"이라는 게 '전통적 과학관'이다. 갈릴레이와 뉴턴 등에 의해 일반화됐다. 과학이 귀납적 추리에서 얻어진다는 점에서 '귀납주의 과학관'이라고도 불린다.

쿤에 따르면 한 시대를 이끌어가고 있는 '정상과학'이 있다. 정상과학이 더 이상 현상을 설명할 수 없게 되면 '과학의 위기'가 발생한다. 이때 기존과 전혀 다른 표준이나 모형이 나온다. 이 패러다임에 따라 형성된 새로운 정상과학이 기존 정상과학을 대체한다. 이런 과정은 반복된다.

쿤은 그리스 철학자 아리스토텔레스의 서적을 읽으면서 새로운 과학관을 얻게 됐다고 말했다. "물질의 운동에 대한 그의 설명은 관찰과 논리 양면에서 지독한 결함투성이였다."

그는 아리스토텔레스 시대에서부터 뉴턴 시대까지 숱한 '과학적 단절'이 있음을 알게 됐다. 두 시대는 서로 다른 과학적 패러다임 아래 놓여 있었다고 설명했다. 코페르니쿠스의 지동설이 프톨레마이오스의 천동설을 뒤엎고, 양자물리학과 일반상대성이론이 뉴턴 역학을 대체한 것은 패러다임 변화를 보여주는 사례다.

새로운 패러다임이 수용되는 과정이 순탄하지만은 않다. "새로운 진리는 반대자들을 이해시킴으로써 승리하는 것이 아니라 반대자들이 죽고 새로운 진리를 신봉하는 세대가 주류가 되기 때문에 승리한다."

쿤은 과학적 객관성은 과학자들이 의견을 교환하고 토론하는 가운데 확보된다고 강조했다. "어느 한 시기에 있어 특정 분야에 대한 역사를 조사해보면 여러 이론의 개념과 관찰 등에 적용되는 표준적인 설명이 반복됨을 발견한다. 이것들은 교과서와 강의, 실험 등에 나타나는 과학자 집단의 패러다임이다."

『과학혁명의 구조』는 과학이 객관적인 지식이라는 기존의 인식에 큰 충격을 줬다. 쿤은 "과학혁명을 통해 새로운 패러다임이 등장한다. 패러다임에 따라 이론이 바뀌면 동일한 자연현상도 완전히 다른 방식으로 설명된다"고 했다.

패러다임은 유용한 과학적 '분석 틀'

난해한 과학 용어와 이론이 곳곳에서 등장하는 『과학혁명의 구조』를 읽는 일은 쉽지 않다. 하지만 이 책은 '지식인 필독서'의 하나로 꼽는다. 세계 지성계知性界에 미친 영향이 막대하기 때문이다. 과학철학과 과학사에 국한되지 않는다. 사회학에서부

다시 읽는 명저

터 심리학, 경영학, 인류학에 이르기까지 다양한 분야 과학자들이 '패러다임 변화'로 각종 현상을 분석한다.

정치사회학에선 패러다임 변화로 사회 변혁의 원인과 전망을 분석한다. 경영학에서는 이를 이용해 기업의 기술 혁신과 전략을 컨설팅하기도 한다. 일종의 패러다임 변화인 '와해성 기술disruptive technology'이 대표적이다.

와해성 기술은 기존의 기술 체계(지속성 기술)를 대체하는 기술을 말한다. 진공관과 필름 사진이 '지속성 기술sustaining technology'이라면 트랜지스터와 디지털 사진은 와해성 기술이다. 현실에 안주한 선두기업이 와해성 기술로 혁신을 이룬 후발 주자에게 추월당하는 경우가 허다하다. 패러다임은 이처럼 각 분야에서 현상을 분석하고 설명하는 데 유용한 도구로 활용된다.

군주론

니콜로 마키아벨리

"군주, 선인도 악인도 될 줄 알아야"

홍영식

"군주는 악덕을 행사하지 않았을 때 자국의 존망이 위태로워
질 위험이 예상되는 경우에는 오명汚名 따위는 과감히 받아들
여야 한다. 자신의 국가를 유지하기 위해서는 신의·자비심과
종교적 경건함에 반하는 행동을 취할 필요가 있다. 할 수만 있
다면 착하게 사는 것으로부터 벗어나지 않아야 하지만, 필요
할 경우 어떻게 악해질 수 있는지도 알아야 한다."

니콜로 마키아벨리Niccolo Machiavelli(1469~1527)가 1512년에 쓴
『군주론Il Principe』에 나오는 대목이다. 이 문구들 때문에 마키아
벨리는 잔인하고 야비한 권모술수의 대표적 인물이라는 '악명'
을 얻게 됐다. '마키아벨리즘'은 목적을 달성하기 위해 수단과
방법을 가리지 않는다는 뜻이 됐다. 이런 구절도 있다. "군주는
두려움을 느끼게 하는 것과 사랑을 느끼게 하는 것 가운데 하나
를 선택해야 한다면, 두려움이어야 한다. 사람들이란 은혜를 모

르고 위선적이며 이익을 탐내기 때문이다."

'권모술수의 대표' vs '자유 옹호자'

『군주론』은 기존 통념 또는 도덕적 규범을 뛰어넘는 내용을 담고 있어 출간 이후 거센 논쟁을 불러일으켰다. 윌리엄 셰익스피어는 '살인적인 마키아벨리'라고 비판했다. '악의 교사'라는 표현까지 등장했다. 이는 마키아벨리의 한 측면만 보고 판단한 것이라는 반론도 만만찮다. 장 자크 루소와 바뤼흐 스피노자 등은 마키아벨리를 공화주의의 대변자이자 자유의 옹호자로 치켜세웠다.

옹호론자들은 『군주론』을 집필할 당시의 시대적 배경을 살펴볼 필요가 있다고 주장했다. 피렌체, 베네치아, 밀라노, 나폴리 등 지역 국가들이 중국 '춘추전국시대'처럼 할거하면서 다툼을 벌이고 있었고, 프랑스 등 외세의 침략도 잦았다. 마키아벨리가 살던 피렌체는 내분까지 겹쳤다. 마키아벨리가 "군주라면 위기 국면에서 자신의 정권과 국가를 온전하게 보존하기 위해 '신민과 이웃 국가들에 대해 어떻게 행동해야 하는가'를 고민해야 한다"며 정리한 게 『군주론』이다.

마키아벨리는 피렌체를 구원하기 위해서는 정치현실주의를 바탕으로 한 강한 군주가 필요하다고 생각했다. 정치적 문제를 해결하는 것은 도덕적 이상을 추구하는 것과 차원이 다르다고 봤다. 그는 "있는 그대로의 삶과 있어야 할 삶 사이에는 엄청난 차이가 있는 까닭에, 일어나야 할 당위當爲만을 주시하고 현실에서 일어나는 실태를 고려하지 않는 사람은 자기를 보존하기보다 파괴한다"고 강조했다.

또 "군주는 훌륭하다고 여기는 모든 것을 따라야 할 필요는 없다"며 "어쩔 수 없이 충실함과 자애로움, 인간성, 종교 등에 반하는 일을 해야 하기 때문"이라고 했다. 아울러 "군주가 변덕이 심하고 경박하며 결단력이 없다고 보일 때 경멸당한다"며 "위대함, 신중함, 강직함이 엿보이도록 노력해야 한다"고도 했다.

마키아벨리는 "진정한 지도자라면 자신의 목적과 가치를 실현하기 위해 정치를 회피하는 것이 아니라 정면으로 마주 서서 좋은 목적을 성취하지 않으면 안 된다"고 역설했다. "효율적인 통치를 위해 군주에게 사자의 용맹과 여우의 교활함이 함께 필요하다"고 강조했다.

그렇다고 마키아벨리가 비非도덕적 또는 반反도덕적 인물로 평가받지는 않는다. 특정한 환경에서 군주가 도덕에 얽매이느라 정작 나라를 못 지켜 파멸로 가선 안 된다는 것을 역설하려 했을 뿐이라는 지적이다. 그는 통치에 필요하다고 해서 잔인함과 폭력, 교활함을 어느 때든 서슴지 말고 사용하라고 하지 않았다. "그런 수단은 긴박한 상황에서 반드시 실현돼야 할 높은 수준의 이상이나 공익적 목적을 위해 사용돼야 한다"는 점을 분명히 했다.

이런 점에서 정치학자들은 마키아벨리즘 실천의 한 예로 에

이브러햄 링컨을 꼽기도 한다. 링컨이 노예 해방이라는 높은 비전을 실현하기 위해 반대파와의 뒷거래도 서슴지 않았다는 점에서다. 더 큰 목적을 달성하기 위해 때로는 수단과 방법을 가리지 않은 링컨의 모습에서 마키아벨리를 연상시킨다는 것이다.

"도덕에 얽매여 나라 파멸시켜선 안돼"

마키아벨리는 갈등이 아름답다고 생각했다. 갈등을 적절하게 제도화하면 정치체제의 안정과 공동체 발전을 도모할 수 있다고 믿었다. 로마에 대해 "귀족과 평민 간 긴장을 바탕으로 위대함을 건설했다"며 그 모델로 꼽았다.

그는 "평범한 시민을 적으로 돌릴 때 통치자는 위기를 맞는다"고 주장했다. 또 "현명한 군주라면 어떠한 상황에 처하든지 시민이 정부와 자기를 믿고 따르도록 조치를 취해야 하며, 그 경우 시민은 그에게 충성할 것"이라고 했다. 마키아벨리는 "권력자가 무능하면 국민들로부터 버림받을 것이고, 강력하고 현명하면 국민이 의지할 수 있다"고 역설했다.

마키아벨리는 외교와 관련, "많은 군주들이 당장 위험을 피하기 위해 중립으로 남으려 하지만 거의 대부분 파멸했다"며 "중립보다는 확실한 동맹이 낫다"고 강조했다.

소유와 자유

리처드 파이프스

"소유권 없으면 자유도 얻을 수 없다"

홍영식

"사적 재산 소유권이 없으면 자유도 없고, 자유가 없으면 경제성장이 있을 수 없으며 빈곤해질 수밖에 없다."

"평등이라는 것은 실현 불가능한 가치다. 사람마다 기술, 관심, 근면함이 다르기 때문에 소유를 평등하게 만든다고 하더라도 그 평등은 곧 무너진다."

리처드 파이프스Richard Pipes(1923-2018) 전 하버드대 교수는 폴란드에서 태어나 어렸을 때 부모를 따라 미국으로 이민 갔다. 그는 서구 자본주의 국가들은 왜 잘 살고, 러시아와 그의 고국인 폴란드를 비롯한 동유럽 국가들은 왜 못 사는가에 의문을 가졌다. 이런 궁금증이 『소유와 자유Property and Freedom』(1999년)를 쓴 동기가 됐다. 그는 소유권 보장이 자유를 증진시킨다는 가설을 토대로 이 책을 썼다. 역사적 사례를 들어가며 사유재산 제도가 자유롭고 풍요로운 사회로 진화하는 데 결정적 요인이라는 것을 밝혀내려 했다. 그는 "소유욕은 보편적 현상으로 동물은 물론 아이와 어른, 원시인, 문명인 등 구분할 것 없이 모든 사람이 가지고 있다"며 "이는 자기 보존의 본능에 뿌리를 두고 있다"고 지적했다. 사적 소유가 인정됐던 아테네인들이 페르시아와의 전쟁에서 용감하게 싸울 수 있던 것도 자기 재산을 지키기 위해서였다는 것이다.

영국과 러시아를 비교하며 소유권과 자유의 관계를 집중적으로 고찰했다. 유럽 중세 말기의 도시 발전은 사적 소유권 확립에 막대한 영향을 끼쳤다. 상업과 무역을 통해 부(富)를 축적한 도시민은 왕과 귀족, 성직자들로부터 토지의 특권을 획득하고자 했다. 이들은 법 제정에 참여하고 그것을 집행할 권한을 추구했다.

영국, 소유권 인정으로 의회주의 발달

영국에선 16세기 튜더왕조 시절 자작농을 우대하기 위해 왕이 소유하던 대규모의 영지와 교회 토지를 평민들에게 나눠줬다. 이로 인해 소지주계급이 생겼다. 새로운 지주계급을 중심으로 한 청교도혁명, 명예혁명 등을 통해 영국에선 왕권이 약화되고 의회주의가 발달했다. 파이프스는 "시민들의 부가 증가하면서 왕은 나라 운영에 필요한 돈을 이들에게 요구했고, 그 대가로 참정권을 비롯한 다양한 시민권을 인정할 수밖에 없었다"고 설명했다. "재산권이 잘 지켜짐에 따라 영국 사람들은 경제적인 선택의 폭을 넓힐 수 있었고, 기업가 혁신으로 이어졌다. 이게 산업혁명을 가능케 한 원동력이 됐다"는 게 파이프스의 분석이다. 그는 "재산권 보호가 경제 혁신과 성장의 밑거름이 된다는 사실을 잘 보여준다"고 설명했다.

파이프스는 영국과 달리 러시아가 시민권과 자유를 발전시키지 못한 주요 원인을 16세기 모스크바 공국이 사유 토지를 없앴기 때문이라고 봤다. 모스크바 공국은 전제 군주가 토지 등 모든 것을 소유하는 체제를 유지했다. 전근대 러시아는 귀족이라도 군주에 대한 충성과 봉사를 조건으로 한 토지 보유만 조건부로 인정했다. 18세기 토지의 사적 소유제도가 도입됐지만 대다수 러시아인은 농지를 보유하지 못했다. 일반 시민의 정치적 권리는 아예 인정되지 않았다. 파이프스는 "세습 군주는 소유하고 있던 막대한 토지에서 지대를 직접 얻을 수 있어서 세금이 필요하지 않았다. 이 때문에 시민들에게 재정적으로 기대지 않아도 됐고, 시민권을 확대하거나 의회 제도를 발전시킬 필요도 없었다"고 분석했다.

평등주의 입각한 복지, 자유 위협

파이프스는 "20세기 공산주의체제 소련에선 사적 소유가 없었기 때문에 생산 유인이 부족했고, 시민들은 최소한의 생산물만 만들어냈다"며 "이는 혁신을 가로막는 장애물이 됐고, 사회

다시 읽는 명저

주의 경제는 실패로 귀결됐다"고 강조했다. 그는 "사적 소유를 없앨 경우 모든 사회악이 해결될 것이라는 사회주의 이상은 환상임이 밝혀졌다"고 지적했다.

공산주의 붕괴로 소유권에 대한 가장 위험한 도전은 사라졌다. 하지만 그는 "동일한 보상으로 정의되는 평등주의에 입각한 복지정책이 오늘날 자유를 위협하고 있다"고 경고했다. 파이프스는 1965년 린든 존슨 미국 대통령이 추진한 '위대한 사회'를 비롯한 미국의 복지정책을 비판했다. 그는 "노인 및 저소득층 의료 보장제도 도입 등 복지를 대폭 확대하는 '위대한 사회' 정책이 시작된 1965년부터 1993년까지 복지비용은 천문학적으로 증가했지만 같은 기간 미국의 빈곤 인구 비중은 12.5%에서 오히려 15%로 늘어났다"고 분석했다. "미혼모를 지원하기 위한 제도가 미혼모를 부추기는 결과를 초래했다"고도 비판했다.

그는 "수혜자가 긴급한 상황에 처하지 않았는데도 이들에게 아낌없이 주겠다는 복지정책은 소유의 원칙에 해가 될 뿐만 아니라 국가 파멸로 치달을 뿐"이라며 "복지제도는 의존성을 키우고 의존성은 가난을 키운다"고 진단했다. 그는 "민주적 사회복지 정책은 공산주의처럼 폭력적이지 않지만 장기적으로 지속될 경우 공산주의만큼이나 위험할 수 있다"고 결론 내렸다.

치명적 자만

프리드리히 하이에크

"사회주의는 '전능한 정부'가 낳은 환상"

김태철

"사회주의와 자유주의 가운데 무엇을 선택하느냐는 것은 가치의 문제가 아니다. 참과 거짓을 가리는 진위眞僞의 문제다. 이상은 좋지만 실현 불가능하기 때문에 사회주의가 나쁜 것이 아니다. 사회주의는 거짓 이론이며, 칼 포퍼의 말을 빌리자면 '거짓으로 밝혀진 사이비 과학이론'일 뿐이다."

인간 사회에서 오래된 '잘못된 믿음'이 있다. '정부만이 이상사회를 설계할 수 있는 가장 완전한 능력을 갖췄다'는 믿음이다. 모든 사람이 풍요를 누리면서 평화롭게 공존하려면 정부가 개인과 사회에 적극적으로 개입해야 한다는 것이다. 오스트리아 출신 경제학자 프리드리히 하이에크Friedrich Augustvon Hayek(1899~1992)는 이를 '치명적 자만'이라고 불렀다.

1988년 출간된 『치명적 자만The Fatal Conceit』은 하이에크가 마지막으로 쓴 책이다. 사회주의 정책 범람에 맞서 자유주의를 지켜온 그는 이 책을 통해 사회주의가 왜 잘못된 것인지를 논증했다. 책의 부제를 아예 '사회주의의 오류'로 정했다.

정치인의 선동 대상으로 전락

"사회주의자들이 보기에 시장질서란 인위적이다. 자본가들이 계급적 이익을 위해 시장을 이끈다고 생각한다. 그래서 사회주의자들은 잘못 운영되고 있는 이 시장을 정부가 개선할 수 있다고 믿는다. '전지전능한' 정부가 사회적 불평등 해소 등 고귀한 목적을 위해 나서는 것이 옳다고 확신한다."

하이에크는 "사회를 원하는 대로 계획하고 조율하는 데 필요한 모든 지식과 정보를 갖는 것이 원천적으로 불가능하다"고 강조했다. 인간의 이성은 제한적이며 지식은 분산돼 있어서다.

그는 "사회주의가 현실적으로 실현이 어려운 '좋은 이상'"이라는 당대 지식인들의 주장을 배격했다. 원천적으로 잘못된 근거와 토대 위에 세워진 거짓된 이론이라는 이유에서다. 정부가 모든 것을 알고, 조율할 수 있다는 것은 무책임하고 정직하지 못한 선동가의 지적 자만自慢에 불과하다는 것이다. 이런 자만의 결과는 치명적이었다. 빈곤과 폭정, 그리고 문명의 파괴로 나타났다. 옛 소련권 사회주의 국가들의 몰락이 이를 입증했다.

한때 좌파 이론에 심취했다가 하이에크 사상을 접하고 시장경제 옹호자로 변신한 『치명적 자만』 한국어판 번역자인 신중섭 강원대 윤리교육과 교수의 고백도 눈에 띈다.

"그때까지 나는 사회주의가 이념적으로 옳지만 현실에서 잘 작동하지 않는 문제가 있을 뿐이라고 믿었다. 사회주의가 도덕적으로는 우월하지만 효율성 면에서 자본주의에 뒤진다고 믿었다."

하이에크는 『치명적 자만』에서 '자생적 질서이론'을 주창했다. 혁명이 아니라 진화를 통해 인류와 문명이 발전해왔다는 것이다. 특히 정부의 계획과 규제가 없는, 아니면 최소화된, 자유시장 경제만이 번영과 발전이 가능하다고 역설했다.

"인류 문명은 오랜 기간에 걸쳐 진화한 것이지 순간적인 혁명을 통해 형성된 것이 아니다. 자생적 질서와 가치가 인간의 기획이나 의도에서 생겨난 것이 아니라 역사 과정에서 스스로 생겨났다는 것을 이해해야 한다. 진화 과정에서 오랫동안 살아남은 것은 도덕적 가치를 지닌다. 시장경제는 문명의 자연스런 진화의 결과다. 시장경제는 성장과 번영의 기반이 되는 방대한 지식을 창출하고 유통하는 가장 효율적인 체계이기 때문이다. 시장경제를 반대하는 것은 문명의 진화를 거스르는 것이며 문명의 퇴보를 낳는다."

"시장경제 반대는 문명 거스르는 것"

그는 역사적으로 시장을 중시한 문명권은 발전했고, 그렇지 않은 문명권은 퇴보했다고 설명했다. "사유재산의 보호를 중요한 목적으로 삼은 정부가 존재하지 않은 곳에서는 어떤 선진문명도 영속하지 못했다. 찬란한 문명을 자랑했던 중국이 유럽에 뒤진 것도 개인의 재산권과 자유 보호에 소홀했기 때문이다."

정부의 개입은 우리 사회 곳곳에서도 뿌리 깊게 자리 잡고 있다. 정부가 통제권을 갖고 계획을 세워 운영하면 더 잘될 것이라고 생각하는 사람들이 적지 않다. 부(富)의 불평등도 정부가 세금 등으로 조정하고, 일자리도 재정을 풀어서 만들고, 물가도 통화정책으로 안정시킬 수 있다고 본다. 이런 '치명적 자만'의 결과는 원래의 '선한 의도'와 정반대인 경우가 대부분이다.

하이에크는 자본주의 국가에서도 사회주의 위협이 여전하다고 경고했다. "자본주의를 표방하는 국가에서도 사회주의 정책들이 넘쳐난다. 사회주의에 대한 문제는 사회주의 국가만의 문제가 아니다. 사회주의가 번성하고 시장질서가 파괴되면 오늘날 우리가 쌓아올린 문명이 파괴될 수밖에 없다. 수백만 사람들이 굶어 죽는 것을 진정으로 원하지 않는다면, 개인의 자유 및 재산권과 같은 인류 문명의 기본원리를 파괴하려는 사회주의에 저항해야 한다. 그것이 지식인의 의무다."

강대국의 흥망

폴 케네디

"경제·사회 개방성이 강대국 척도"

홍영식

"1500년대 세계 최강대국은 중국 명^明나라였다. 그렇게 막강했던 중국이 유럽 국가들에 뒤처진 것은 역설적으로 막강한 중앙집권적 권력 때문이었다. 통제를 선호하는 절대적 권력은 개방과 포용으로 나아가기보다 폐쇄적이고 배타적으로 흘렀다. 이는 사상과 경제에 대한 간섭으로 이어졌다. 반면 봉건 영주들의 자유경쟁이 활발했던 유럽 각국은 부^富와 군사력을 갖춘 강대국으로 성장했다. 자유 경쟁과 국가의 간섭이 결국 유럽과 중국의 운명을 바꿔놓았다."

지난 500여 년간 수많은 강대국이 흥하고 쇠했던 원인은 무엇일까? 한 국가가 강대국으로 성장하기까지 어떤 변화와 도전에 직면하는가? 앞으로는 어떤 국가들이 강대국으로 떠오를까?

폴 케네디Paul Kennedy 미국 예일대 석좌교수가 1988년 출간한 『강대국의 흥망The Rise and Fall of the Great Powers』은 국제정치학의

영원한 숙제인 이런 궁금증을 파고들었다. 그는 1500년대부터 1980년대까지 약 500년의 역사를 주요 국가와 큰 사건 중심으로 분석했다. 강대국 흥망의 수수께끼를 풀기 위한 도구로 '경제력'과 '군사력'을 주요 변수로 삼았다.

중국과 유럽 운명 가른 '권력의 통제'

방대한 역사 자료를 두 가지 변수로 분석한 결과 "적절한 군사력을 유지하면서 경제 성장에 치중한 국가들이 새로운 강대국으로 떠올랐다"는 게 케네디 교수가 내린 결론이다. 그는 "강대국이라도 과중한 군사비를 무한정 감당할 수 없다. 경제력과 군사력의 균형 상태가 깨어지는 이른바 '제국의 과도 팽창'은 쇠퇴의 시작"이라고 진단했다. 르네상스 이후 세계 패권이 스페인과 네덜란드를 거쳐 영국으로 넘어간 일련의 과정도 이런 관점에서 설명했다.

케네디 교수는 강대국의 성쇠盛衰에서 보편적인 사실을 끄집어냈다. 경제 주체의 자율과 경쟁이 보장되는 국가가 강대국으로 부상한다는 것이다. "거의 통제할 수 없는 상업과 상인, 항구와 시장의 발달이 가져온 정치·사회적 결과는 대단했다. '야만野蠻 지역'에서 풍요로운 곳으로 올라선 1500년대 유럽의 기적은 상업의 발달을 효과적으로 억제할 통일된 정치권력이 존재하지 않아 가능했다. 유럽 국가들은 시장경제와 공생관계를 맺고 부국강병에 나섰다. 중국의 명明, 소아시아의 오토만Ottoman

등 동방 제국들은 유럽 국가보다 위세 있고 조직적으로 보이기는 했지만 폐쇄적이고 획일성을 강요한 탓에 결과적으로 엄청난 경제·사회적 손실을 맛봐야 했다."

　강대국 쇠퇴 원인(경제와 군사력의 균형 파괴)도 개방성의 상실로 설명된다. 패권을 유지하기 위해 세금을 올리고 관세 장벽을 쌓아 올려 전비戰費를 조달해야 하기 때문에 경제 주체의 자율성과 경제의 개방성이 침해받는다. "강대국의 세 가지 비결은 이미 애덤 스미스(영국의 경제학자)가 간파했다. 그의 말을 빌리자면 평화와 시장경제에 활력을 더해주는 낮은 세금, 관용적인 사법체계 이외에는 필요한 것이 없다. 의회가 왕권을 통제했던 영국은 국가의 간섭이 적어 오랫동안 사회와 경제의 개방성을 유지할 수 있었다. 반면 스페인 통치자들은 이 황금알을 낳는 거위(세 가지 비결)를 죽여버리는 과오를 범했다. 국력 쇠퇴는 필연적이었으며 스페인은 패권국 자리를 영국에 내줘야 했다."

강대국 비결은 자유로운 시장경제

　경제력과 군사력의 균형을 깨뜨리지 않고 두 가지 모두 팽창시킬 수 있는 방법은 뭘까. 케네디 교수는 신新기술의 중요성을 역설했다. "기술의 진보는 경제력과 군사력의 새로운 균형을 가능하게 한다. 실제로 석탄 등 지치지 않는 '생명 없는 동력원動力源'의 사용은 생산과 부富의 엄청난 증가를 실현시켰다. 새롭게 강국으로 등장한 나라들은 더 강력한 경제력과 군사력을 갖추고 있으면서 어느 하나가 다른 하나를 끌어내리지 않도록 균형을 유지할 수 있는 신기술을 발전시켰다."

『강대국의 흥망』은 역사에 국한하지 않고 국제정치학과 경제학을 폭넓게 아우른다. 하지만 학자의 논리적인 설명이 항상 현실 세계를 완벽하게 설명하는 것은 아니다. 1988년에 나온 책을 오늘의 관점에서 보면 몇 가지 예측이 빗나갔다.

케네디 교수는 세계가 미국과 소련의 양극 체제에서 다극화된 '5강強 체제'로 재편되고 있다고 진단했다. 당시 소련은 체제 경쟁에서 밀리고 있었고, 미국은 긴 불황 터널을 지나고 있다. 따라서 예전의 힘을 찾아가는 듯했던 서유럽과 급속한 경제 성장을 이루고 있던 중국, '제2 경제 대국'(집필 당시 기준) 일본이 양극 체제를 허물 가능성이 높다고 봤다. 냉전체계 붕괴와 일본 경제의 거품 붕괴를 제대로 예측하지 못했다는 지적을 받는 이유다.

그럼에도 불구하고 이 책은 국가 흥망성쇠의 기본 원리를 확인시켜줬다는 평가를 받는다. 규제와 통제를 가하는 나라보다 개인과 기업이 자유롭게 경쟁할 수 있도록 하는 개방적인 나라들이 강대국으로 긴 생명력을 발휘했음을 밝혀냈기 때문이다.

전체주의의 기원

한나 아렌트

"전체주의 악몽 끝나지 않았다"

양준영

"전체주의는 무한히 많고 다양한 인간을 마치 하나의 개인인 것처럼 조직한다. 인간의 세계를 구성하는 다원성은 사라지고 획일성만이 존재한다. (중략) 대중이 똑같은 의견을 같은 목소리로 말하고 동일하게 행동할 때 그들은 전체주의의 폭민 mob이 된다."

『전체주의의 기원The Origins of Totalitarianism』은 한나 아렌트Hannah Arendt(1906~1975)가 20세기 인류 역사의 어두운 부분인 파시즘과 나치즘 같은 전체주의가 어떤 경로로 태동했는지를 새로운 관점에서 분석한 책이다. 독일 태생 유대인인 저자는 1933년 나치 정권의 박해가 극에 달하자 프랑스를 거쳐 미국으로 망명한 뒤 줄곧 전체주의를 연구한 정치사상가다.

전체주의, 맹목적 대중에 의해 태동

아렌트는 이 책에서 "전체주의라는 괴물 정치체제는 독재자가 아니라 생각 없는 대중의 필요에 의해 태동하고 만들어진다"는 관점을 제시했다. 조직되지 않고 구조화되지 않은 대중과 절망적이고 증오로 가득 찬 대중이 지도자의 구원을 기대했고, 이런 바람이 시대적·사회적 상황과 맞물리면서 전체주의가 나타났다는 설명이다. 아렌트의 이 같은 분석은 세계가 끔찍한 나치즘과 군국주의 등을 경험한 직후여서 큰 반향을 불러왔다.

아렌트는 전체주의를 권력욕에 사로잡힌 독재자에 의한 단순 압제와 구별해 분석했다. 일반적인 독재정권은 반대 세력을 무력으로 제압하고 권력 유지에 필요한 권력기관을 장악하는 것에 만족하지만, 전체주의는 한발 더 나아가 사회로부터 소외되고 원자화된 대중을 세력화한다는 것이다.

아렌트는 제1차 세계대전에서 패한 독일에 닥친 경제난이 나치즘 태동의 배경이 됐다고 설명했다. 때마침 히틀러가 등장해 퇴역 군인을 비롯한 수많은 실직자에게 게르만 민족주의라는 새 방향을 제시하자, 모래처럼 고립된 군상이었던 실직자들이 하나의 목표를 향해 움직이는 '폭민'으로 바뀌었다는 지적이다.

아렌트가 말하는 폭민은 인간 본래의 개성을 상실한, 마치 복제인간과도 같이 정형화된 인간 유형이다. 그는 "전체주의의 목표는 사적 영역조차 없이 완전히 지배당할 수 있는 새로운 인간 유형, 대중의 창조에 있다"고 지적했다. 옛 소련의 스탈린이

연좌제라는 장치를 통해 자연스러운 인간관계를 파괴하고 원자화된 대중을 만든 것이 대표적인 사례로 꼽힌다.

아렌트는 "전체주의 국가의 모범적인 시민은 이념이라는 끈으로 묶인, 일종의 '파블로프의 개'와 비슷하며 그들은 행위 대신 반응을 할 뿐"이라고 했다. 그러면서 "전체주의의 원동력인 폭민을 지배하기 위해 지도자에게 필요한 것은 히틀러의 반反유대주의나 스탈린의 계급투쟁 같은 허구적 이념뿐"이라고 설명했다. 거대한 증오를 불러일으키는 허구 이념은 대중을 '철의 끈'으로 묶어 한 방향으로 몰고 가기 위해 필연적인 요소라는 것이다.

증오 부추기는 정치이념은 위험

아렌트는 '악의 평범성'이란 개념으로도 유명하다. 아렌트는 홀로코스트를 주도한 아돌프 아이히만 재판을 지켜보면서 그가 결코 피에 굶주린 악마도 아니었고 이념에 미친 광신자도 아닌 너무나 평범한 중년 남자였다는 점을 확인했다. 이를 통해 악은 특별한 것이나 심오한 것이 아니라 오히려 너무 평범해서 더욱 위험해질 수 있다고 아렌트는 경고했다. "어떤 것이 옳고 그른지 생각하지 못하는 무능함이 유대인 학살을 이끈 악의 원천"이라는 것이다.

"인간다운 방식으로 정치적, 사회적 또는 경제적 고통을 완화하는 일이 불가능해 보일 때 전체주의는 강한 유혹의 형태로 다시 나타날 것이다." 아렌트는 책에서 전체주의는 과거의 역사가 아니라 앞으로도 언제든 다시 나타날 수 있다고 줄곧 강조했다. 아무 생각 없이 살아간다면 전체주의는 재연될 수 있고, 누구나 아이히만과 같은 존재가 될 수 있다는 것이다.

"좌파는 나를 보수주의자라고 하고, 보수주의자들은 내가 좌파라고 합니다." 아렌트가 직접 밝혔듯이 그는 좌·우파 어느 쪽도 아니었다. 그래서인지 『전체주의의 기원』은 좌·우 모두에서 권장도서로 추천받고 있다. 하지만 객관적 시각이 아니라 편향적인 관점에서 책을 해석하려는 경향도 없지 않다.

『전체주의의 기원』은 어떤 이념이나 지도자를 맹목적으로 따르기보다는 스스로 생각하고 행동하는 대중이 필요하고, 그래야 전체주의 출현을 막을 수 있다고 강조하고 있다. 한쪽으로의 쏠림 현상이 강한 우리 사회에 시사하는 점이 많은 책이다.

공공선택론 입문

에이먼 버틀러

"시장개입은 '정부실패'의 지름길"

김태철

"정부가 시장 개입 필요성을 강조하고 싶을 때 쓰는 말이 있다. '시장실패market failure'다. 경제 주체들이 스스로 문제를 해결하지 못하기 때문에 정부가 나서야 한다는 것이다. 정부가 민간보다 유능하다고 생각하는 것은 오만이다. 정부가 규제를 만들고, 재화와 용역 가격을 결정한다면 시장 질서를 왜곡시켜 더 큰 부작용을 낳을 뿐이다. 시장실패보다 더 심각한 것이 '정부실패government failure'다."

에이먼 버틀러Eamonn Butler 애덤스미스연구소장이 『공공선택론 입문Public Choice: A Primer』에서 정부의 간섭을 비판한 말이다. 공공선택론은 행정학의 새로운 분야다. 정당, 정부, 선거 등 정책 결정 참여자와 제도에 주로 초점을 맞추는 기존 행정학과 달리 일련의 정치·행정 과정을 경제학적 관점으로 접근한다. 정부는 도로와 항만 등 공공재 공급자고, 시민은 공공재 소비자라고 규

다시 읽는 명저

정한다. "자기 이익을 추구하는 시민 개개인의 선택이 결과적으로는 행정 효율을 높여 공익을 증진시킨다"는 게 공공선택론의 주된 내용이다. 자율적으로 조정하는 시장경제만큼 효율적인 정부가 없다는 것이다.

"민간보다 유능한 정부 없다"

버틀러는 "경제와 마찬가지로 행정 분야에서도 정부 간섭이 적을수록 효율적"이라며 "공공분야 효율성을 높이기 위해 경쟁체제를 도입해야 한다"고 역설했다. 버틀러가 영국에 설립한 애덤스미스연구소는 자유주의 경제학의 전도사 역할을 담당하고 있다. 2010년 미국 펜실베이니아대와 미국 외교안보 전문잡지《포린 폴리시》가 선정한 해외 싱크탱크 톱10에 뽑히기도 했다.

버틀러는 독점 체제인 행정 서비스는 의사결정 초기부터 구조적 문제점을 지닌다고 비판했다. 그는 "국민 대리인인 정치인과 전문능력을 지닌 관료제가 국가 목표를 효과적으로 달성하는 데 도움이 된다"는 고전행정학의 전제前提도 부정했다. 정치인과 관료들은 본질적으로 자기 집단의 이익을 추구하기 때문에 이들에 대한 견제가 필요하다고 강조했다.

"자비롭고 전지전능한 정부가 경제와 행정을 개선할 수 있다고 믿는 것은 순진한 생각이다. 정책은 정치인과 이익집단, 관료에 의해 크게 영향 받는다. 정치인들이 이권이 걸린 법안을 품앗이 형식으로 서로 동의해주는 투표거래投票去來, 즉 '로그롤 링logrolling'이 빈번하게 발생하는 이유다. 로그롤링의 결과로 법률이 양산된다. 정부 덩치는 더 커진다. 커진 정부는 관료제를 비육肥肉시키고, 관료들은 더 많은 예산과 권한을 요구한다. 음식을 과다하게 섭취해 고도비만자가 되고, 더 자주 허기를 느끼는 고도비만자가 더 많은 음식을 먹어치우는 식이다."

버틀러는 예산이 매년 늘어나고 조직이 갈수록 비대해지는 것도 관료들의 이익 추구 때문이라고 설명했다. "급변하는 사회에 맞게 제도를 정비하다 보니 역할이 커질 수밖에 없다"는 주장은 행정 서비스 소비자(시민) 관점이 아니라 행정 서비스 생산자 관점에 지나지 않는다는 것이다. "'큰 정부'란 단순히 정부 조직이나 관료 숫자가 많은 것만을 의미하지 않는다. 관료들이 자의적으로 적용할 수 있는 규제가 많거나, 정부가 지키기 어려운 법을 만들어 관료 힘이 비대해진 정부를 말한다. 관료들은 더 나은 제도를 만들기 위해 조직을 키우고 인원을 늘린다고 말한다. 비대한 행정조직을 손본다며 '행정혁신위원회'를 만든다."

버틀러는 다수결을 기반으로 한 민주주의는 중우정치衆愚政治로 전락할지 모른다는 경고도 내놨다. 정치인과 관료가 자기 이익을 확장하기 위해 다수를 만족시키는 포퓰리즘 정책과 손잡을 가능성이 높아서다. 이런 상황에선 개인의 선택이 존중받기어렵고, 제대로 된 행정서비스를 기대하기 힘들다.

다시 읽는 명저

궁극적 해결책은 '작은 정부'

"타락한 민주주의는 두 마리의 늑대와 한 마리의 양이 저녁 식사를 위해 누구에게 누구를 먹게 할지 투표하는 것과 같다. 민주주의는 국민의 과반수, 극단적으로 말하면 51%가 나머지 49%를 억압할 수 있기 때문이다. 소수가 착취되는 상황을 막기 위해서라도 다수 전횡을 억제할 제도적인 장치가 마련돼야 한다."

버틀러는 '작은 정부'만이 궁극적인 해결책이라고 역설했다. 그는 "행정 서비스에 경쟁체제를 도입하고, 정책결정 과정에 민간 참여를 늘리는 것도 중요하다"는 조언을 내놨다.

"선善한 의도로 정부가 개입했지만 기대와는 달리 사회적 비용만 가중시킨 사례는 흔하다. 정책 결정과정에 민간 참여를 확대하는 것이 중요하다. 정책성과는 새로운 규제를 만드는 것이 아니라 기존 규제를 철폐하는 것에서 출발한다. 정부 규모가 증가하지 않도록 지출을 국내총생산GDP 대비 일정 수준으로 제한해야 한다. 규제 혁신에 나선 공무원들에게 승진과 보수 인센티브를 제공할 필요가 있다."

군중심리학

귀스타브 르 봉

"군중은 비이성적·충동적 존재"

양준영

"군중을 구성하는 개인이 누구든, 그들의 생활양식·직업·성
격 혹은 지적 수준이 비슷하든 아니든, 그들은 군중의 일원이
라는 사실만으로 일종의 집단정신을 갖게 된다. 그리고 이것
은 각자가 고립된 개인으로서 느끼고 생각하고 행동하던 방식
과는 전혀 다른 방식으로 느끼고 생각하고 행동하게 만든다."

프랑스 사회심리학자이자 사상가인 귀스타브 르 봉Gustave Le
Bon(1841~1931)은 일찌감치 군중의 힘에 주목했고 이를 연구 대
상으로 삼았다. 1895년 출간된 『군중심리학Psychologie Des Foules』은
혁명과 쿠데타, 왕정복고와 전쟁의 혼란이 이어졌던 19세기 프
랑스 사회의 군중 연구를 통해 군중은 어떤 존재인지, 그런 군
중의 행동을 지배하는 원리는 무엇이고, 그들을 이끄는 리더십
은 무엇인지를 분석하고 있다.

다시 읽는 명저

군중의 난폭성은 원시인의 본성

저자는 『군중심리학』 서론에서 "과거에는 소수의 엘리트층이 사회를 이끌었다면, 다가오는 20세기는 군중의 힘이 커지는 '군중의 시대'가 될 것"이라고 예견했다. 군중의 등장을 불가피한 역사 흐름으로 보면서도 군중이 지닌 부정적 특성을 우려했다. 그가 군중 연구에 집착한 이유도 군중을 제대로 알아야 올바로 이끌 수 있다고 봤기 때문이다.

일부에서는 『군중심리학』이 보수적이고 엘리트적인 관점에서 정치 지도자 등의 선동에 휘둘리는 어리석은 군중의 모습을 과도하게 묘사하고 있다고 비판한다. 하지만 100여 년 전에 지금도 흔히 나타나는 비이성적이고 충동적인 군중의 사고 및 행동 양상을 예리하게 통찰한 데 대해 놀라지 않을 수 없다.

저자는 군중의 이름으로 이뤄지는 모든 형태의 시위와 폭력을 혐오했다. 1871년 노동자 봉기로 세워진 노동자 정권인 파리 코뮌과 1894년 이후 유대인 장교 드레퓌스의 간첩 혐의를 둘러싸고 벌어진 프랑스 사회의 분열과 대립을 지켜보며 이 같은 생각을 굳혔다. 그는 "개개인의 지성과 판단력을 상실한 채 집단정신에 휩쓸려 움직이는 군중은 믿을 수 없다"고 했다.

르 봉은 군중은 개개인의 총합이 아니라고 강조했다. 군중은 개개인의 특성과 관계없는 전혀 새로운 존재며, 그 결과 더 현명해지는 게 아니라 우매해진다는 게 그의 주장이다. 또 "비이성적이면서 충동적 존재인 군중은 쉽게 흥분하고 무책임하고 자주 난폭해진다"고 했다.

저자는 군중의 특징으로 충동성, 변덕, 과민 반응, 맹신, 권위주의 등을 꼽았다. 항상 무의식에 지배되고 생각과 감정이 일정한 방향으로 전환되는 것도 군중의 일반적 특성으로 봤다. 그러면서 "인간은 혼자일 때는 교양있는 개인일지 모르나 군중 속에서는 본능에 따라 행동하는 야만인일 뿐"이라고 지적했다. 군중 속 사람들이 난폭해지는 것은 원시인의 본성이 튀어나오기 때문이라고 설명했다.

『군중심리학』은 군중 민주주의를 고찰한 비판적 이론서다. 하지만 엉뚱하게도 히틀러와 무솔리니, 스탈린 등의 독재자들은 대중을 선동하며 전체주의체제를 확립하는 데 르 봉의 군중 심리 분석을 활용했다.

르 봉은 "군중의 마음속에 천천히 이념과 신념을 불어넣을 때 지도자들이 사용하는 방법은 확언, 반복, 전염 등 세 가지"라고 했다. 그리고 "이 같은 수단들의 작용은 아주 느리지만 그 효과는 오래 지속된다"고 설명했다. 권력을 잡으려는 정치 지도자들이 논리적으로 설득하기보다 반복적인 말과 강렬한 이미지로 감정에 호소함으로써 군중을 사로잡으려는 것도 이런 이유에서다. 이때 환상을 심어주는 것도 군중을 사로잡는 중요한 요소라고 저자는 전했다.

군중은 정치 선동의 먹잇감일 뿐

저자는 "입법자가 새로운 세금을 부과하고자 할 때 그는 과연 이론적으로 가장 정당한 것을 선택해야 할까?"라는 질문을 던진 뒤 "그렇지 않다"는 답을 내놨다. 오히려 그 세금이 가장 눈에 덜 띄고 외관상으로 가장 부담이 적어 보인다면, 가장 부당한 세금이라도 군중에 사실상 가장 훌륭한 것이 될 수 있다고 주장했다. 오늘날도 마찬가지지만, 비록 그 부담이 엄청나더라도 간접세가 항상 받아들여지는 것은 이런 이유 때문이라는 것이다.

집단 속 개인들의 감정과 무의식에 주목한 르 봉의『군중심리학』은 집단심리학과 정신분석학에 큰 영향을 미쳤다. 정신분석의 창시자로 일컬어지는 지크문트 프로이트가 이 책에 대해 "대중의 심리를 정확하고 섬세하게 짚어냈다"고 평가했을 정도다.

민주주의와 시민사회 발전을 고려할 때『군중심리학』이 출간된 19세기 후반의 군중과 현대 군중을 같은 선상에 놓고 비교하기는 어려울 것이다. 그러나 시민 개개인의 자질과 무관하게 군중이라는 틀 속에서 사회 구성원의 모습을 이해하는 데 르 봉의 통찰은 지금 한국 사회에도 많은 시사점을 주고 있다.

우리는 왜 극단에 끌리는가

캐스 선스타인

"같은 생각을 가진 조직은 극단으로 흐른다"

김태철

"동질적 집단은 극단으로 흐르기 쉽다. 광신집단을 만드는 가장 쉬운 방법은 비슷한 생각을 가진 집단을 외부와 격리시키는 것이다. 구성원들은 시간이 지나면서 외부 정보를 불신하게 된다. 토론을 거듭할수록 보고 싶은 것만 보고, 믿고 싶은 것만 믿는 확증편향성確證偏向性이 강화되기 때문이다."

캐스 선스타인Cass R. Sunstein 미국 하버드대 로스쿨 교수는『우리는 왜 극단에 끌리는가Going to Extremes』에서 집단사고의 위험을 경고했다. 끼리끼리 모여 의견을 나누면 여러 의견을 절충해 합리적인 의사결정을 내리기보다 오히려 더 극단적인 입장을 갖는 경향이 있어서다. "실험 결과 인종적 편견이 있는 백인들은 토론을 거친 뒤 인종적 편견이 심해졌다. 구성원의 교양 수준은 별로 영향을 미치지 못했다. 연방판사들조차도 비슷한 성향끼리 재판부를 구성할 때 더 편향적인 판결을 내렸다."

폐쇄성이 키우는 괴담과 증오

법학자이자 인간행동 연구 분야 석학인 선스타인은 『루머On Rumours』 등을 통해 집단사고가 어떤 과정을 통해 만들어지는지, 의사결정에 어떻게 영향을 미치는지 등을 분석했다. 국내에서 그는 리처드 세일러 미국 시카고대 석좌교수(2017년 노벨경제학상 수상자)와 세계적인 베스트셀러 『넛지Nudge』를 함께 쓴 공동 저자로 잘 알려져 있다.

선스타인은 소통 창구인 인터넷이 되레 불통과 극단주의를 부추겨 음모론과 증오를 확산시키고 있다고 지적했다. "사람들은 자기 입장과 가장 잘 들어맞는 토론방을 검색하고 선택한다. 자기 생각과 맞지 않는 토론방은 떠난다. 비슷한 사고를 가진 사람들끼리 의견을 주고받는 과정을 거치면서 사고는 극단으로 치닫는다."

선스타인은 이런 현상을 '집단 극단화group polarization'라고 규정했다. 1930년대 파시즘, 1990년대 이후 테러리즘, 사이비 종교 등을 집단 극단화 사례로 꼽았다. 2008년 글로벌 금융위기와 주기적인 부동산 가격 폭락도 같은 맥락에서 설명했다. 절대다수의 전문가와 시장 참여자들이 경제 낙관론과 부동산 불패론을 서로 키우는 바람에 닥쳐올 위험을 제대로 감지하지 못했다는 것이다.

선스타인은 '확증確證의 힘'과 '평판評判의 압력' 등을 집단 극단화의 원인이라고 했다. 사람들은 다른 사람이 자신의 의견에 동조하면 자신이 옳다는 생각을 굳히곤(확증하곤) 한다. 무엇이 옳은지 안다고 생각하면서도 좋은 평판을 유지하기 위해 집단 의견에 따르기도 한다. 이런 과정이 이어지면서 '편향동화偏向同化'가 발생한다. 다른 의견은 어리석고 터무니없는 것으로 치부하고, 자신과 같은 주장은 현명하고 논리적인 것으로 받아들여 결국 자신의 기존 입장을 더 강화하는 것을 말한다.

'사회적 폭포 효과social cascades'는 처음에는 소수에 불과하던 강경론자의 믿음과 주장이 극단화 마지막 단계에서 다수에게 급속히 확산되는 현상이다. "사회적 폭포 효과를 통해 생겨난 믿음은 사실과 다를 가능성이 높다. 2001년 9·11테러가 미국과 유대인의 음모로 일어났다고 믿는 것이 대표적이다. 아무리 합리적인 설명을 내놔도 괴담은 수그러들지 않는다."

한국도 예외는 아니다. 2008년 광우병 사태와 2010년 천안함 폭침이 그런 경우다. 미국산 소고기를 먹으면 뇌에 구멍이 뚫린다는 '뇌송송 구멍탁' 괴담에 수많은 사람이 거리로 쏟아져 나왔다. 일부 종북 세력은 아직도 '천안함 폭침은 한국의 자작극', '천안함 침몰 원인은 잠수함과의 충돌 때문'이라는 음모론을 퍼뜨리고 있다.

'이종교배' 조직이 극단화 방지

선스타인은 집단 극단화 여부를 잣대로 조지 W. 부시 행정부와 링컨 행정부를 분석했다. "2003년 미국의 이라크 공격

다시 읽는 명저

은 조지 W. 부시 행정부 내 집단 극단화가 원인이었다. 부시 행정부는 동질성이 강한, 이른바 '라이벌 아닌 사람들의 팀 team of unrivals'으로 구성됐다. 그곳에서 반대 의견은 충성심 부족으로 간주됐다. 전쟁 명분이었던 '이라크의 살상무기 확보'가 사실이 아니라는 첩보들이 있었지만 무시됐다. 특정 사고를 공유하는 집단이 의사결정을 좌우할 때 야기되는 정책 실패를 그대로 보여줬다."

선스타인은 링컨 대통령의 성공을 건강한 '라이벌들의 팀team of rivals' 덕분이라고 강조했다. "링컨은 자기 생각에 이의를 달 수 있는 다양한 사람들을 의도적으로 선택했다. 그리고 그들의 주장을 하나하나 검토해 가장 합리적인 판단을 내렸다. 조직 내 다양한 의견을 가진 사람들이 견제와 균형을 이루는 것이 집단 극단화를 막는 가장 확실한 방법이다."

정적政敵까지 포용한 링컨의 리더십은 이념과 계층 등 갖은 갈등으로 홍역을 앓고 있는 우리 사회를 돌아보게 한다.

트러스트

프랜시스 후쿠야마

"사회 신뢰수준이 국가 경쟁력 좌우"

양준영

"선진국과 후진국의 차이는 '신뢰자본'의 차이다. 신뢰기반이 없는 나라는 사회적 비용 증가로 선진국 문턱에서 좌절하고 말 것이다."

프랜시스 후쿠야마Francis Fukuyama 미국 스탠퍼드대 교수는 1995년 펴낸『트러스트Trust: The Social Virtues and The Creation of Prosperity』에서 국가 번영을 이루기 위한 중요 요소의 하나로 '신뢰'를 지목했다. 일본계 미국인 정치경제학자인 저자는 "경제적 현실을 검토해 얻을 수 있는 가장 큰 교훈은 한 국가의 복지와 경쟁력은 하나의 지배적인 문화적 특성, 즉 한 사회가 고유하게 갖고 있는 신뢰의 수준에 따라 결정된다는 사실"이라고 강조했다.

후진 사회일수록 신뢰자본 부족

후쿠야마 교수는 1992년 "이데올로기 대결에서 패한 마르크스·헤겔주의적 역사는 끝났다"고 밝힌 『역사의 종언』에 이어 출간한 『트러스트』로 세계적인 학자로 명성을 얻었다.

후쿠야마 교수는 "지속 성장을 달성한 국가는 신뢰자본이 풍부한 국가"라고 했다. 신뢰 수준이 높은 사회일수록 각종 계약·거래와 관련한 불신不信 비용이 적어 효율이 높아진다는 설명이다. 사회 구성원이 언제나 서로에게 믿음을 갖고 경제활동을 할수 있다면, 다양한 거래에서 나타나는 비용이 줄어들고 예상치 못한 손해에 대비해야 할 필요성도 감소한다. 반면 신뢰가 부족한 사회에서는 위험회피 비용이 필요하기 마련이다.

저자는 한 사회의 신뢰 수준이 '사회적 자본social capital'의 핵심 요소라고 강조했다. 여기서 말하는 신뢰는 개인 간 관계뿐 아니라 개인과 국가 간 관계를 포괄하는 개념이다. 세계은행도 2007년 내놓은 〈국부는 어디에서 오는가Where is the wealth of nations〉 보고서에서 "한 나라의 부富는 법질서와 신뢰, 지식경쟁력 등 사회적 자본에서 나온다"고 지적했다. 보고서에는 "경제협력개발기구OECD 회원국은 국부의 81%를 사회적 자본으로 만들어냈지만, 후진국으로 갈수록 그 비중이 줄어든다"고 했다.

1972년 노벨경제학상을 받은 경제학자 케네스 애로가 "모든 상거래는 신뢰라는 요소를 지니고 있으며, 경제적 후진성의 대부분은 상호 신뢰 결핍으로 설명할 수 있다"고 지적한 것도 같은 얘기다. 상호신뢰 결여가 개발도상국 발전을 가로막는 요인이라는 것이다.

20여 년 전 분석이지만, 후쿠야마 교수는 대표적인 '고高신뢰 사회'로 일본, 독일과 함께 미국을 꼽았다. 그는 "이들 국가는 산업화에 의해서가 아니라 자발적 사회성이라는 건전한 사회적 유산을 갖고 있기 때문에 거의 모든 부문에서 주도적인 강대국이 됐다"고 설명했다. 자발적 사회성은 강한 신뢰를 바탕으로 새로운 집단과 결합·협업할 수 있는 능력을 말한다.

저자는 다만, 미국은 신뢰자본이 쇠퇴하는 조짐이 나타나고 있다고 분석했다. 시민들이 유럽 국가나 일본에 비해 훨씬 많은 돈을 변호사들에게 내는 것이나 치안 비용이 계속 늘어나는 점 등은 사회 신뢰가 감소하면서 비용 증가로 이어진 사례라고 지적했다.

후쿠야마 교수는 『트러스트』에서 한국을 중국·이탈리아·프랑스와 함께 '저低신뢰 국가'로 분류했다. 혈연이나 지연과 같은 태생적 신뢰가 아니라 사회 공통의 규범을 바탕으로 서로 믿고 존중하며 자발적으로 협력하게 하는 신뢰는 부족하다는 설명이다. 규범과 가치에 대한 사회적 공유가 안 되고 있다는 것으로, 저자는 "가족적 유대만을 유지하고자 하는 가족주의는 경제 발전에 장애가 된다"고 꼬집었다.

후쿠야마 교수가 지금 개정판을 낸다면 한국 사회의 신뢰 수준을 어떻게 평가할지 궁금해진다. 어렵게 쌓은 기존의 신뢰자본마저 훼손했다고 지적하지는 않을지 걱정스럽다.

다시 읽는 명저

규제는 저低신뢰 사회의 단면

한국 사회에서 개개인 사이의 거래를 둘러싼 민·형사 소송이 지속적으로 증가하고 있는 것은 물론, 법 규범과 정부 정책에 대한 신뢰 부족으로 인한 정치·사회적 갈등이 잇따르고 있어서다.

후쿠야마 교수 분석에 따르면 겹겹이 쌓인 정부 규제 역시 신뢰 부족 사회의 한 단면이다. 신뢰가 없다 보니 모든 것을 규정으로 명문화하고, 그래야 책임을 면할 수 있는 사회가 됐다. 신뢰 수준이 높은 사회라면 전혀 들일 필요가 없는 비용과 시간 낭비가 이만저만이 아니다.

"정부는 사회적 자본을 고갈시키는 정책은 손쉽게 시행할 수 있지만, 다시 일으키는 방법을 찾아내는 데는 큰 어려움을 겪는다." 후쿠야마 교수는 국민 신뢰자본을 훼손할 수 있는 정책을 남발해서는 안 된다고 지적했다. 사회 전체가 높은 수준의 신뢰성을 갖추지 못하면 그 사회의 경제 발전은 한계에 부딪히고 만다는 것이다. 자유민주주의와 시장경제 발전을 위해 법과 제도들이 제대로 작동하게 하려면 사회적 신뢰 수준부터 끌어올려야 한다는 지적이다.

자본주의 정신과 반자본주의 심리

루트비히 폰 미제스

"내가 안 풀린다고 세상이 잘못된 건 아니다"

홍영식

"자유기업 정신과 개인의 창의성을 발휘하는 길에 장애물을
덜 설치하려고 노력한 나라일수록 오늘날 더 번영하고 있다.
창의와 혁신이 가능한 자본주의만이 인류를 가난에서 구하
고, 풍요와 번영을 가져다주는 유일한 길이다."

오스트리아 학파의 거두인 루트비히 폰 미제스Ludwig von Mises
(1881~1973)는 대표적 자유주의 경제학자로 꼽힌다. 그가 『자본
주의 정신과 반자본주의 심리The Anti-Capitalistic Mentality』를 쓴 것은
시장경제에 반대하는 기류가 곳곳에 퍼져있음을 안타까워했기
때문이다. 그는 자본주의에 대한 사회주의자들의 공격을 방어
하고, 사회주의는 소멸할 수밖에 없다는 점을 논리적으로 제시
하는 데 주력했다.

그는 사회주의자들이 "시장경제체제에서 대기업은 우월적
인 지위를 이용해 산업 전체를 독점하면서 소비자가 그 피해를

본다"고 비판한 데 대해 "그렇지 않다"고 잘라 말했다. "과거 소수 철도회사들이 지나치게 비대해지면서 그들과 대항해 경쟁하는 것은 불가능한 듯했다. 경쟁이 배제됐기 때문에 자본주의는 운수 분야에서 자기 파멸 단계에 도달했다는 주장도 있었다. 그러나 버스, 트럭, 항공기 회사 등 새로 등장한 경쟁자들이 철도회사를 고전苦戰에 빠뜨렸고, 재기불능 상태로 몰아넣었다."

"경쟁 역동성이 사회 발전 원동력"

미제스는 "거대한 기업이 한 산업을 독점적으로 장악할 것이라는 우려는 시장을 움직이지 않는, 즉 정태적인 것으로 잘못 파악해 생긴 일"이라고 지적했다. 시장은 끊임없이 변하기 때문에 새로운 도전이 생겨나고, 그 결과 독점은 자연스럽게 무너질 수밖에 없다는 것이다.

자본주의가 불평등을 심화시켰다는 데 대해서도 반증박했다. 그는 "불평등은 특정인에게만 법적인 특권을 부여할 때 생긴다"며 "계층 이동이 가능한 자본주의 사회에서는 성공하고 부자가 될 수 있는 기회가 누구에게나 주어진다"고 강조했다. 이어 "오히려 사회주의, 집단주의, 연고주의가 만연해 있거나 정부 간섭과 통제가 심한 반反시장경제체제에서 모든 사람에게 기회가 동등하게 주어져 있지 않아 시장경제체제보다도 빈부차가 더 크게 되고, 계층 간 이동도 어렵다"고 지적했다.

그는 '소비자 주권론'을 강조했다. 기업가들은 그들이 만드는 상품이 소비자에게 선택되느냐, 그렇지 않냐에 따라 운명이 좌우되기 때문이다. 그는 "자본주의체제에서 기업가들은 소비자의 요구를 충족시키지 못하면 일순간에 시장에서 밀려날 수밖에 없고, 오직 훌륭한 기업가 정신을 발휘할 때만 재산을 유지할 수 있다"고 강조했다. "경쟁의 역동성이 사회를 발전시키는 원동력이다. 시장경제에서 부富는 봉건 군주제하에서의 약탈과 지배로 이룬 부와는 근본적으로 다르다"는 말도 했다.

소유권이 보장되는 시장경제체제와 정치적 자유는 떼려야 뗄 수 없는 관계라는 점도 강조했다. 그는 "시장경제에서 선택 경험을 가진 소비자들은 유권자로서 국가 봉사자들을 선택하기를 바라는 마음으로 연결돼 정치에서의 민주화 요구로 나타나게 된다"고 강조했다. 이어 "시장경제체제에서 누릴 수 있는 소유권이 없어지면 정치적 자유도 없어진다"며 "인쇄소나 방송국, 통신사가 모두 국유라면 정치적 자유가 가능하겠는가"라고 반문했다.

자본주의 초기 노동자들이 열악한 생활을 면치 못한 것은 자본가들의 착취 때문이라는 비판에도 반론을 폈다. 그는 "자본주의체제 이전 대다수 대중은 군주와 지주 등으로부터 무자비한 착취를 당해 극빈 상태에서 헤어나지 못했다"며 "산업혁명 이후 절대빈곤을 피해 공장으로 올 수밖에 없었던 이들의 임금이 아무리 적었을지라도 다른 영역에서 벌 수 있었던 것보다는 많았다"고 했다.

자본의 중요성도 강조했다. 그는 "공장에서 1인당 생산성이 높아지면 실질임금이 증가하고, 이는 인구 증가와 함께 생활수준을 향상시킨다"며 "높은 생활수준은 저축을 늘리고, 자본 증가로 이어진다. 국가는 개인당 투하 자본의 증가에 비례해 더욱 번영하게 된다"고 했다. 이어 "경제부흥은 기적에서 나오는 게 아니라 시장경제 원리에 맞춰 자본가들의 투자가 왕성하게 이뤄지도록 하는 데서 오는 것"이라고 강조했다.

"소유권 없이는 정치적 자유도 불가능"

자본주의가 인류의 삶을 크게 개선했음에도 불구하고 왜 사람들 사이에서 '반_反자본주의 심리'가 나타나는지도 설명한다. 미제스는 "자본주의 사회에서는 모든 사람에게 기회가 주어지지만 실제 성공하는 사람은 소수에 불과하다"며 "별 성과를 올리지 못한 많은 사람이 자신의 잘못이 아니라고 변명하기 위해 다른 속죄양을 찾는 경향이 있다"고 지적했다. 그래서 자본주의를 잘못된 체제로 보고, 대기업이나 권력자들이 탐욕스럽다고 비판한다는 것이다.

그는 "자본주의하에서 각자가 어떤 삶을 사느냐는 철저히 자신들이 어떻게 행동하느냐에 달렸다"며 "자신이 남보다 못하다고 해서 세상이 잘못됐다는 식의 변명은 통하지 않는다"고 강조했다.

대중의 반역

오르테가 이 가세트

"획일적 평등주의가 문명사회 최대 위험"

김태철

"오늘날 우리는 이전 시대와 비교할 수 없을 정도로 진화된 세계에 살고 있다. 하지만 대중은 이 세계가 탁월한 개인들이 이뤄낸 분투奮鬪의 산물이라고 생각하지 않는다. 복지 혜택에만 관심을 기울일 뿐 복지를 가능케 하는 개인의 창의성과 정당한 노력의 대가에 대해서는 무관심하다. 대중은 그들이 추구하는 획일적 평등주의가 문명사회를 지탱하는 각종 시스템을 서서히 무너뜨린다는 사실을 망각하고 있다."

『대중의 반역La Rebelion de las Masas』은 스페인 출신인 세계적 철학자 호세 오르테가 이 가세트Jose Ortega y Gasset(1883~1955)가 일간지《태양》에 기고한 글을 모아 1930년 단행본으로 엮은 책이다. 현대 대중사회의 속성과 본질을 정확히 꿰뚫었다는 찬사를 받고 있다. 미국의 권위 있는 문예잡지《애틀랜틱먼슬리》는 "루소의『사회계약론』과 마르크스의『자본론』이 18세기와 19세기를

대변한다면, 가세트의『대중의 반역』은 20세기를 대변할 것"이
라고 평가했다.

'삶의 국유화' 부르는 국가개입주의

가세트가 분석한 대중은 '특별한 자질이 없는 평균인平均人의
집합체'다. 그런 대중이 민주주의 도입으로 역사의 전면에 등
장했고, 이제는 문명사회를 지배하려 한다고 설명했다. 이를
'대중의 반역'이라고 명명했다. 역사의식과 식견이 부족한 대
중이 이끄는 정치가 인기영합 정책에 휘둘리는 중우정치衆愚政治
로 전락할 가능성이 높아서다. "오늘날(1930년대) 유럽에 나타난
가장 중요한 사실 하나는 제대로 준비되지 않은 대중이 완전
한 사회 주도세력으로 등장했다는 것이다. 유럽이 어느 민족
과 국가도 겪어보지 못한 가장 심각한 위기에 처하게 됐음을
의미한다."

그는 익명성匿名性에 의존하는 대중이 '다수'를 내세워 전방위
적으로 힘을 과시할 것이라고 전망했다. "대중은 국가가 자신
의 이익을 위해 존재한다고 생각한다. 자신들의 투표가 집권 세
력의 정당성을 대변한다고 여기기 때문이다. 그래서 빈곤 등 개
인적인 문제에도 국가가 즉시 개입해 해결해 주기를 기대한다.
이른바 '삶의 국유화'다. 이는 문명 발전의 동력인 개인의 창의
와 자발적 노력을 말살한다."

획일적 평등주의는 대중이 필연적으로 추구하는 가치라는

게 가세트의 지적이다. 대중은 '특정한 기준에 따라 가치 판단을 내리는 것이 아니라 자신을 다른 사람들과 동일시하면서 편안함을 느끼는 사람들'이기 때문이다. "이들(대중)에게 남들과 다르다는 것은 꼴사나운 것이다. 사회의 평균적 기준에 적합하게 자신을 만들어 나가야 한다. 남들이 가지고 있는 만큼 가져야 하고, 남들이 누리는 만큼 누려야 한다. 만약 그 기준에 미달하면 그리스 신화에 나오는 '프로크루스테스 침대'에 눕혀진 사람처럼 길면 잘라야 하고 짧으면 늘려야 한다."

비대해진 대중 권력과 여기에 영합하는 정치세력이 결부하면 자유주의와 민주질서는 파괴되게 마련이다.

"대중에 영합하는 정치가 더 큰 문제다. 정치인들은 대중에게 아부하고 온갖 좋은 말을 늘어놓는다. 대중은 대개 그런 사람들을 선택한다. 힘이 세진 대중은 다른 이들을 차별하고 폭력을 행사한다. 때로는 비범함도 단죄의 대상이 된다. 이것은 결국 비非지성주의를 낳는다. 자기통제를 상실한 대중은 또 다른 불평등과 억압을 만드는 악순환의 고리다."

그가 이런 생각을 하게 된 것은 시대적 배경과 밀접한 관계가 있다. 당시 유럽에서는 급진 공산주의인 볼셰비즘과 국가 전체주의인 파시즘이 위세를 떨쳤다. 볼셰비즘과 파시즘은 모두 대중을 기반으로 한 폭력적 이념이라는 공통점을 지녔다. 대중정치가 최악의 중우정치로 전락한 사례들이다.

다시 읽는 명저

창의적 소수가 역사 발전 주도

가세트는 '선택된 소수'와 '대중'이 각자의 정체성을 깨닫고 자신의 역할에 최선을 다해야 대중정치가 초래할 문제들을 해결할 수 있다고 봤다. "인간은 두 가지 부류로 나눌 수 있다. 하나는 자신에게 많은 것을 요구하면서 스스로 어려움을 누적시키는 사람들이다. 다른 하나는 자신에게 아무런 부담도 지우지 않는 사람들이다. 활력 있는 공동체는 창조적인 삶을 살아가는 소수가 주도한다. 대중이 그들의 활동과 역할을 존중하고 그들의 열정에 동참하면 사회는 저절로 진화한다."

선택된 소수와 대중은 계급적 서열이 아니다. 소명의식 여부와 자질의 우수성을 기반으로 한 것이다. 선택된 소수는 역사와 문명의 발전을 이해하고 시대정신에 맞춰 스스로 의무를 지운다.

선택된 소수와 대중은 서로를 구분 짓는 절대적 경계선도 아니다. "모든 개인의 내면에도 주체적 자아(선택된 소수)와 집단에 대한 의존심(대중)이 혼재해 있다. 개인은 익명성에 함몰되지 말고 사회와 국가를 이끄는 주체세력이 돼야 한다. 이런 냉철함을 바탕으로 선량選良을 뽑아야 대의민주주의도 발전한다."

민족이란 무엇인가

에르네스트 르낭

"인종·언어·영토, 민족 구성요건 아니다"

홍영식

"민족은 인종에서 유래하는 것도, 언어로 구분되는 것도, 종교로 결속되는 것도, 국경선으로 규정지을 수 있는 것도 아니다. 민족이란 언제든지 새로 생겨날 수 있으며, 언젠가는 종말을 고하게 되는 개념일 뿐이다."

근대국가가 성립하면서 본격 등장한 '민족'이란 개념은 인류에게 수많은 갈등을 부추겼다. 민족이란 이름 아래 다른 민족을 대량 학살하는 비극도 적지 않았다. 민족을 구성하는 요인은 무엇이고, 순수한 단일 민족이라는 것이 가능한 건가. 프랑스 철학자이자 언어학자인 에르네스트 르낭Ernest Renan(1823~1892)이 이런 고민을 담아 펴낸 책이 『민족이란 무엇인가Qu'est-ce qu'une nation?』다.

르낭이 민족에 대해 연구하기 시작한 계기는 1870년 발생한 프랑스-프로이센 간 전쟁이었다. 전쟁에서 이긴 프로이센은 프랑스 베르사유 궁전에서 '독일제국'을 선포했다. 이와 함께 독일 민족주의가 전면에 부상했다. 독일은 게르만족이라는 혈통과 독일어라는 언어를 국가 구성요건의 핵심으로 삼았다. 르낭은 민족성의 원칙을 이렇게 인종과 언어에 두는 독일식 민족주의 원리가 틀렸음을 조목조목 반박했다. 종족이나 인종, 지리, 언어, 종교 등은 민족을 결정하는 조건이 아니라는 것이다.

르낭은 "민족이 종족에서 유래한다는 믿음은 무의미하다"며 "유럽만 봐도 이 믿음의 오류는 명백하다"고 했다. 유럽은 로마제국 지배를 받던 당시 하나로 묶여 있었고, 이 국경선 안에서 수많은 민족이 몇백 년간 뒤섞였다. 로마제국이 해체된 이후에도 많은 전쟁과 이동을 통해 민족이 혼합됐다. 따라서 프랑스인은 켈트족이기도 하고, 이베리아족이기도 하며, 게르만족이기도 하다는 것이다. 이탈리아는 갈리아인, 슬라브족, 에트루리아인, 그리스인 등이 섞여 있다고 봤다. 르낭은 "순수한 종족이란 존재하지 않기 때문에 종족에 입각한 민족이란 공상에 불과할 뿐"이라고 지적했다.

"유럽국가들, 여러 종족으로 뒤섞여"

언어가 민족 구성의 필수 요소라고 규정하는 것도 오류라고 했다. 같은 민족이 아닌데도 영어나 스페인어를 쓰는 나라가 적지 않다는 것을 그 방증으로 들었다. 르낭은 "스위스는 서너 개의 언어를 사용하는 여러 인종집단이 합의를 통해 하나의 민족을 형성했다"고 강조했다. 또 "개인적인 양심 문제인 종교도 민족 형성의 충분조건이 되지 못한다"고 했다. 지리적 국경선, 즉 영토를 근거로 한 민족 구분도 의미가 없다. 같은 나라에 두 개 이상의 민족이 살 수도 있고, 전쟁 결과로 국경선이 달라질 수 있어서다.

민족에 대한 자각은 어떻게 일어나는가. 르낭은 "한 민족이 다른 민족의 억압을 받을 때"라며 "승리의 역사보다는 패배, 억압, 고통의 기억을 공유할 때 민족성이 생긴다"고 했다. 예컨대 영국의 끊임없는 위협이 프랑스인들에게 민족성을 일깨웠다는 것이다. 또 "나폴레옹의 저속하고 폭력적인 군사독재는 독일 지성인들을 공포에 떨게 했고, 이런 위협이 독일을 '게르만 민족'이라는 이름으로 뭉치게 했다"고 분석했다.

"공통가치 추구, 함께 살려는 의지 중요"

르낭은 "피히테가 나폴레옹에 맞서 단결을 호소한 '독일국민에게 고함'이라는 제목의 연설을 했는데, 이때의 '국민'은 게르만족을 가리킨다"고 했다. 독일 민족주의를 비판하면서도 나폴레옹이 그런 독일 민족주의 형성에 일정 부분 책임이 있다는 르낭의 지적은 프랑스 내에서 거센 논란을 불러일으키기도 했다.

르낭은 인종, 언어 등에 바탕을 둔 민족주의는 위정자들이 내부 단결 또는 다른 나라와의 전쟁을 치르기 위해 만들어낸 통치 이데올로기의 특성도 있다고 비판했다. 그는 "민족에 충성하는

다시 읽는 명저

애국주의는 갈등을 차단하려는 정치적 도구"라고 지적했다.

그렇다면 민족을 이루는 진정한 요소는 무엇인가. 르낭은 '의지 공동체'를 강조했다. 민족은 '인종과 언어·종교 등과 무관하게 함께 살고, 결속하려는 의지와 욕구를 가진 사람들의 집합'이라는 것이다. 구성원들의 자발적 동의도 기본 요소다. 때문에 "민족은 종족처럼 선천적으로 정해진 것이 아니라 새롭게 결성되는 것"이라고 규정했다.

미국을 예로 들면 인종적 측면에서는 민족이라고 할 수 없다. 하지만 르낭의 해석에 따르면 '인종과 관계없이 주권을 가진 존재들이 공통의 가치를 추구하며, 동일체라고 인식하는 것이 민족'이기 때문에 미국도 민족국가라고 할 수 있다는 것이다. 르낭은 "공동체 삶을 지속하려는 욕구, 각자가 받은 유산을 발전시키고자 하는 의지가 중요하고, 이런 것이 존중될 때 '열린 민족주의'가 된다"고 강조했다.

르낭은 민족은 선천적으로 정해지는 것이 아니라 구성원들의 주관적 의지로 결정되기 때문에 영원불변하는 집단으로 보지 않았다. 그래서 르낭은 "민족보다는 인간 그 자체를 생각해야 한다"고 강조했다. '민족'이라는 이름으로 경계 긋기에 몰두하던 국가들에 경종을 울린 것이다. 르낭은 책 뒷부분에 "르네상스 시대 사람들이 스스로를 프랑스인이거나 이탈리아인 또는 독일인으로 여기지 않았기 때문에 인류 보편적 문화를 창조할 수 있었다"고 했다.

개인 대 국가

허버트 스펜서

"국가 역할은 간섭·개입 아닌 자유 보호"

양준영

"공무원 조직은 어느 정도의 성장 단계를 넘어서면 점점 더
억제할 수 없게 된다. 우리가 프랑스 등 대륙국가의 관료제에
서 보는 것처럼 말이다."

"과거 군주에게 무제한 권위가 있다는 가정을 논박하면서 자
유주의가 등장한 것처럼, 현재의 진정한 자유주의는 의회에
무제한적인 권위가 있다는 가정을 논박할 것이다."

허버트 스펜서Herbert Spencer(1820~1903)는 영국 사회학의 창시자
이자 철학자, 자유주의 사상가다. 그가 주창한 사회진화론(사회다
원주의)은 한동안 '가난한 사람을 멸시하고 제국주의를 정당화하
는 논리'라는 비판을 받았다. 그러나 20세기 후반부터 그의 철
학은 재평가받기 시작했다. 경쟁과 자유주의를 옹호했기 때문
에 반대 진영으로부터 과도하게 비난받았다는 지적도 나온다.

경계해야 할 입법만능주의

19세기 영국의 정치·경제·사회상을 담아 1884년 펴낸 『개인 대 국가*The Man versus the State*』는 스펜서의 대표작으로 꼽힌다. 그는 이 책에서 "국가의 역할과 간섭이 커질수록 개인 자유는 침해받게 된다"며 '작은 정부론'을 폈다. 또 개인의 자유와 책임, 자발적 협동을 강조하면서 과도한 정부 규제의 철폐와 자유무역 확대, 무분별한 복지 축소의 불가피함을 강조했다.

스펜서는 "정부기관이 많아질수록, 시민들 사이에서는 자신들은 아무것도 할 필요가 없고 정부가 자신들을 위해 모든 것을 해야 한다는 관념이 더 많이 생겨난다"고 지적했다. "시민들이 정부 개입에 익숙해지면 바라는 목적을 개인적인 행위나 사적인 조합이 아니라 공공기관을 통해 달성하는 데 더 친숙해질 것"이라며 이를 "노예 상태로 가는 길"이라고 꼬집었다.

스펜서는 정치인과 입법부를 신뢰하지 않았다. 과다한 입법은 개인의 삶과 자유를 침해할 뿐이라고 강조했다. 또 "무식한 입법이 만들어낸 해악은 무식한 치료로 일어난 것과 비교하면 그 양이 엄청나게 많다"며 잘못된 입법에 신랄한 비판을 가했다. "법이 한 짓을 보라. 부적절한 과세로 벽돌과 목재 가격을 올려 집 짓는 비용을 늘어나게 했으며 비용을 줄이기 위해 나쁜 재료를, 그나마도 충분치 않게 쓸 수밖에 없게 했다. 좋은 품질을 요구하면 가격이 올라 수요와 공급이 차례로 줄어들 것이라는 인식조차 없다."

시민들이 입법과 행정의 실패에 지나치게 관대하다는 문제에도 경종을 울렸다. "우리는 입법자들이 저지르는 해악에 대한 책임을 아주 너그럽게 평가한다. 입법자들이 잘 알지도 못하면서 제정한 법 때문에 재해가 일어난 것에 대해 벌을 받아 마땅하다고 생각하지도 않는다."

『개인 대 국가』의 부제副題는 '정부가 해야 할 일은 무엇인가?'이다. 스펜서는 "상업을 규제하거나 국민을 교육하거나 시민의 자선 활동을 관리하는 것이 아니라 정의를 지키고 관리하는 것"이라는 답을 내놨다.

스펜서가 말하는 정의는 흔히 거론되는 개념과는 다른 두 가지 의미가 있다. 첫째는 인간의 자연권 보호로 개개인의 권리가 보장되도록 해야 한다는 것이다. 스펜서는 "모든 인간은 다른 사람의 동등한 자유를 침해하지 않는다면 원하는 모든 것을 할 자유가 있다"고 했다. 이 같은 '동등 자유의 법칙the law of equal freedom'에 따라 시민의 생명권, 신체자유권, 토지사용권, 물질 및 정신의 재산권을 보호해야 한다고 강조했다.

정부 비효율은 비대화의 결과물

국가가 관리해야 할 두 번째 정의는 공적(성과)에 따른 분배다. 각 개인은 자신의 행동에서 생겨나는 이익과 손해를 감수해야 한다는 의미로, '능력에 따른 분배의 불평등'을 인정해야 한다는 것이다. 스펜서는 이것을 국가윤리의 핵심이라고 지

다시 읽는 명저

적했다.

반면 가족윤리의 본질은 관용과 자선으로, 국가윤리와는 다르다고 설명했다. 또 어느 한쪽의 윤리가 다른 쪽을 침범하는 것은 사회적으로 해롭다고 했다. 무엇보다 "가족윤리가 국가윤리 속으로 들어가서는 안 된다"며 "그렇게 되면 게으름과 방종이 만연하면서 사회가 퇴보할 것"이라고 경고했다. 그가 온정주의적 정부를 반대한 이유였다.

스펜서는 분업分業이론을 토대로 효율성을 높이기 위해서는 국가권력을 제한해야 한다고 주장했다. 분업이 가져다주는 이로운 결과 중 하나가 효율성(생산성)의 증대라며, 이는 모든 영역에 적용되는 보편적인 법칙이라고 했다. "정부가 지나치게 많은 역할을 하다 보면 직무 수행에서 비효율적이 될 뿐만 아니라, 그 본연의 역할마저 해치게 된다"며 정부 역할의 전문화(정부권력 제한)를 주장했다.

스펜서가 140여 년 전 영국 사회의 문제를 통찰한 『개인 대 국가』는 140여 년이 지난 우리 사회에도 많은 시사점을 주고 있다.

아나키에서 유토피아로

로버트 노직

"자기 책임 원칙이 존중돼야 정의로운 사회"

김태철

"최소국가는 우리를 불가침의 개인들로 취급한다. 우리는 이 국가 안에서 타인에 의해 도구나 수단으로 이용되지 않는다. 최소국가에서 우리는 존엄성을 가진 개인이자, 인격을 보호 받는 권리자다."

로버트 노직Robert Nozick(1938~2002)은 20세기를 대표하는 미국의 자유주의 철학자다. 25세에 미국 프린스턴대에서 박사학위를 받았고, 30세에 하버드대 철학과 정교수로 임용됐다. 그는 인간 존엄론을 주창한 임마누엘 칸트와 천부권天賦權으로서의 재산권을 강조한 존 로크의 철학적 전통을 계승했다는 평가를 받고 있다. 그의 사상은 1974년 발간된 첫 저서 『아나키에서 유토피아로Anarchy, State and Utopia』에 자세히 담겨 있다.

하지만 그의 철학적 출발점은 사회주의였다. 그는 컬럼비아대 재학 시절 산업민주주의 학생연맹 지부를 창설할 정도로 열성 사회주의자였다. 자유주의자로 전향한 계기는 친구와의 논쟁이었다. 논쟁할 때마다 친구가 자유주의 사상가인 루트비히 폰 미제스와 프리드리히 하이에크를 거명했다. 노직은 "그들의 책을 탐독하면서 사회주의 허구성과 자유주의 우월성을 깨닫게 됐다"고 고백했다.

노직은 세계 각국 정부가 사회 정의와 경제 활성화 등의 명분으로 무차별적으로 시장에 개입하는 것을 비판했다. '최소국가론'을 제시해 과도한 정부 개입으로 인해 제대로 존중받지 못하는 개인 권리를 수호하는 데 초점을 맞췄다. '최소국가'란 외적과 폭력, 사기 등으로부터 국민을 보호하고 계약을 집행하는 과제만을 수행하는 일종의 '야경국가夜警國家'를 뜻한다. 그는 공권력 남용을 원천적으로 차단하는 최소국가를 '현실적인 유토피아'라고 봤다.

공권력 남용 차단하는 '최소국가'

"국가의 위협에 따른 공포는 '만인의 만인에 대한 투쟁'인 무정부 상태의 공포보다는 작다. 무정부 상태보다는 국가가 좀 더 나은 대안이다. 치과 치료에 두려움을 느낄 수 있지만 치료받지 않았을 때 발생할 고통을 생각하면 치료가 더 합리적인 것과 같은 이치다. 소유권과 개인의 독립성을 철저히 보장하는 최소국가는 국가 위협을 최소화할 수 있는 최적화된 시스템이다."

그는 철학자로서 근원적인 원리에 집중했다. 최소국가가 소중한 것은 그것이 자유·재산·생명 등 개인 권리를 진지하게 존중하는 체제이기 때문이라고 설명했다. "우리를 존중하는 최소 국가는, 각자가 자신의 삶을 선택하고 목표와 이상적 인간상을 실현할 수 있도록 도와준다. 자기 책임 원칙이 존중되는 사회야말로 진정한 의미의 정의를 실현시킨다."

노직은 국가가 세금을 급격히 늘리는 것에 반대했다. 소비 감소 등으로 인한 경기 위축과 같은 경제적 이유에서가 아니었다. "세금은 국가의 목적을 위해 개인을 억지로 부리는 일종의 강제노동과 같다"고 봤다. 소득의 20%를 세금으로 내야 한다면 일한 시간 가운데 20%는 자기 자신이 아니라 국가의 목적을 위해 강제로 일한 것이 된다는 논리다.

"정의로운 분배의 충분조건은 그 분배 아래에서 모든 사람이 자신의 소유물에 적절한 소유권을 갖는 것이다. 사유재산권 보장과 자발적 기부 존중이라는 원칙이 제대로 지켜지지 않는다면 사회적 정의를 내세운 그 어떠한 분배도 정의로울 수 없다."

"자유주의는 역사 진보 이끄는 철학"

그렇다고 노직이 빈곤, 실업, 인종차별, 성매매, 환경오염 등 사회·윤리적인 문제들을 외면한 것은 아니다. 국가는 이런 문제들에 직접 개입해서는 안 된다고 주장했다. 시장과 개인, 개인과 개인 사이에서 일어나는 자발적인 질서를 통해 해결해야 한다고 강조했다. 국가 개입은 관료사회의 고질적인 비효율로 인해 투입 비용에 비해 결과가 '빈약'하기 때문이다. 자선단체 활용, 민간 아웃소싱, 시민의식 고양 등을 통해 해결하는 것이 더 효율적이라고 설명했다.

"세계 각국의 정부들은 교육·복지·주거 등 국민생활의 모든 것을 통제하며 간섭한다. 사회주의적 색채가 강한 정부일수록 비효율적이며 국민의 자유와 재산권을 더 많이 침해한다. 이런 정책들은 종국적으로 포퓰리즘(인기영합주의)으로 이어져 개인과 사회의 활력을 위축시킨다."

노직은 하버드대 동료 교수였던 존 롤스John Rawls(1921~2002)와 의 세기적 논쟁으로도 유명하다. 『정의론A Theory of Justice』의 저자 인 롤스는 자유주의적 입장을 띠면서도 평등을 강조한 사회민 주주의 철학자다. 그는 사회적 정의와 분배를 위해 개인의 자유 를 제한해야 한다고 주장해 복지국가 모델의 이론을 제공했다.

이에 반해 노직은 자유와 자기책임주의를 존중하는 조직과 국가가 가장 이상적이라고 반박했다. 『아나키에서 유토피아로』 의 출간 목적도 롤스의 『정의론』을 논박하기 위한 것이었다. 노 직은 사회 정의를 소유와 분배 문제로 접근한 롤스 식 복지국가 는 개인과 국가의 활력과 발전을 저해한다고 강조했다. "사유 재산권과 자유시장경제는 경제적 번영을 가져다준다. 자유주 의야말로 역사적 진보를 가능케 하는 유일한 철학이다."

자유론

존 스튜어트 밀

"여론으로 포장된 '다수의 전횡'은 전체주의"

김태철

"민주주의가 잠재적으로 가장 억압적인 정치 형태가 될 수도 있다. 포퓰리즘이 극성을 부릴 가능성이 높기 때문이다."

"개인의 정치적 성향을 통제 하는 정치적 압제는 가혹하다. 하지만 개인에게 특정 종교나 신념 등을 강요하는 사회적 압제는 더 가혹하다."

영국인들은 '자유'를 논할 때 흔히 '3존three John'을 언급한다. 언론 검열법을 비판한 『아레오파지티카*Areopagitica*』의 저자 존 밀턴John Milton(1608~1674), 『시민정부론*Of Civil Government* 』의 저자 존 로크John Locke(1632~1704), 『자유론*On Liberty*』의 저자 존 스튜어트 밀 John Stuart Mill(1806~1873)이다.

존 스튜어트 밀은 자유를 철학적 개념으로 체계화했다는 평가를 받고 있다. 밀은 1859년 출간한 『자유론』에서 양심, 종교,

언론·출판·집회·결사, 학문, 예술의 자유가 반드시 확보돼야한다고 역설했다. 그래야 개인이 정치권력으로부터 자유로워질 수 있다고 강조했다.

'억압기구'로 돌변한 국가

그는 자유를 위협하는 가장 큰 적敵으로 군주와 독재자를 꼽았다. 개인들이 '만인의 만인에 대한 투쟁'을 피하기 위해 국가를 만들었지만, 오히려 국가 통치자에 의해 억압받는 존재로 전락했다는 것이다. "개인들이 독점적인 권력을 휘두르는 국가에맞서 자유를 지킬 수 있는 방법이 있다. 첫째는 면책조항을 이용하는 것이다. 지배자가 피지배자의 자유를 침해할 경우 반항이나 반란도 정당한 것으로 인정받도록 안전장치를 해두는 것이다. 둘째는 헌법을 통해 지배자의 권력을 통제하는 것이다. 셋째는 국민이 직접 통치자를 뽑는 것이다."

그러나 밀은 이런 방법들이 확실한 자유 수호책이 될 수는없다고 설명했다. 그나마 가장 합리적인 가정인 '국민이 통치자를 직접 뽑으면 자유가 더 잘 보장될 것'이라는 생각도 유지되기 어렵다고 봤다. '권력을 행사하는 국민(집권층)'과 '권력의 통제를 받는 국민(일반 대중)'의 이해관계가 일치하지 않는 경우가많아서다. 통치자가 말하는 '국민 의사'라는 것도 실제로는 권력을 가진 자의 의사일 때가 많다. "국민이 통치자를 뽑는 민주주의가 현재로선 가장 바람직한 정치 형태다. 하지만 다수결 원리로 작동하는 민주주의가 잠재적으로 가장 억압적인 정치 형태가 될 수도 있다. '다수의 전횡'이나 대중에 영합하는 포퓰리즘이 극성을 부릴 가능성이 높기 때문이다."

밀은 사회적 압제의 심각성도 경고했다. "개인의 정치적 성향을 통제하는 정치적 압제는 가혹하다. 하지만 개인에게 특정 종교나 신념 등을 강요하는 사회적 압제는 더 가혹하다. 사회적 압제는 일상생활 곳곳에 침투한다. 마침내 인간의 영혼까지 장악한다."

"이런 모든 압제를 극복할 수 있는 힘은 자유를 지키려는 개인의 각성에서 나온다"는 게 밀의 신념이다. 그는 "각자는 자신의 신체와 정신의 주관자다. 자유를 지키려는 힘이 모아지면 부당한 정치세력으로부터 자유로워질 수 있다. 자유는 침해받아서는 안 되는 자연권이다. 자유가 제한받아야 하는 경우는 오로지 타인의 자유를 방해할 때뿐이다."

밀은 자유 중에서도 가장 기본적인 것이 생각과 토론의 자유라고 봤다. "다수가 억누른 소수 의견이 나중에 진리로 밝혀질 수도 있다. 억압된 의견이 옳았다면 우리는 잘못을 드러내고 진리를 찾을 기회를 잃게 된다. 권력이 막강하거나 특정 이념에 치우친 사람들은 자신들의 주의·주장이 옳다는 오류에 쉽게 빠진다. 다수가 자신들과 다른 의견들을 침묵시키는 것은 전 인류의 권리를 강탈하는 것과 같다."

밀은 '자유'의 핵심 원리 가운데 하나로 다양성을 꼽았다. "개

다시 읽는 명저

성을 파괴하는 것은, 그것이 어떤 이름으로 불려도, 본질은 폭정이다. 개성을 발전시키려면 자유와 생활양식의 다양성이 필요하다. 그 두 가지가 적절히 결합할 때 역사 발전의 원동력인 독창성이 발현된다."

밀은 교육의 다양성을 특히 강조했다. 교육은 사회 구성원의 사고와 행동에 결정적인 영향을 미치기 때문이다. "전체주의 국가는 지배자가 정한 틀에 국민을 집어넣어 국민을 획일화하려고 한다. 교육이 그런 수단으로 가장 많이 활용된다."

"자유 지키려는 각성이 압제 극복"

밀이 '다양성'의 관점에서 당시 중국을 분석한 것을 보면 흥미롭다. "중국은 한때 놀라운 재능과 지혜를 과시했다. 숱한 현자와 철학자들이 중국의 황금시대를 열었다. 이런 국가라면 계속해서 세계 역사를 이끌어가야 했다. 하지만 중국은 더 이상 의미 있는 역사적 진보를 이뤄내지 못하고 있다. 통치자들이 교육과 관습을 통해 사람의 생각과 행동을 획일적으로 통제했기 때문이다."

『자유론』은 세상에 나온 지 약 160년이 흘렀지만 여전히 적지 않은 시사점을 던져준다. 국가권력은 평등, 복지, 경제 활성화 등의 명목을 내걸고 더욱 비대해지고 있다. 반면 개인은 점점 더 자율성을 잃어가고 있다. 정부가 '다수의 뜻'을 좇아 개인의 삶을 정형화·획일화하고 있어서다. 밀의 표현을 빌리면 "국가가 '다수의 이름'으로 국민을 온순한 꼭두각시로 만들고 있는 중"이다. 『자유론』은 우리가 살고 있는 21세기에도 '다수결'과 '여론'이라는 이름으로 행해지는 국가주의, 집단주의, 획일주의 위험을 경고하고 있다.

군중행동

에버릿 딘 마틴

"현명한 개인도 군중 속에선 바보가 된다"

홍영식

"군중시대는 독특하고 섬세하며 은인자중하는 모든 개인을 질식시켜 버릴 것이다. 이토록 진보한 시대에도 개인은 어디에 살든 비속해질 수밖에 없고, 그런 자신의 비속함을 망각하기 위해서라도 거창한 위안거리들을 찾아 헤맬 것이며, 지배 정당의 깃발을 몸에 휘감고 다닐 것이 분명하다. 그는 '100% 군중인간'이 되고 말 것이다."

에버릿 딘 마틴Everett Dean Martin(1880~1941)은 군중의 속성과 행동양식을 연구하는 데 매진한 미국 언론인 겸 교육자다. 그가 1920년 펴낸 『군중행동The Behavior of Crowds: A Psychological Study』은 군중이 왜 분위기에 휩쓸리고 부화뇌동하는지에 대한 원인을 사회학과 심리학에 근거해 조목조목 파고들었다. 그는 "개인은 현명하고 합리적이지만, 군중의 일원이 되는 순간 바보가 된다"며 "군중은 개인 안에 존재하는 또 다른 자아"라고 규정했다. 마틴에 따르면 군중 속에서 개인은 자신이 믿고 싶은 것만 믿으며, 진리를 알려고 하지도 않는다. 개인은 군중에 자신을 일체화시킴으로써 다른 인격체로 행동한다. 군중 일원으로 행동함에 따라 책임소재는 불분명해지고 책임성이 결여되면서 감정적으로 흐르기 쉽다.

일부에선 『군중행동』이 보수적인 관점에서 정치 선동에 휘둘리는 군중의 모습을 다소 과장되게 묘사했다고 지적한다. 그러나 군중의 비이성적이고 충동적인 사고 및 행동 양상 등을 탁월하게 분석했다는 게 일반적인 평가다.

마틴은 군중의 개념과 관련해 프랑스 역사학자인 귀스타브 르 봉의 심리학적 해석을 따른다. 군중 속에서 개인성은 사멸하고 개개인의 특성과 전혀 관계없는 집단심리가 형성되는데, 이것이 르 봉이 내세운 '군중의 심리적 단일화 법칙'이다.

마틴은 여기에 '무의식' 개념을 추가했다. 군중심리는 무의식에서 억압된 것들이 콤플렉스로 표출된 것이라고 규정했다. 억눌려진 인간의 본성은 무의식을 통해 나타나는데, 특히 군중이 됐을 때 그런 현상이 심화된다는 것이다. 마틴은 "군중의 욕망은 강박관념과 피해의식, 열등감 등과 결부돼 폭동과 집단 소요와 같은 정치 행위는 물론 인종주의와 왕따, 마녀사냥 등 다양한 행태로 나타난다"고 했다.

마틴에 따르면 군중은 심리학적으로 집단 최면에 걸린 상태에 놓여 있다. 개인의 개성을 배제하고 맹목적으로 집단화된 의식을 공유하고 있고, 현명한 개인도 집단의 일원이 되면 획일적 사고에 갇히기 십상이라는 것이다. 마틴은 "군중은 약자들의 손에 들린 보복용 무기이자 탁월한 정신을 똑같이 평범하게 만드는 것"이라고 진단했다.

그는 "대다수 사람들은 혐오스런 대상에 처음에는 호기심 때문에 관심을 보이다가 대놓고 놀려댄다. 농담은 모욕으로 바뀌고, 누군가 일격을 날리면 그 순간 집단폭행이 자행되기 시작한다"고 했다. 그런 폭행은 "정의를 위한 일격"이라는 구실로 정당화되며, 급기야 일종의 '대의大義'가 출현한다. 이 군중행동의 주체가 단순히 이익집단, 종교집단을 넘어서서 사회 불만 계층으로 확대될 때 이른바 '군중혁명'이 시도된다.

'영웅 숭배'는 군중의 중요한 속성이다. 마틴은 "영웅은 군중의 이기적 자의식을 반영한 상징"이라고 했다. 군중은 그런 상징을 이용해 자신의 감정을 고양시킬 수 있다. 마틴은 "군중의 자아감정을 고양하는 것은 군중 대표자가 거둔 승리다. 심지어 경마장에서 한 마리의 경주마도 군중 대표자가 될 수 있는데, 그 말이 다른 경주마들보다 몇 센티미터라도 앞서서 결승선을 통과하면 수많은 관중을 격렬한 기쁨과 환희로 들뜨게 만들 수 있기 때문"이라고 했다.

독일의 아돌프 히틀러는 1936년 베를린올림픽을 정치적으로 활용하는 데 마틴의 이런 심리 분석을 토대로 삼은 것으로 알려졌다. 군중주의를 비판한 이론서가 독재자의 전체주의체제 확립에 이용당했다는 것은 아이러니다.

책 전편에 흐르는 마틴의 문제의식은 '어떻게 하면 군중행동에서 벗어나 자유로운 개인이 될 것인가'로 요약된다. 마틴은 군중이 자유·정의 등을 내세우지만 정말로 원하는 것은 '군중이 될 자유'일 뿐이라고 강조했다. 또 "군중 속에서 쌓여가는 것은 지혜가 아니라 어리석음과 광기"라고 했다. 마틴은 군중의 군집 습성이 점점 더 강하게 문명을 압박하는 심각한 위협요소가 돼 가고 있다는 점을 우려했다.

정신적 자유를 획득하지 못하면 정치적으로나 경제적으로 자유인이 되지 못한다는 게 마틴의 결론이다. 군중심리에서 벗어나기 위해 개인들이 인문주의에 바탕을 둔 냉철한 이성과 논리로 무장할 필요성이 있다고 강조했다. 그는 "인문주의의 길을 가는 것은 고독하지만, 그 결과는 용감하고 자유로운 개인을 양산해 군중행동에 의해 변질된 민주주의의 가치를 회복할 수 있게 할 것"이라고 했다.

미국《뉴욕타임스》는 이 책 서평에서 "민주주의가 그토록 쉽사리 군중지배로 전락한 문제를 탁월하게 분석했고, 이웃에게 먼저 일독을 권하기 전 우리 자신부터 읽어야 할 책"이라고 평가했다.

자본주의와 자유

밀턴 프리드먼

"자유에 대한 최대 위협은 권력 집중"

김태완

"미국의 대공황은 몇몇 사람이 그 나라의 통화제도에 막대한 권한을 행사할 때 그들의 실수가 얼마나 엄청난 해악을 끼칠 수 있는지 보여주는 징표다."

"최저임금법에 무슨 효과가 있다면 이는 분명 빈곤을 증대시키는 효과일 것이다. 최저임금제도 도입으로 실업률은 더 올라가게 된다."

1929년 대공황이 발생한 이후 1960년대까지 세계 경제학계는 케인지언Keynesian(케인스학파)의 시대였다. 불황기에 케인스가 주창한 정부의 재정정책은 자본주의 부흥을 이끈 '보이는 손'이었다. 밀턴 프리드먼은 『자본주의와 자유Capitalism and Freedom』(1962년)에서 케인지언의 한계를 지적하면서 정부 개입을 최소화하는 '경제적 자유'의 중요성을 설파했다.

당시에는 크게 주목받지 못했다. 정부의 확대, 그리고 복지국가와 케인스주의적 발상의 승리가 자유와 번영에 끼칠 위험에 대해 심각하게 고민한 사람은 극소수였기 때문이다. 그러나 그의 예견대로 1970년대 들어 인플레이션과 실업률은 역관계(필립스 곡선)라는 기존 관념을 깨뜨린 스태그플레이션이 등장하고, 정부 개입의 부작용에 대한 목소리가 커지면서 선구적인 명저로 평가받게 됐다.

프리드먼은 1921년 뉴욕에서 태어났다. 그의 부모는 우크라이나에서 이민 온 가난한 유대인이었다. 그는 1946년 컬럼비아대에서 경제학 박사학위를 받고 같은 해부터 시카고대에서 경제학을 가르쳤다. 1976년 소비분석, 통화이론 등의 발전에 기여한 공로로 노벨경제학상을 받았다. 케인지언으로 유명한 로런스 서머스 하버드대 총장은 "케인스가 20세기 전반의 가장 영향력 있는 경제학자라면 20세기 후반의 가장 영향력 있는 경제학자는 프리드먼"이라고 했다.

"재정정책은 인플레이션만 유발"

그는 이 책에서 "자본주의 시장의 불안정성이 대공황을 불러왔다"는 당시의 통념을 뒤집었다. 시장이 아니라 미 중앙은행 Fed의 부적절한 통화긴축이 원인이 됐다는 점을 실증했다. 그는 "미국의 대공황은 민간기업 경제 본래의 불안정성을 보여주는 징표이기는커녕 몇몇 사람이 그 나라의 통화제도에 막대한 권

다시 읽는 명저

한을 행사할 때 그들의 실수가 얼마나 엄청난 해악을 끼칠 수 있는지 보여주는 징표"라고 말했다. 그는 대안으로 '안정적인 동시에 정부의 무책임한 간섭에서도 자유로운 통화제도'를 고민했다. 그가 내린 결론은 "통화당국이 안정적 물가 수준을 유지하도록, 통화량의 특정한 증가율을 지키도록 하는 준칙을 법제화하자"는 것이었다. 이후 통화주의자들은 장기적으로 완만한 통화량 증가를 경제 안정의 제1 덕목으로 꼽고 있다.

당시에는 정부가 재정정책으로 실업률을 낮추려면 인플레이션을 감수할 수밖에 없다는 논리가 당연하게 받아들여졌다. 실업률과 인플레이션은 역관계라는 필립스 곡선 이론이다. 프리드먼은 케인지언의 "총수요관리정책은 장기적으로 경기 변동성을 크게 하고 인플레이션만 유발할 뿐"이라고 주장했다. 그는 "정부 지출증가는 화폐소득을 증가시킬지 모르지만 (물가가 오르면 실질소득은 증가하지 않아) 민간 지출은 변하지 않는다"며 "재정정책 효과에 대한 견해들은 경제학적 신화의 일부이지 분석이나 계량적 연구로 입증된 결론이 아니다"고 지적했다. 그의 혜안은 실업률이 떨어지지 않고 물가만 오르는 스태그플레이션이 등장하면서 입증됐다.

프리드먼은 개인의 선택과 자본주의적 경쟁으로 구성되는 경제적 자유의 중요성을 강조했다. 정치적 자유도 경제적 자유가 촉진한다고 봤다. 그는 "정부가 필요한 것은 한 사람의 자유는 다른 사람의 자유를 지키기 위해 제한돼야 하기 때문"이라고 설명했다.

"정부가 자유를 파괴하지 않도록 해야"

존 F. 케네디 대통령은 취임사에서 "국가가 당신에게 무엇을 해줄 수 있는지 묻지 말고, 당신이 국가를 위해 무엇을 할 수 있는지를 물어보라"고 했다. 이에 대해 프리드먼은 "만약 자유인이라면 무엇보다 자유를 보호하기 위해 정부를 통해 무엇을 할 수 있는지 물을 것이다. 그리고 정부가 자유를 파괴하는 프랑켄슈타인이 되지 않게 하려면 어떻게 해야 하는지 질문을 덧붙일 것"이라고 말했다. 그는 "자유에 대한 가장 큰 위협은 권력의 집중이라는 것을 우리들의 이성이 말해주고, 역사가 확인한다"고 강조했다.

그는 이 같은 자유주의적 시각에서 당시 정부 주도의 정책들에 대해 다양한 비판을 쏟아냈다. 연금보험 의무화 및 국영화에 대해 "정부가 시장보다 나은 서비스를 제공할 수 있다고 믿는다면 공기업이 다른 기업과 공개경쟁을 통해 연금을 유치하도록 해야 한다"고 말했다. 그는 복지문제에 대해서도 특정 직업군이나 연령 집단을 지원해서는 안 된다고 못 박았다. 대신 음소득제negative income tax(면세점 이하 소득자에게 정부가 부족분의 일정률을 지원해주는 제도)를 제안했다. 이 제도가 시장을 왜곡하거나 기능을 방해하지 않는다는 것이다.

그는 최저임금법을 "선의의 지지자들이 품은 의도와는 정반

다시 읽는 명저

대의 결과를 낳는 정책의 가장 명백한 사례"로 들었다. 그가 지적한 최저임금에 대한 견해는 요즘의 한국 사회에 적지 않은 시사점을 준다. "최저임금법에 무슨 효과가 있다면 이는 분명 빈곤을 증대시키는 효과일 것이다. 최저임금제 도입은 그렇지 않았을 때보다 실업률을 더 올라가게 한다. 최저임금제로 인해 실업 상태에 빠진 사람들이야말로 최저임금제 도입 이전에 벌었던 소득을 포기할 여력이 가장 작은 사람들이다."

예루살렘의 아이히만

한나 아렌트

"평범한 사람들이 왜 '끔찍한 죄' 저지를까"

홍영식

"나치 독일에서 수백만 명의 유대인을 죽음의 수용소로 보내는 업무를 담당했던 그는 악마가 아니었다. 입신양명을 위해 노력하는 평범한 사람일 뿐이었다. 그가 역사적인 범죄자가 된 것은 자신이 하는 일의 의미를 생각하려 들지 않은 '생각의 무능력' 때문이었다."

1960년 5월 11일 리카르도 클레멘트라는 이름의 남자가 아르헨티나에서 이스라엘 비밀경찰에게 붙잡혔다. 이스라엘로 압송된 그는 예루살렘 법정에 섰다. 그의 본명은 아돌프 아이히만 Adolf Eichman. 제2차 세계대전 당시 유대인 강제이주와 학살 실무 책임을 맡은 독일 나치 친위대 간부였다.

독일 출신 유대인으로 나치 학대를 피해 미국으로 망명한 철학자 한나 아렌트Hannah Arendt(1906~1975)는 이 소식을 듣고 예루살렘으로 달려갔다. 평소 "어떻게 수백만 명의 유대인을 학살하는 끔찍한 일이 아무렇지도 않게 자행될 수 있었는가"라고 의문을 품어왔던 터다. 아렌트는 아이히만의 재판부터 사형 집행까지 1년여 동안을 취재해 《뉴요커》에 연재했고, 이를 묶어 1963년 『예루살렘의 아이히만Eichmann in Jerusalem』을 출간했다.

"아이히만의 죄는 '무無사유'"

아렌트는 아이히만이 살육에 번득이는 괴물이 아니라 평범한 보통 가장이라는 데 놀랐다. "아이히만은 셰익스피어에 등장하는 맥베스 같은 악惡의 화신을 떠올리게 하는 사악함도 없었고, 유대인 혐오자도 아니었다. 주변에서 쉽게 볼 수 있는 중년 남성이었다. 명령 복종을 의무로 여기고, 의무를 지키는 행위를 자랑스럽게 여기고 있었다." 아이히만의 정신 상태를 감정한 의사 6명도 "아이히만은 끔찍할 정도로 정상적"이라고 결론 내렸다. 아이히만이 나치당에 가입하게 된 계기는 "무직無職에 할 일이 없어서"였다. 그런 사람이 어떻게 '악의 집행자'가 될 수 있었을까.

아렌트는 '악의 평범성'이란 개념을 끄집어냈다. 그는 "평범하게 살아가는 사람일지라도 스스로 인식하지 못한 상태에서 커다란 악을 저지를 수 있다"며 "그런 악한 행위는 자기가 하는 일의 의미를 깊이 생각하지 못한 데서 나온다"고 했다. '악의 평범성'을 떠받치는 것은 '생각의 무능력'이라는 지적이다. 아렌트는 "아이히만은 아주 부지런한 인간이었다. 타인의 입장과 자신의 행위에 대해 생각하기를 포기한 것이 결정적 결함"이라고 했다.

이런 생각의 무능은 이성과 보편적인 공감 능력을 마비시키고, 말하기와 행동에서의 무능을 낳는다. 아이히만은 나치의 명령을 충실히 수행했지만, 그 명령이 무엇을 의미하는지에 대해선 생각하지 않았다. 명령의 옳고 그름을 따져 옳지 않은 명령을 거부할 줄 아는 도덕적 능력이 없었기에, 지시를 거부감 없이 받아들였다. 아이히만은 재판에서 "나는 괴물이 아니다. 그렇게 만들어졌을 뿐이고, 희생자"라고 했다. 또 "오직 상관의 명령에 복종했을 뿐이며 그 과정에서 유대인들이 죽은 것은 어쩔 수 없는 일이었다. 다른 사람이 내 자리에 있었어도 똑같은 행동을 했을 것"이라고 했다. 아렌트의 분석에 고개를 끄덕이게 된다.

전체주의 악령은 이런 무사유, 성찰 없는 맹목성에 기인한다. 아렌트는 "성찰하지 않는 인간이 어떤 가공할 결과를 초래하는지, 서로 죽고 죽이는 폭력의 메커니즘이 어떻게 구축되는지를 아이히만의 사례는 잘 보여준다"고 했다. 평범한 사람이라도 권력에 의해 완벽하게 통제될 때 옳고 그름을 가리는 판단능력을 상실하게 되고, 그런 상태에선 악을 악으로 인지하지 못한다는 게 아렌트의 지적이다. 그는 "성실하고도 효율적으로 과업을 완수했던 아이히만은 국가가 원한 도구적 이성의 노예였고, 거기서 악은 정당성을 획득했다"고 했다.

아렌트는 나치의 '언어규칙'에도 주목했다. '언어규칙'이란 윤리에 어긋나는 일을 사람들이 아무 저항 없이 받아들이게 하기 위해 고안해낸 나치의 전략이었다. 가령 유대인 학살을 '최종해결책'이라고 포장했다. 유대인을 수용소에 감금해 죽음으로 몰아간 일을 '재정착'이라고 했고, 살인이라는 말 대신 '안락사 제공'이라고 표현했다. 이런 '언어규칙'은 아이히만이 현실을 무감각하게 받아들이도록 하는 데 큰 도움을 줬다는 게 아렌트의 분석이다.

"악행 멈추게 하는 것은 깊은 성찰뿐"

아렌트가 제시한 '악의 평범성' 이론은 유대인 사회의 거센 반발을 불렀다. 적지 않은 유대인은 아렌트가 학살자 아이히만 개인을 실질적으로 용서한 것이라고 비난했다. 아이히만이 재판정에서 사형을 면하기 위해 가면을 쓰고 연기를 했고, 아렌트가 이에 속아 넘어갔다는 주장도 나왔다. 아렌트의 많은 친구는 절교를 선언하기까지 했다.

아렌트는 언론 인터뷰에서 "아이히만은 분명히 유죄"라며 "다만 다른 사람의 입장과 자신의 행동에 대한 사유가 없는 사회에선 유대인 학살과 같은 만행이 언제라도 다시 발생할 수 있다는 점을 경계하고자 했다"고 말했다.

"무無사유가 인간 속에 존재하는 모든 악을 합친 것보다 더 많은 대파멸을 가져올 수 있다. 나치즘의 광기든 뭐든, 우리에게 악을 행하도록 하는 계기가 주어졌을 때 그것을 멈추게 할 방법은 오직 깊이 성찰하고 사유하는 것뿐이다."

민주주의는 실패한 신인가

한스헤르만 호페

"번영의 원천은 민주주의 아닌 사유재산권"

김태철

한스헤르만 호페Hans-Hermann Hoppe 미국 네바다주립대 경제학과 명예교수는 현대 정치철학계에서 논란의 중심에 서 있다. "주권재민主權在民을 주창하는 민주주의가 개인의 자유를 극대화할 수 있는 최선의 정치체제"(프랑스 철학자 장 자크 루소)라는 대다수 학자의 주장에 반기를 들었기 때문이다. 그가 2001년 저술한 『민주주의는 실패한 신神인가*Democracy: the god that failed the economics and politics of monarchy*』를 통해서다.

호페 교수는 "민주주의는 결코 최선의 정치체제가 아니며, 전체주의나 공산주의만큼 위험하다"고 주장했다. "민주주의 원칙인 다수결多數決이 '포퓰리즘'과 '다수의 폭력'으로 이어져 사회 발전 동력인 개인의 자유와 소유권을 침해하고 있다"는 이유에서다. 민주주의 폐해를 제대로 지적했다는 점에서 그의 저서는 많은 정치학도에게 필독서가 되고 있다.

'익명성'에 숨은 대중의 이기심

'오스트리아 학파'의 맥을 잇는 자유주의 경제학자인 호페 교수는 '대중'이라는 익명성에 숨은 개인의 '주권의식 부재'가 민주주의의 가장 큰 한계라고 봤다. 개인이 '익명성의 그늘'에 들어가면 합리성과 책임감을 잊어버리기 때문이다.

"개인은 국민 또는 대중이라는 포괄적인 집단에 숨어 있을 때 이기적인 모습을 드러낸다. 이전에는 부도덕한 것으로 여겼던 '가진 자'에 대한 수탈도 '공공복리'라는 명분으로 정당화한다. 이런 점에서 민주주의 국가는 계몽군주가 통치했던 근대 네덜란드와 스웨덴보다 낫다고 말할 수 없다. 이들 국가는 적극적으로 개인의 생명과 재산을 보호하고 산업을 육성했다."

그는 포퓰리즘을 민주주의의 태생적 문제라고 주장했다. "민주주의 통치자들은 여론의 향방에 민감할 수밖에 없다. 그래서 다수의 '갖지 못한 자'를 위해 소수의 '가진 자'를 희생시키는 경우가 적지 않다. 사회가 불안정할수록 포퓰리즘 정책과 과잉 복지가 기승을 부린다. '공짜 이득'을 얻으려는 집단도 득실댄다."

호페 교수는 '민주주의 입법 과잉'도 경계했다. "민주정民主政은 어떤 정부 형태보다도 더 많은 법률을 찍어낸다. 정치인들이 표를 얻기 위해서 도와줘야 할 집단과 계층이 너무 많다. 특정 이익집단을 위한 지원법을 만들고, 특정 계층을 위한 세금 감면법도 입법화한다. 다수의 지지를 확고히 하기 위해 '소수의 가진 자'를 억압하는 법률을 쏟아내기도 한다."

호페 교수는 "민주주의가 사회 발전을 이끌 것이라는 맹신能信을 버려야 한다"고 강조했다. '평등'과 '다수'를 중시하는 민주주의는 근본적으로 사적 자치와 자유주의 등 자유시장경제 원리와 충돌해서다. 이념과 제도에 대한 기대보다 자유주의를 우선시하는 사회 분위기 조성이 필요하다고 지적했다. 자신의 삶을 스스로 책임지는 개인이 많을 때 사회가 건강해지기 때문이다.

"민주주의가 미국 건국의 가치라는 주장은 사실과 다르다. 조지 워싱턴, 제임스 매디슨 등 '미국 건국의 아버지들'은 다수에 휘둘리는 민주주의가 개인 재산권과 자유를 해치는 '다수의 폭정'으로 이어질 것을 우려했다. 이들의 최대 관심사는 '어떻게 민주주의를 최대한 실현하느냐'가 아니라 '어떻게 자유와 민주주의를 공존시킬까'였다. 미국 헌법을 기초한 제임스 매디슨 4대 미국 대통령은 입법, 사법, 행정의 권력 분산을 통해 '다수의 폭정'을 막아야 한다고 주장했다. 그가 몽테스키외의 '삼권 분립론'을 헌법에 철저히 반영한 것은 이 때문이었다."

그는 민주주의의 '임기제'는 장점보다 단점이 더 많다고 봤다. "임기가 정해진 정치인들에게 다음 세대까지 고려하는 정책을 기대하는 것은 무리다. 그들에게 가장 시급한 것은 당장 닥쳐온 선거다. 단기 정책에 집중하기 쉬운 민주주의 국가가 '오너십'이 확실하고 장기적인 안목으로 경영하는 군주제 국가보다 우월하다고 보기 어렵다." 그는 "인류가 지속 가능한 발전과 평화를 이루려면 정부 형태보다 기능에 초점을 맞춰야 한

다시 읽는 명저

다"고 강조했다. 어떤 정치체제가 사유재산권을 가장 잘 보호할 수 있느냐가 중요하다는 것이다.

'입법과잉'은 민주주의 태생적 문제

"사적 재산권을 요구하는 인간 본성을 억압하면 사회 발전은 공염불이 된다. '평등'과 '공공의 이익'을 앞세우면 언뜻 고귀해 보인다. 하지만 시민의 도덕적 해이에 기반을 둔 '약탈적 행위'로 이어지기 십상이다. 국가의 부富를 창출하는 집단을 핍박하고 '성장 없는 분배'를 강행하면 경제 침체는 불가피해진다."

'진보'와 '보수'에 대한 그의 견해도 주목할 만하다. "진보는 소수 엘리트들이 미래를 설계하고 자기 뜻대로 세상을 바꿔나갈 수 있다는 시각이다. '진보'의 이름으로 급진적인 정책이 쏟아지는 이유다. 반면 보수는 세상이 설계대로 움직이지 않는다고 본다. 전통과 사회적 유산을 중시하고 점진적인 개선을 통해 사회를 변화시켜야 한다고 주장한다. 전통은 어느 한 순간, 한 개인에 의해 창조될 수 없다. 사회적 유산도 오랜 시행착오를 반복하는 가운데 개인의 성취가 쌓여 축적된다. 개인의 개별성을 존중하고 이들이 마음껏 능력을 발휘하도록 지원하는 게 진정한 보수다."

파시즘: 열정과 광기의 정치혁명

로버트 팩스턴

대중의 미래 비관이 '광기의 파시즘' 불러

백광엽

17~18세기는 '이성의 시대'였다. 이성의 근육을 키운 인류는 19세기에 번영을 달렸고, 그 들뜬 분위기는 20세기 초입까지 이어졌다. 그러나 파시즘이 등장하자 20세기는 한순간에 야만과 반反지성의 나락으로 추락했다. 로버트 O. 팩스턴Robert Owen Paxton의 『파시즘: 열정과 광기의 정치혁명The Anatomy of Fascism』은 파시즘의 전개 과정과 이면을 치밀하게 복기한 노작勞作이다. 전후 60여 년 지속된 파시즘 관련 여러 논쟁을 잠재웠다는 평가를 받는다.

'20세기의 악몽' 파시즘은 '천의 얼굴'을 보였다. 전형적인 형태는 베니토 무솔리니의 이탈리아 파시즘 국가(1922~1943년)와 아돌프 히틀러의 독일 국가사회주의 나치 국가(1933~1945년)다. 비슷한 시기에 오스트리아·헝가리·루마니아·스페인·벨기에·영국·핀란드·프랑스·일본 등에서도 파시즘 운동이 꼬리를 물었다.

팩스턴은 "파시즘은 제1차 세계대전과 러시아 혁명에 대한 반동으로 태어났다"고 봤다. 당시 시대상에 대해 팩스턴은 "종전 무렵 유럽은 재건 불가능한 구세계와, 그들이 결코 동의할 수 없는 신세계로 분열됐다. 인플레는 부르주아적 가치를 비웃으며 통제불능 상태로 치달았다"고 썼다. 또 1917년 러시아에서 레닌이 거둔 승리와, 더 산업화된 독일에서마저 레닌 추종자들이 승리할 것이라는 전망이 중간계급과 상류층을 두려움으로 몰았다고 진단했다.

파시즘은 '이즘'이 아니라 '결집된 열정'

그리하여 낙관적 미래 전망이 불신 받고 '인류의 자연스러운 조화'라는 자유주의적 가정은 의심받았다. "자유주의나 보수주의 같은 기존 정치제도의 역량으로는 해결할 수 없는 사회 경제적 긴장이 야기됐다"는 게 팩스턴의 분석이다. 파시스트들은 타인을 지배하게 하는 것, 민족을 승리하게 하는 것이면 무엇이든 진리로 간주했다. 자유주의와 개인주의를 눈엣가시처럼 여겼고, 마르크스적 평등주의에는 생래적인 알레르기 반응을 보였다. 팩스턴은 파시즘이 '기형적인 우익 사상'이라는 피상적 인식도 반박했다. "무솔리니는 정권 접수 1년 뒤에도 스스로를 사회주의자로 생각했다"는 주장이다.

여타 '이즘'과 달리 파시즘에는 지적 토대나 강령이 없다. 일관되고 논리정연한 정치사상이 아니라 일련의 '결집된 열정'에 연결돼 있을 뿐이다. 역사를 선과 악, 순수와 타락의 이항 대립으로 보는 음모론적 시각에 지배된다.

파시즘은 다른 어떤 정치운동보다 청년반란 선언에 가까웠다. "제복을 갖춰 행진하는 것은 부르주아 가정으로부터 독립을 선언하는 방식으로 여겨졌다"는 게 팩스턴의 관찰이다.

파시즘은 악마화된 '적'을 필요로 했다. 테러가 빠지지 않은 이유다. 폭력이 공공연했지만 사람들은 모르는 척 흘렸다. 보호받는 국민과 '반反사회적 집단'이 엄격히 구분돼 자신은 안전하다고 생각했다. 하지만 "체제의 적들에게서 시작된 폭력은 파시즘의 '보수파 동맹 세력'을 거쳐, 결국 일반 국민을 상대로도 무차별 행사됐다"고 팩스턴은 전한다.

개인의 권리는 사문화됐고 사법에서의 '적법 절차'도 무시됐다. 팩스턴에 따르면 "공동체가 처한 위기가 너무 심각해 '자연스럽고 조화로운 작용'만으로는 단결을 이룰 수 없다"는 게 파시스트들의 변명이었다.

국민과의 약속이라며 '영구혁명' 폭주

히틀러도 무솔리니도 쿠데타로 집권하지 않았다. 팩스턴은 "파시즘의 권력 장악은 언제나 보수 엘리트층과의 공조를 통해 이뤄졌다"고 했다 "나치 독일을 통치한 당·기업·군·고위공직자들의 연합을 들여다보면 경제적 이익과 권력, 특히 두려움에 의해 한데 뭉쳐 있음을 알 수 있다"고 덧붙였다.

파시즘을 지탱한 핵심은 경찰과 사법부였다. "독일 경찰은 나치친위대SS로 개편된 대가로 특권을 누렸다"고 팩스턴은 고발한다. 자신들에 대한 침해를 최소화한다는 약속 아래 판사들도 사법기관을 나치 조직에 복속시켰다. 지식인들은 예술과 과학을 통제 대상이자 국가자원으로 본다며 초기엔 파시즘을 불쾌해했다. 하지만 파시즘 정권은 지위와 명예로 포상할 줄 알았다. 그런저런 이유로 하이데거 등 당대 지성들까지 열렬한 지지자가 됐다.

파시즘 정권은 약속을 완수하기 위해 질주하는 힘, 즉 영구혁명의 인상을 만들어내야 했다. "국민에게 약속한 '역사와의 특권적 관계'를 실행하기 위해 무모하고 강박적인 돌진을 거듭하다 자멸할 운명이었다"는 진단이다.

파시즘은 1945년 종전과 함께 막을 내렸다. 초유의 실험이 가져온 반작용은 이후의 국제 정치에 깊숙이 투영됐다. 스탈린이 투옥시킨 안토니오 그람시의 사유는 『옥중수고』로 기록돼 '네오마르크시즘'을 열었다. 독일을 탈출한 유대인 학자들이 중심이 된 프랑크푸르트 학파도 전후 거대한 현대적 사조의 일단을 차지했다.

파시즘은 부활할 수 있을까. 대중의 반감이 워낙 강한 탓에 무망하다고 보는 시각이 일반적이지만, 저자의 생각은 다르다. 팩스턴은 고전적 파시즘의 외적 특징이나 상징과는 다른 새로운 파시즘의 등장 가능성이 1930년대 유럽보다 크다고 강조한다. "파시즘이 취하는 겉모습에는 한계가 없다"는 경고다. 오늘 우리 안의 파시즘적 징후는 무엇일까 돌아보게 하는 결론이다.

리바이어던

토머스 홉스

"국가가 자유·안전 보장 못하면 복종의무 없다"

홍영식

"천성적으로 자유를 사랑하는 인간이 권력자 또는 국가에 권리
를 양도하는 것은 자연 상태의 '만인 대 만인의 투쟁'에서 벗어
나 개인의 안전과 평화를 보장받기 위해서다. 권력자가 이런 사
회계약의 의무를 지키지 못한다면 그에게 복종할 이유가 없다."

토머스 홉스Thomas Hobbes(1588~1679)가 쓴 『리바이어던Leviathan,
or The Matter, Forme and Power of a Common-Wealth Ecclesiastical and Civil』은 국가
의 필요성을 사회계약설을 통해 설명한 책이다. 이 책의 표지
그림은 리바이어던이 무슨 의미를 지니는지 압축적으로 보여
준다. 수많은 사람을 조합해 만든 거인이 머리에 왕관을 쓰고
오른손에는 검劍을 잡은 채 산 너머에 있는 도시를 내려다보고
있다. 이 거인의 이름이 '리바이어던'으로, 인간의 집합이면서
인간의 힘을 뛰어넘는 권력을 가졌다. 저마다 본성에 따라 살아
가는 자연 상태에 있던 인간이 개인 권리를 위임하는 사회계약

다시 읽는 명저

을 통해 탄생시킨 국가를 상징한다.

리바이어던은 구약성서 욥기에 나오는 괴물이다. 성서에서는 혼돈을 상징하지만, 홉스는 그 반대의 뜻으로 차용했다. 리바이어던은 통치와 질서를 보장할 수 있는 힘의 소유자이며, 하나님의 대리자로서 인간의 교만함을 억누르고 그들을 복종하게 할 수 있는 존재라는 것이다.

홉스는 사회계약을 맺기 이전, 즉 정부와 국가가 없는 자연 상태에서의 인간을 이기적인 존재로 그렸다. 질서를 찾아볼 수 없고 모든 것은 폭력과 술수, 힘과 기만에 따라 결정된다는 것이다. "가장 나쁜 것은 폭력에 따른 죽음의 공포이며, 인간의 삶은 고독하고 가난하며 추잡하고 야만적이며 덧없는 것이다."

"자연 상태에선 만인 대 만인의 투쟁"

홉스는 인간의 본성 중에서 분쟁을 일으키는 세 가지 요소로 경쟁, 불신, 공명심을 꼽았다. 그러나 이런 본성을 비난하지는 않았다. 인간이 자신의 이득과 안전, 공명심을 위해 공격자가 되고, 가족과 재산을 지키기 위해 폭력을 사용하는 것은 이를 통제할 권력이 존재하지 않는 한 불가피한 현상으로 봤다. "인간은 그들 모두를 위압하는 공통 권력 없이 자연 상태로 살아갈 때는 전쟁상태로 들어간다. 만인에 대한 만인의 투쟁이다."

이런 혼란스러운 공포 상태를 피하기 위해 개인은 일정 부분 자신의 권리를 양도하는 계약을 맺고 국가를 구성해야 한다는 게 홉스의 생각이었다. "다른 사람들이 모든 권리를 권력자에게 줘 그가 하는 모든 행동에 권위를 부여한다는 조건 위에서 나도 나 자신을 지배하는 권리를 이 사람(권력자) 또는 합의체(국가)에 양도한다. 이게 모든 사람이 따라야 할 자연법이다."

홉스는 이런 사회계약을 통해 개인은 주권을 갖고, 국가의 보호를 받을 수 있으며, 국가는 절대권력을 통해 사회를 안정시킬 수 있다고 여겼다. 기존 이론이던 '왕권신수설'에 의한 절대권력을 리바이어던으로 대체함으로써 국가와 국민 사이에 보호와 복종이라는 새로운 관계를 설정했다.

『리바이어던』은 출간되자마자 홉스가 살았던 영국 사회에 큰 파장을 일으켰다. 왕당파는 "사회적 계약이라는 형태로 국민의 합의에 의한 통치를 주장하는 것은 신에게서 권력을 부여받은 왕이 통치하는 것을 부정하는 위험한 발상"이라고 비판했다. 책은 금서가 됐고, 책을 읽은 사람에게는 벌금을 물렸다.

홉스가 절대권력을 내세웠다는 이유로 그를 전체주의자라고 보는 시각도 있다. 그러나 홉스가 주장한 절대권력은 맹목적인 추종으로 유지되는 무소불위의 권력이 아니라 사회계약에 의해 승인된 권력을 뜻한다. 많은 학자가 그를 전체주의자로 보는 데 반대하는 이유다.

"권력자가 계약 위반할 땐 교체 가능"

홉스는 "절대권력이 개인의 자유를 억압해서는 안 되며, 개인

다시 읽는 명저

의 자유와 평화를 보장해야 한다"며 "국민은 비록 주권자에게 자신의 권리를 일정 부분 양도했지만 계약을 파괴하는 것이 아니라면 복종을 거부할 자유도 갖는다"고 했다. 또 "주권자에 대한 백성의 의무는 주권자에게 백성을 보호할 힘이 존속할 때만 계속된다"며 "그것이 불가능해졌을 경우에는 계약은 해지되고 주권자에 대한 복종 의무도 소멸된다"고 썼다. 권력자가 사회계약 의무를 위반한다면 교체될 수 있다고 본 것이다. 사회계약의 효력이 영속적인 것이 아니라, 상호 권리와 의무의 이행을 전제로 한다는 홉스의 주장은 근대 시민혁명의 이론적 틀이 됐다.

홉스는 국가 안정을 위해 법치法治의 중요성도 강조했다. 그를 전체주의자로 봐서는 곤란한 이유다. "법이라는 수단이 없을 땐 누구든지 유불리를 따져 계약을 깰 수 있고, 그러면 국가적인 혼란을 막을 수 없다. 이런 혼란에서 벗어날 수 있는 유일한 방법은 법을 통해 계약을 깨는 행동을 단호하게 처벌하는 것이다."

국가가 군사력, 징세권 등 강제력을 갖는 것은 어디까지나 개인의 생명과 자유, 재산, 안전을 지켜준다는 전제하에 가능하고, 이를 어겼을 때 개인도 자기 방어권을 갖는다는 홉스의 주장은 자유민주주의 국가 토대를 정립하는 데 크게 기여했다. 홉스는 "개인의 동의가 있을 때만 권력은 정당화될 수 있다"고 설파함으로써 자유주의 이론의 씨앗을 제공했다는 평가도 받는다.

보수주의

로버트 니스벳

"보수는 이상과 현실 간극 메우는 실용철학"

김태철

미국의 사회학자인 로버트 니스벳Robert Nisbet(1913~1996)이 1986년 출간한 『보수주의Conservatism』는 '보수주의 교의敎義'를 담은 책으로 명성이 높다. 이 책은 '보수주의 아버지'로 불리는 영국의 정치가이자 철학자 에드먼드 버크Edmund Burke(1729~1797)의 『프랑스 혁명에 관한 성찰Reflections on the Revolution in France』을 사상적 토대로 하고 있다. 버크가 1790년 쓴 『프랑스 혁명에 관한 성찰』은 보수주의를 처음으로 체계화했다는 평가를 받고 있다.

보수주의에 대한 조명은 이런 시대적 배경이 말해 주듯 프랑스 혁명에 대한 거부감에서 시작됐다. 버크와 니스벳은 자유와 평등의 이름으로 저질러졌던 수많은 파괴와 학살을 비판했다. 독선에 빠진 혁명 엘리트의 과격한 설계주의設計主義가 초래하는 참상을 막기 위해서는 인류의 보편적인 가치인 도덕과 전통을 중시해야 한다고 역설했다.

독선적 설계주의가 빚은 인류 참상

"프랑스 혁명이 말하는 인간은 자유, 평등, 박애가 넘치는 합리적인 인간이다. 하지만 현실에서는 그런 인간이 존재하지 않는다. 인간은 본질적으로 급격한 변화를 두려워하는 데다 지극히 감정적이다. 보수주의는 '인간과 세상은 불완전하다'는 이른바 '불완전성'에 뿌리를 두는 현실철학이다. 도덕과 윤리 등 시대와 계층에 크게 영향을 받지 않는 보편적 가치를 잣대 삼아 사리 분별과 신중함으로 현재의 모순을 개선하려는 정신이다. 보수주의자는 기득권자가 아니라 이상과 현실의 괴리를 깨닫고 점진적인 해결책을 내놓는 실용적인 사람이다."

니스벳이 말하는 보수주의는 과거 퇴행적인 주의·주장이 아니다. 진보주의의 반대 개념이 아니라 속도에서는 급진주의, 내용에서는 사회주의인 설계주의에 대비되는 것이다. 니스벳은 미국 독립전쟁과 프랑스 혁명을 보수주의와 급진·설계주의를 구분하는 사건으로 꼽았다. 두 사건 모두 자유를 획득하기 위한 투쟁이었지만 전개 방식과 결과는 크게 달랐다.

"미국 독립전쟁은 식민지인이 그들의 이익과 전통을 지키기 위해 벌인 것이다. 이에 반해 프랑스 혁명은 실제 살고 있는 사람들에게는 별로 관심이 없었다. 혁명 지도자들은 교육과 무력, 공포를 통해 개조할 수 있다고 믿었던 '새로운 인간'에 더 많은 관심을 기울였다. '혁명적 인간'의 창조에 방해가 되는 사람들을 살육하고 기존 제도를 파괴하는 데 거침이 없었다. 프랑스 국민에게 마치 정복자처럼 무력을 행사했다. 억압된 개인에게 자유를 주는 것이 혁명의 목적이었지만 개인은 전체에 가려졌고, 자유는 공포에 떨었다."

니스벳은 보수주의 신조信條로 간섭을 최소화하는 국가(최소 국가), 자유시장경제, 가족·이웃·공동체 중시, 분권주의, 전통·경험 선호 등을 제시했다. "사적私的 자치를 존중하고 오랜 역사를 통해 형성된 제도와 생활양식을 중시하는 태도야말로 보수주의를 가장 정확하게 표현하는 것"이라고 설명했다.

"사회는 언제든지 개조가 가능한 기계가 아니다. 제도와 관습의 상호 관련성에서 보듯 유기적이다. 이런 점에서 한 국가의 진정한 법률과 헌법은 가치 지향적 이념으로 채워진 문서가 아니라 지난 수세기 동안 형성된 관습과 전통의 총체적 집합물이어야 한다. 이상론에 빠져 변화 자체를 목표로 삼아 무조건 급격한 변화를 숭배하는 맹목성을 경계하는 게 보수주의다."

보수주의가 추구하는 가치를 좀 더 단순화하면 개인 역량이 발휘될 수 있는 자유시장경제와 관습 및 전통 존중이다. 니스벳은 재산권 존중이야말로 보수주의 핵심 가치라고 주장했다. "보수주의자에게 재산이란 단순히 인간의 필요에 봉사하는 물질 이상이다. 신체의 연장이자 인간의 인간다움을 가능케 하는 필수조건이다. 재산의 사적 소유를 금지하거나 제한하면 자유는 소멸되고 만다. 보수주의자와 사회주의자를 구별하는 가장 확실한 방법은 그들의 재산관財産觀을 시험하는 것이다."

'혁신' 살아있는 게 진정한 보수

니스벳은 보수주의가 지켜지기 위해서는 권력에 대한 견제와 균형이 필수적이라고 역설했다. 입법·사법·행정의 '삼권 분립'이 권력 집중을 막는 안전장치라는 것이다. "삼권 분립이 유지되지 않으면 보수주의와 자유시장경제는 지탱할 수 없다. '절대권력은 절대 부패한다'는 격언처럼 압제와 전제주의로 흐를 수밖에 없다."

니스벳은 진정한 보수주의는 교조주의敎條主義와 설계주의에 빠져 오류를 인정하지 않는 사회주의보다 더 유연해야 한다고 역설했다. 정치인에게도 당리당략과 이념이 아니라 국익에 봉사할 것을 요구했다.

"보수주의에는 유익하지 않은 관행을 투쟁 대상으로 삼는 '혁신의 정신'이 있다. 링컨의 노예 해방 선언, 비스마르크의 실업보험 추진, 자유당을 포용한 처칠의 반反귀족 법안 수용, 드골의 알제리 독립 허용 등이 대표적이다. 모두 자기 진영 내 반대를 무릅쓰고 담대하게 개혁에 나섰다. 진정한 정치인은 자기 이데올로기에 얽매이지 않고 국익에 유익한 것을 행하는 용기 있는 사람들이다. 이들은 인기를 잃더라도, 자극적이고 새로운 것을 찾아 헤매는 대중의 경박한 욕구에 영합하지 않는다."

도덕적 인간과 비도덕적 사회

라인홀드 니버

"국가는 가장 크면서 비도덕적인 집단"

백광엽

참혹한 제1차 세계대전(1914~1918년)을 겪은 뒤에도 사람들은
희망을 놓지 않았다. 인류의 이성을 계몽하고 합리성을 함양하
다 보면 더딜지라도 '이상 사회'로 갈 수 있을 것이라고 믿었다.

라인홀드 니버Karl Paul Reinhold Niebuhr(1892~1971)가 1932년 내
놓은『도덕적 인간과 비도덕적 사회Moral Man and Immoral Society』는
오랜 전통의 '이성 중심적 낙관주의'에 정면으로 도전한 저작이
다. 그는 "개인이 도덕적·이타적이더라도, 그들이 모인 사회는
구조적으로 비도덕적·이기적으로 타락한다"고 봤다. '이성의
시대'가 올 것이란 '헛된 망상'에서 벗어날 것을 주문했다. 마치
예언처럼 책 출간 이듬해 히틀러 집단이 집권하고, 최악의 두
번째 세계대전이 이어졌다. 니버는 주목받았고, 그가 태동시킨
'현실주의 국제정치학'은 추종자들에 의해 '소련 봉쇄정책'으로
구체화돼 냉전종식에 기여했다는 평가를 받고 있다. 그가 '모든
현실주의자의 아버지'로 불리는 이유다.

모두 도덕적이어도 집단은 비도덕적

『도덕적 인간과 비도덕적 사회』는 새로운 정치와 사회를 어떻게 설계할 것인가 하는 문제를 제기한다. 니버는 '공동체는 정의와 사랑의 장소며, 역사는 진기한 창조물로 가득하다'는 통념을 거부한다. "비도덕적인 사람이 많아 세상이 어지럽고, 이들을 교육하면 도덕적 사회가 올 것이란 생각은 환상"이라고 몰아붙였다. 개인은 교육과 훈련으로 이성과 정의감을 키울 수 있지만, 사회나 집단에는 불가능하다고 봤다. 사회는 구성원의 이기심과 집단 내 권력 간 상호작용에 의해 집단이기주의로 치닫게 마련이며, 개인의 도덕성은 사회 집단 내에서 발휘되기 힘들다고 진단했다. 그는 "집단의 이기심은 공권력이나 다른 집단의 이기심에 의해서만 견제가 가능하다"며 "현대적 낙관주의는 사회적·도덕적 진보에 대한 순진한 믿음일 뿐"이라고 평가절하했다.

이성은 집단 내 문제 해결에서 무력하다는 게 니버의 견해다. "이성보다는 충동이 근본적 우위를 점하고 있고, 특히 집단 속 인간은 충동에 훨씬 강하게 의존한다"고 설명했다.

권력 불균형에 의한 사회적 갈등은 그 불균형이 지속되는 한 해소될 수 없다고 했다. 합리주의자들은 타협과 조정이 사회 정의에 이르는 유일한 길이라고 말하지만, 역사는 이성적이지 않은 세력들에 의해 움직인다는 지적이다. "집단 간의 관계는 윤리적이기보다 정치적이며, 각 집단이 갖는 힘의 비율에 따라 정해진다."

신학자이기도 했던 니버의 이상주의 비판은 종교에도 꼭 같이 적용됐다. "종교적 전망은 집단의 이기심에 대한 이해결여 탓에 실현되기 힘들며, 합리성을 제고하고 종교적 선善 의지의 성장을 통해 세상을 진보시키려는 노력은 도덕적·정치적 혼란을 가져왔을 뿐"이라고 비판했다.

계급·인종·민족 등의 큰 사회집단은 구성원에게 강력한 충성심을 요구한다. 대부분의 개인은 도덕적 판단에 필요한 통찰력이 부족해 자신이 속한 사회의 도덕적 의견을 수용한다는 게 니버의 견해다. 도덕적 사회를 만들려면 개인의 도덕심보다 사회구조적 개선에 더 집중해야 한다는 지적이다.

그가 가장 크고 영향력 있는 비도덕적 집단으로 지목한 것은 국가다. 국민의 애국심에 기댄 국가의 이기심이야말로 비도덕의 전형이라고 봤다. 고차원적 이타심인 맹목적 애국심 덕분에 국가는 도덕적 제한 없이 권력을 무제한으로 휘두를 자유를 갖게 된다는 분석이다. 이런 역설을 "개인의 이타성이 국가의 이기성으로 전환된다"고 표현했다.

'사회의 비도덕성'을 제일 잘 보여주는 사례로 민족국가를 꼽았다. 민족은 자신의 이해를 감춘 지배자의 교묘한 감정적 자극에 반응하며 집단이기심을 충족시켜간다고 봤다. "개인의 이타적 열정이 민족주의나 국수주의로 바뀌기는 쉽지만, 인류 전체를 향한 열정으로 승화하기는 힘들다. 인류 공동체에 대한 충성심이라는 것이 너무 막연하기 때문이다."

세계는 영구적 전쟁 상태에 있어

결속력 강한 계급집단이 종교·문화·인종·경제 집단 등을 제치고 향후 국가의 가장 강력한 경쟁자가 될 것이라고 진단했다. 그러면서 지배계급의 가장 큰 특징은 위선이라고 꼬집었다. "지배계급은 자신의 특권이 보편적 이익에 봉사한다는 증거와 논증 확보를 끊임없이 시도한다."

니버는 정치의 중요성을 강조한다. "자신의 이타심을 조금이라도 국가의 이타심으로 전이시키려면 정치를 장악해야 한다"고 했다. "정치적 영향력을 행사할 수 없다면 정의를 달성하기 힘들며, 정치사회는 강제력을 통해 지속된다"는 것이다. 또 평화는 힘에 의해 획득되고 유지되기 때문에 항상 불안정하다고 봤다. "힘을 가진 계급이 한 나라를 조직하는 것처럼, 국제 사회를 조직하는 것도 힘을 가진 나라들이다. 평화는 잠정적이며 세계는 영구적인 전쟁 상태에 처해 있다."

그는 "강제력을 사용할 수밖에 없는 게 인간 사회의 처절한 현실"이라며 최소한의 폭력을 용인하는 논쟁적 해법을 제시한다. "다가올 세기의 과제는 정의를 실현하기 위한 강제력을 최대한 비폭력적 모습으로 귀결시킨 사회의 건설이다."

직업으로서의 정치

막스 베버

"정치인은 선^善한 동기 아닌 결과에 책임져야"

홍영식

"정치인은 자신이 누릴 권력에 도취되기에 앞서 감당해야 할
권력을 책임 있게 수행해낼 자질과 역량을 갖췄는지 스스로 물
어봐야 한다. 선^善한 동기만으로 행위의 도덕성을 평가하면 안
되고, 행위가 가져온 결과에 대해 엄정하게 책임져야 한다."

독일 정치·사회학자 막스 베버Gordon C. Max Weber(1864~1920)의
『직업으로서의 정치Politik als Beruf』는 그가 뮌헨대에서 학생들에
게 강의했던 내용을 정리한 책이다. 대의민주주의에서 정치를
직업 또는 소명으로 삼으려는 사람들이 갖춰야 할 자질과 덕목
에 대해 설명했다.

베버는 1919년 이 책을 펴낸 동기에 대해 "독일에서 만연한
관료주의 때문"이라고 말했다. "입헌제의 발달로 한 사람의 지
도적인 정치인이 정치 전반을 통일적으로 지휘해야 할 필요성
이 커졌다. 하지만 독일에선 전문적인 행정 훈련을 받은 관료에

다시 읽는 명저

의한 지배 현상이 강화돼 정당정치가 위축되고, 카리스마적 정치인의 배출이 더욱 어렵게 됐다. 독일 정치인들은 권력도 없고 책임도 없으며 동종 직업집단인 '길드'와 같이 단지 협소한 이익을 추구하고 파벌 본능에 빠져 있다."

"책임의식 없는 열정, 낭만주의일 뿐"

독일 정당과 의회가 관료들의 결정에 기계적으로 따르는 거수기 또는 실행 도구로 전락했다는 것이었다. 아무런 목적 없이 정치를 단순히 생계수단으로 삼는 정치인이 적지 않다고 비판했다. 베버는 이런 독일 상황을 '지도자 없는 민주주의'라고 규정하고 "관료 지배체제를 통제해 대의민주주의를 제대로 실현할 수 있는 정치 지도자가 필요하다"고 강조했다.

이를 위해 정치 지도자가 갖춰야 할 세 가지 자질로 열정, 책임의식, 균형적 판단을 제시했다. 열정이란 불타오르는 단순한 감정이 아니라 대의명분을 가진 일에 대한 헌신이다. 그는 "정치인의 권력 추구가 대의에 대한 헌신을 목표로 하지 않을 경우 폭군이나 단순한 권력 추구자가 될 뿐"이라고 했다. 책임의식은 합법적 폭력 행사권이라는 수단을 파괴적으로 휘두르지 않게 하는 덕목이다. "정치 지도자가 책임의식이라는 자질로 권력을 통제하고 조절하지 않으면 지극히 위험할 수 있다. 책임의식 없는 열정은 지적인 낭만주의일 뿐이다."

균형적 판단이란 '내적 집중과 평정 속에서 현실을 관찰할 수 있는 능력'을 뜻한다. 열정과 책임감 사이에서 적절한 균형을 유지할 수 있게 하는 자질이다. 베버는 "정치인이 대의에 헌신하지 않고 허영심과 자아도취에 빠져 책임의식과 균형감각을 상실했을 때 정치 타락이 발생한다"고 설파했다.

소명의식을 가진 직업 정치인이 갖춰야 할 자격은 이것만으로 충분하지 않다고 봤다. 정치와 윤리의 상관관계를 제대로 이해해야 한다고 강조했다. 정치의 의미를 "국가들 사이에서든, 집단들 사이에서든 권력에 참여하려는 노력 또는 권력 배분에 대해 영향력을 행사하고자 하는 노력"이라고 했다. 국가에 대해선 '물리적 강제력'의 독점 주체로 규정했다. 그는 "이런 물리적 강제력의 사용권을 위임받은 정치 지도자는 모든 폭력성에 잠복해 있는 악마적 힘들과 관계를 맺기 쉽기 때문에 정치적 행위가 가져오는 '의도되지 않은 나쁜 결과'에 대해 항상 고민하고 경계해야 한다"고 했다.

그는 '신념윤리'와 '책임윤리'를 제시했다. 신념윤리가는 '신념 실현이 가져다줄 수 있는 결과보다는 신념 실현 그 자체에 집착하는 사람'이다. '선한 목적'을 달성하기 위해 도덕적으로 의심스럽거나 위험한 수단을 선택하는 것을 주저하지 않고, 부작용도 감수하는 경향을 보인다. "신념윤리에만 집착하는 정치가는 신념 실현의 결과가 자신의 의도와 어긋났을 때는 '세상이 어리석고 비열하지 내가 그런 건 아니다. 결과에 대한 책임은 나한테 있는 것이 아니라 다른 사람들에게 있으며, 나는 이 사

다시 읽는 명저

람들을 위해 일하고 있고 이들의 어리석음과 비열함을 뿌리 뽑을 것'이라고 말하는 사람이다."

반면 책임윤리는 행위로부터 예견되는 결과와 그에 따른 책임을 질 줄 아는 태도다. "왜 정치를 하는가에 대한 대의·이념·가치도 중요하지만 이런 신념을 현실에서 실현하고 좋은 결과를 만들어낼 수 있어야 하며, 결과에 대해 책임을 지는 게 진정한 정치인의 모습이다."

"온갖 어려움 견뎌낼 의지도 갖춰야"

그는 정치적 선의善意가 반드시 결과적 선으로 이어지지 않는다는 사실을 깨닫지 못하는 정치인을 '유아幼兒적 정치인'이라고 했다. 또 "책임윤리를 망각하는 순간, 정치인의 신념은 이미 좌절된 신념일 뿐"이라고 강조했다. 베버는 두 가지 윤리를 적절하게 겸비하는 것이 바람직하다고 봤다. 그것이 어렵다면 책임윤리를 우선적으로 고려하는 것이 정치인의 올바른 자세라고 했다.

베버가 진정한 정치인의 자질로 꼽은 또 하나는 권력 의지다. "정치란 단단한 널빤지를 강하게, 그리고 서서히 뚫는 작업이다. 온갖 어려움과 좌절을 견뎌낼 수 있을 정도로 단단한 의지를 갖춰야 한다. 어떤 난관 속에서도 '그럼에도 불구하고!'라고 외칠 수 있다고 확신하는 사람만이 정치에 대한 소명을 가지고 있다."

민주주의를 위한 아주 짧은 안내서

버나드 크릭

"시민 자각과 이성적 회의가 민주주의 수호"

김태철

'대중을 위한 민주주의 교육서.' 영국의 정치사상가 버나드 크릭Bernard Crick(1929~2008)이 2002년 펴낸 『민주주의를 위한 아주 짧은 안내서Democracy: A Very Short Introduction』를 지칭하는 말이다. 이 책은 영국 옥스퍼드대 출판부가 출간한 인문사상 개론서 중 한 권이지만 쉽고 간결하게 쓰여 영미권에서 대중 교양서로 인기가 높다.

크릭이 이 책에서 규정한 민주주의는 '만들어진 것'이 아니라 '만들어 가는' 정치 시스템이다. 민주주의는 인류가 지금까지 고안해낸 것 중 가장 나은 정치체제이지만 '다수의 폭정'으로 귀결될 수 있는 치명적인 결함을 안고 있어 끊임없이 보완해야 한다는 것이다. 그는 시민의 각성과 이성적인 회의懷疑만이 불완전한 민주주의를 정상 궤도에 올려놓을 수 있다고 역설했다.

극단으로 치닫는 '이념 정책'

"그리스 철학자 플라톤은 '다수의 지배'를 뜻하는 민주주의를 혐오했다. 우민愚民화를 경계한 것이다. 플라톤의 우려처럼 민주주의를 지탱하는 주요 원리인 삼권 분립과 법치주의도 언제든지 '민의民意'로 포장된 다수의 폭압에 흔들릴 수 있다."

크릭은 자유를 민주주의의 가장 소중한 가치로 꼽았다. 자유와 평등은 모두 중요한 가치이지만 평등이 자유를 앞설 수 없다고 강조했다. "자유보다 평등을 앞세우면 종국에는 자유는 물론 평등마저 사라지게 한다. 공산주의는 평등을 내세웠지만 계급적 성분에 따라 국민을 철저히 차별했다. 토머스 제퍼슨 등 미국 건국의 아버지들도 평등을 자유 못지않게 소중히 여겼지만 절대 가치로 취급하지 않았다. 법적 그리고 정치적 평등만을 얘기했을 뿐이다. 그들이 능력 등 개인 간 '차이'를 '차별'로 인식했다면 자유시장경제는 발전하지 못했을 것이다."

크릭이 꼽은 민주주의 최대 위협 요소는 포퓰리즘(대중 영합주의)이다. "포퓰리즘이 무서운 것은 호소력이 큰 감성에 눈높이를 맞추고 있어서다. 포퓰리스트의 가장 큰 무기는 쉬운 언어에 그럴듯한 논리를 곁들여 '진실'인 양 포장하는 기술이다. 내가 두려워하는 것은 정당들이 국민 다수를 이루는 노동자 지지를 얻기 위해 포퓰리즘 정책을 쏟아내고 있다는 점이다. 영국에서도 국가를 선도해야 할 정당들이 노조에 표를 구걸한다. 그렇게 되면 소중한 국가 재원을 나눠주기 복지에 허비할 가능성이 높다. 정치가 그런 식으로 굴러간다면 '인민의 소리'는 '악마의 소리'가 될 것이다."

크릭은 이념에 치우친 정책도 일종의 포퓰리즘이라고 진단했다. '대중의 견해에 따른다', '대중을 위한다' 등 시발점이 비슷해서다. 하지만 이념적 정책은 자기 독선에 빠져 결국 대중과 유리遊離돼 극단으로 치우칠 가능성이 높다고 했다.

"민중의 뜻에 따라 혁명이나 개혁을 시행한다는 사람들은 오히려 민중과 심각한 불통不通에 빠지곤 한다. '우리의 대의大義에 따르지 않는 자들은 우리를 반대하는 자이자, 민중을 반대하는 자'로 편 가르기 때문이다. '민중을 위한다'는 정책에 고통을 호소하는 민중도 그들에겐 '개혁의 적'일 뿐이다."

크릭은 교육이야말로 난무하는 포퓰리즘과 정부 독주를 막을 수 있는 민주주의의 보루라고 역설했다. 법치주의 등 민주주의 기본 원칙에 대한 철저한 교육을 통해 사회 전반의 의식 수준을 고양高揚해야 한다고 강조했다. 하지만 학교가 오히려 포퓰리즘이 난무하는 현장으로 전락했다고 개탄했다. 다양한 개인 역량을 최대한 키워야 할 교육이 '평준화'를 내건 '교육 민주화' 슬로건에 밀려 황폐화되고 있어서다. "학교와 교육이 '민주적'이 돼야 한다고 말하는 사람들이 있다. 애석하게도 '민주적 학교'는 헛소리에 불과하다. 평등이란 미명 아래 획일화가 난무하는 교육현장은 자율성을 바탕으로 하는 자유민주주의 정신을 우리가 제대로 감당하지 못하고 있다는 것을 보여준다."

다시 읽는 명저

'포퓰리즘 현장' 전락한 학교

크릭은 사회적 공기公器인 언론도 제 역할을 못 하고 있다고 지적했다. 자사 이기주의와 선정주의 경쟁, 정부의 언론 통제 등으로 인해 언론이 오히려 여론을 왜곡하고 친親정부적인 보도를 일삼는 경우가 흔하다는 것이다. "우리는 너무나 자주 엔터테인먼트화된 저널리즘을 목격한다. 공영방송인 BBC마저 때때로 이런 일을 서슴지 않는다. 무지하거나 편견에 찬 하나의 의견을 마치 '국민 대표' 의견인 양 포장한다. 언론이 정부 압박을 받거나 심지어 정부 통제를 받는 상황에서는 이런 일들이 더욱 빈번해진다. 언론마저 통계를 주무르고, 감추는 게 일상인 정부에 이의를 제기하지 못한다면 민주주의를 지켜내기 어렵다."

크릭은 포퓰리즘에 물든 교육과 정부 통제에 휘둘리기 쉬운 언론 상황을 쉽게 개선하기 어렵다고 판단했다. 따라서 시민들이 자유민주주의 신념으로 무장해 체제를 지켜야 한다고 강조했다. "근거 없는 낙관주의 대신 합리적 의심과 이성적 회의를 생활화할 때 비로소 민주주의를 지킬 수 있다. 정치권력에 대한 예속인지 자유인지, 문명인지 야만인지, 번영인지 빈곤인지는 전적으로 시민의 역량에 달려 있다."

상상된 공동체

베네딕트 앤더슨

"민족은 종교·왕조 무너진 자리 대체했을 뿐"

백광엽

민족은 아득한 과거로부터 탄생해 무한한 미래로 이어지는 영속적인 것으로 인식될 때가 많다. 다른 가치들에 우선하는 '영원의 힘'을 가진 것으로 간주되기도 한다.

베네딕트 앤더슨Benedict R. O'G. Anderson(1936~2015)의 『상상된 공동체Imagined Communities: Reflections on the Origin and Spread of Nationalism』는 민족에 대한 이런 통념에 도전한 기념비적 저작으로 평가받는다. 민족에 대한 앤더슨의 정의는 '제한되고 주권을 가진 것으로 상상되는 공동체'다. 종교와 왕정의 정당성이 의심받고 급속도로 무너진 18세기 말에 와서야 발명되다시피 세계사 전면에 등장한 개념이 민족이라는 주장이다. 실체가 불분명하지만 필요에 의해 상상돼 마치 '유령'처럼 사람들의 마음속에 자리 잡았다는 분석이다.

이런 코페르니쿠스적 관점은 출간 당시부터 주목받았고, 지금도 세계 사회과학도의 인용빈도 최상위권에 오르내리는 원동력이다. 오해 말 것은 '상상된 공동체'라고 해서 민족을 '허구'나 '가짜'로 본 것은 아니라는 점이다. 다만 혈연 등으로 얽힌 무의식 깊은 곳으로부터의 숙명과도 같은 집단은 아니라는 주장이다.

"약한 인간들이 유령처럼 상상해내"

이 책은 민족주의라는 '이상 현상'이 근현대 정치에서 수없이 회자되고 큰 영향력을 발휘하고 있다는 점을 인정하는 데서 출발한다. "현대 국가의 대부분이 민족이라는 이름으로 존재한다"는 설명이다. "세계 어디를 가도 무명용사의 묘가 존재하고, 텅 비어 있을 그 묘의 내부는 유령과 같은 민족적 상상들로 꽉 차 있다."

"많은 국가들이 민족의 이름으로 삶을 영위하면서도 민족, 민족성, 민족주의 같은 말은 정의조차 힘들다"는 게 앤더슨의 문제의식이다. 그는 종교 공동체의 붕괴와 왕권의 약화에 주목했다. "종교가 힘을 잃으면서 삶의 영원성에 대한 믿음이 사라졌고, 그 공허한 삶에 영속성을 부여하는 데 민족보다 잘 들어맞는 것은 없었다"고 본 것이다. 신앙이 사그라들면서 터져 나오는 실존적 고민과 고통을 '민족이라는 새로운 발명품'에 의지해 위로받은 셈이다.

앤더슨에 따르면 민족과 민족주의는 18세기 말 태동해 20세기에 꽃피웠다. 유럽 식민지였던 남북아메리카 대륙이 민족주의 발현지다. 식민지 이주 백인의 자손인 '크리올'은 혈통상 유럽인이면서도 차별대우를 받았고, 저항하는 과정에서 민족 개

넘이 부상했다는 것이다. "크리올은 정체성 혼란에 맞서서 유럽 공동체들과 비교할 만한 평행한 공동체를 상상했다."

이렇게 태어난 민족주의는 상상되자마자 유럽과 아시아에서 빠르게 모방됐다. "제정러시아·헝가리·영국·일본·태국 등의 왕조국가도 '민족'으로부터 권력의 정당성을 찾으려고 아메리카 민족주의를 표절했다." 이런 흐름에 앤더슨은 '관제 민주주의'라는 이름을 붙였다. 민족주의의 '마지막 물결'은 두 차례 세계대전을 거치며 아시아와 아프리카의 식민지 국가에서 일었다. "제1차 세계대전 뒤 왕조주의가 종지부를 찍으면서 정당성 있는 국제규범으로 부상했고, 제2차 세계대전 이후 민족국가 조류가 만조에 이르렀다."

『상상된 공동체』는 민족주의 등장이 자본주의적 발전과 밀접한 관계가 있다고 진단했다. 특히 '인쇄 자본주의'의 발달에 주목했다. "인쇄기술 발달로 인해 대중적 언어를 기반으로 한 출판산업이 번성하면서 사람들의 이성과 세계관이 동질화되고 민족 개념이 촉진됐다"는 해석이다.

그렇지만 "민족주의는 대부분의 '주의ism'와 달리 독자적 사상가조차 배출하지 못할 만큼 이념적으로 공허하다"는 게 앤더슨의 설명이다. 그는 "지식인들이 공허한 민족주의를 깔본 탓에 민족주의에는 홉스들도, 토크빌들도, 마르크스들도, 베버들도 없다"고 적었다. '우연히 한 곳에 태어났다'는 우연적 사실을 운명적 필연으로 간주하도록 만드는 민족은 '마술'이자 '덫'이라고 했

다시 읽는 명저

다. 나아가 "민족주의 등장 이전에 의심 없는 준거의 틀로 받아들여진 문화적 체계인 종교 공동체와 왕조가 시대의 변화에 따라 사라졌다"며 상상의 공동체도 언제든 소멸될 수 있다고 봤다.

"철학 빈곤으로 언제든 소멸 가능"

'철학적 빈곤'은 민족과 민족주의를 파괴적 결말로 이끌 수 있다는 게 앤더슨의 우려다. '제한된' 공동체라는 속성상 민족은 경계의 안과 바깥을 구별하며, 이는 국수주의나 인종주의로 빠지기 쉽다는 설명이다. "민족이라는 이름 아래 서로 죽이고 증오하는 현상이 비일비재하다. 민족을 위하는 일이라며 죽음도 불사한다."

민족에 대한 이 책의 시선이 '부정 일변도'는 아니다. 종교, 왕조라는 고전적 공동체 이후에 등장했다는 진단부터 상대적으로 진화한 형태라는 함의를 깔고 있다. "민족은 때로 자기희생적인 사랑을 고취하며, 잘 문명화된 민족주의는 삶을 안정되게 만든다"며 도덕적 장엄함과 기능적 장점을 평가하기도 했다. 하지만 동시에 "강한 수평적 형제애나 사랑의 감정은 공동체 내부로만 향할 뿐, 외부의 사람들을 배제하는 형태로 나타나기 쉽다"며 경계심을 높였다. "역사적 숙명으로, 그리고 언어를 통해 상상된 공동체인 민족은 열려 있으면서 동시에 닫혀 있다"는 앤더슨의 관찰은 낭만적 민족주의에 대한 분명한 경고로 읽기에 충분하다.

이데올로기의 종언

다니얼 벨

"미래비전 없는 신좌파, 예고된 실패 맞을 것"

백광엽

다니얼 벨Daniel Bell(1919~2011)이 쓴『이데올로기의 종언: 1950
년대에 있어서 정치사상의 고갈에 대하여The End of Ideology: on the
Exhaustion of Political Ideas in the Fifties』는 서구 사회에서 급진적 변혁에
대한 기대가 한창이던 1960년에 출간됐다. 컬럼비아대와 하버
드대에서 사회학을 강의한 보수성향의 벨은 진보성향의 놈 촘
스키와 함께 전후 미국을 대표한 지식인이다.

벨은 이 책에서 1950년대 미국 사회의 변화를 심층 진단하
고, 그에 바탕해 이념의 시대가 퇴조할 것임을 예견했다. 한국
전쟁으로 문을 연 1950년대는 이념의 전성기였다. 하지만 좌파
(트로츠키주의)에서 전향한 벨은 급진사상이 설 자리를 잃고 있으
며, 조만간 종말을 고할 것이라고 단언했다. 기술(테크놀로지) 발
달과 경제·정치체제의 진화 덕분에 빈곤에서 벗어난 노동자들
의 계급투쟁 의지가 급속도로 고갈되고 있다고 진단했다. 벨이
말한 종언의 대상은 기본적으로 마르크시즘·파시즘 등의 급진

다시 읽는 명저

적 이념이다. 당시 세력을 급속 확장 중이던 신좌파의 여러 이념도 얼마 못가 정당성과 호소력을 상실할 것이라고 내다봤다.

'대중' 등장에 계급투쟁 시대 끝나

『이데올로기의 종언』이 출간된 때는 동서냉전이 무르익던 시절이지만 벨은 마르크시즘이 이미 화석화된 이데올로기가 됐다고 판단했다. "화이트칼라로 불리는 사무직 노동자를 위시한 '대중'의 등장이 이데올로기에서 강조하는 전통적인 노동자와 계급 개념을 무의미하게 만들어버렸다"는 설명이다.

벨은 "최소한 서양의 역사는 마르크스의 예언을 뒤집었다"며 급진사상의 종말을 예고했다. 노동자들이 계급투쟁의 전사戰士가 아니라 대중사회의 주역으로 변모했다는 게 핵심 이유였다. 여러 변혁이론이 공통적으로 주장하는 '노동계급 절대 궁핍화의 법칙'은 눈부신 기술 진보를 들어 반박했다. 기술을 습득한 노동자들이 사회에 저항하는 혁명적 방식 대신 사회규범 속에서 일정 지위를 인정받는 게 더 바람직하다고 생각하게 됐다는 것이다. "사회 변동의 동력이었던 불만 가득한 노동자들이 이제 지식인 이상으로 사회에 만족하고 있다. 선진 산업사회로 갈수록 노동자와 자본가의 이해대립은 첨예화되기보다 극복된다."

벨 주장의 핵심은 이념에 기초한 혁명적 에너지의 소진이다. 그는 다원주의 정치의 부상, 복지국가 대두, 과학기술 발전 등으로 인해 '체제 변혁'이 노동계급의 관심사에서 사라졌다고 진단했다. 자본주의가 발달한 나라에서는 유산계급과 무산계급의 양극화가 아니라 계층의 다양한 분화가 나타난다고 본 것이다.

'미래에 대한 구체적인 설명의 결여'라는 급진적 이론들의 치명적 약점도 강조했다. 벨은 "사회사상사에서 가장 놀라운 일의 하나는 사회주의 리더들이 미래 사회의 윤곽이나 문제에 대해 생각하지 않은 상태에서 민중이 자신들의 새로운 사상을 지지하도록 설득에 나선 것"이라며 비전의 부재를 꼬집었다. "특히 경제부문에서의 사회주의는 어떤 방식이고, 어떤 의미인지 알 수 없다"며 "생산 조직화, 자원 분배, 임금 지급 형태, 새로운 생산물 창조 등이 거의 언급조차 되지 않고 있다"고 지적했다.

『이데올로기의 종언』에서 벨이 겨냥한 대상은 당시 서구 사회를 장악해가던 신좌파의 네오마르크스주의다. 네오마르크스주의는 '스탈린식 강압 통치'를 비판하며 탄생한 새로운 경향을 말한다. 이탈리아의 그람시, 헝가리의 루카치, 독일의 프랑크푸르트학파 등으로 대표된다. 학생, 실업자, 소수민족 같은 차별받는 이들을 변혁운동의 주체로 상정해 유럽 68혁명, 일본 전국학생공동투쟁회의 등에 큰 영향을 끼쳤다. 오늘날 좌파 포스트모더니즘과 '정치적 선'을 앞세운 정치의 범람도 이 같은 흐름의 연속선상에 자리하고 있다.

벨은 "신좌파는 정열과 에너지는 갖고 있지만 미래에 대한 비전을 제시하지 않을 만큼 무책임하다"고 비판했다. 이상을 강조하지만 지향하는 미래를 정의조차 하지 못했다는 주장이다. "신좌익은 사회주의가 무엇이고, 관료화를 어떻게 막아낼 것이며, 노동자에 의한 통제는 어떤 의미인지 등의 핵심 문제에 대해 언제나 미사여구만 늘어놓을 뿐이다."

"정열·미사여구만 있는 유토피아론"

『이데올로기의 종언』 출간 직후 신좌파 운동과 학생운동이 거세지고, 극좌 테러 움직임마저 등장한 점을 들어 벨의 한계를 지적하기도 한다. 하지만 광신적 이데올로기의 종언이 유토피아의 종언은 아니라는 것을 벨이 분명히 했다는 점에서 잘못된 시각이다. 그는 "산업화·근대화·범아랍주의·유색인종주의·민족주의라는 이데올로기가 부상 중"이라고 썼고, 역사는 그 방향으로 진행 중이다.

벨이 말한 '유토피아에 대한 사람들의 식지 않는 꿈'은 미국 등 선진국에서 사회주의 바람이 여전한 배경을 짐작하게 해준다. 하지만 벨은 유토피아를 앞세운 이데올로기의 지속에 대해 비관적이었다. 혁명이라는 이름으로 부끄러운 수단을 합리화하는 구태를 또다시 반복하는 것이라고 강조했다. "지나간 논쟁들을 보잘것없는 것으로 흘려버린 채 언론의 자유, 반대의 자유, 연구의 자유라는 고귀한 교훈을 잊는다면 예고된 실패의 운명을 맞게 될 것이다."

포퓰리즘은 무엇인가

얀 베르너 뮐러

"포퓰리스트에겐 추종세력만이 '진정한 국민'이다"

김태철

포퓰리즘populism은 흔히 '대중의 지지를 얻기 위해 정책의 현실성을 따지지 않고 선심성 정책을 내놓는 정치형태'로 규정된다. 포퓰리즘을 대중영합주의로 부르는 이유다. 하지만 현실에서는 어떤 정책이 포퓰리즘의 산물이고, 누가 포퓰리스트인지 명확히 구분하기 어렵다. 모든 정책과 정치 행위는 어느 정도 대중을 의식하는 포퓰리즘적 속성을 지니고 있기 때문이다.

그런 점에서 얀 베르너 뮐러Jan-Werner Muller 미국 프린스턴대 정치학과 교수가 펴낸 『포퓰리즘은 무엇인가What is Populism?』는 포퓰리즘 전반에 관한 유익한 관점을 제공했다는 평가를 받고 있다. 뮐러 교수는 프랑스 국민연합RN(옛 국민전선) 등 포퓰리즘 정당에 대한 실증적 연구를 통해 포퓰리스트 판별법은 무엇인지, 포퓰리즘 정권이 집권하면 어떤 일이 벌어지는지 등을 자세히 알려준다.

뮐러 교수가 꼽은 포퓰리스트의 공통점은 반反엘리트주의,

반다원주의, 편 가르기다. "포퓰리스트는 기득권 엘리트들을 부패하고 부도덕한 집단이라고 매도한다. 그러면서 국민의 목소리를 대변할 사람은 오직 자신뿐이라고 강변한다. 자신을 반대하는 정치 세력은 존재조차 인정하지 않는 반다원주의적 태도도 취한다. 포퓰리스트는 끊임없이 '국민'을 찾고 '국민의 뜻'을 따르겠다고 한다. 하지만 자신을 따르지 않는 사람은 국민으로 보지 않는다. 이들에겐 추종 세력만이 '진정한 국민'일 뿐이다."

정권 실정을 외부 탓으로 돌려

뮐러 교수에 따르면 포퓰리즘 정당은 집권해도 자신들이 희생자인 것처럼 행동한다. 다수 세력이 돼 막강한 권력을 거머쥐었음에도 늘 학대받는 '정의로운 소수자' 행세를 한다는 것이다. 이전 정권들이 내놓은 정책들은 청산해야 할 '반민주·반서민' 정책이다. 자신들의 실정失政을 외부의 탓으로 돌리는 것도 포퓰리즘 정권의 전형적인 수법이다.

"우고 차베스 전 베네수엘라 대통령은 극심한 경제난의 원인을 부르주아 세력의 음흉한 방해 공작 탓으로 돌렸다. 국내 반대자 탓을 하기가 마땅치 않을 때는 '미 제국주의자의 책동'을 들고나왔다. 이처럼 포퓰리스트가 적敵으로 삼는 대상이 동나는 법은 없다. 그 적은 언제나 국민 전체의 적이다. 차베스는 2002년 우파 주도로 총파업이 일어나자 이렇게 선언했다. '이것은 차베스 지지 세력과 반대 세력의 대립이 아니다. 애국자와 반역자 간 전쟁이다.'"

포퓰리스트는 '국민에게 가까이 다가가는' 연출을 즐긴다. "14년간 장기 집권했던 차베스는 서민의 걱정거리를 들어주는 방송 프로그램을 진행하기도 했다. 포퓰리스트들은 친근한 정치인 이미지를 구축하기 위해 수단과 방법을 가리지 않는다."

뮐러 교수는 국가권력의 사유화, 지지 세력에 대한 퍼주기 정책, 반대세력 탄압 등을 포퓰리즘 정권의 세 가지 통치기법이라고 설명했다. 국가권력의 사유화는 장기집권을 위한 대대적인 권력구조 개편을 수반하는 경우가 많다. "포퓰리즘 정권은 자신들의 정치적 이념에 맞춰 국가를 재창조하려고 한다. '진정한 국민'의 의사를 법제화한다는 명분을 내세워 영구집권이 가능하도록 헌법과 법률을 뜯어고치려고 한다."

헌법 개정으로 장기집권 시도

무차별 복지로 대변되는 '국가 후견주의'와 반대파에 대한 '차별적 법치주의'도 세계 모든 포퓰리즘 정권이 취하는 공통적인 통치 기법이다. "포퓰리즘 정권은 대중의 지지를 받는 대가로 유·무형의 반대급부를 지급한다. '국가가 국민의 생활을 보장하겠다'는 구호는 국가 후견주의의 대표적인 사례다. 자신을 비판하는 세력에만 유독 엄격한 '법치주의' 잣대를 들이대 모질게 다룬다."

역사적으로 보면 이런 폐해들은 권위주의적인 독재정권에서도 나타났다. 하지만 포퓰리즘 정권에서는 더 공공연하게 이뤄지고 부정부패라고밖에 볼 수 없는 행위마저 '국민의 이름'으로 양심의 거리낌 없이 자행된다는 게 밀러 교수의 지적이다. "포퓰리즘 정권이 자유민주주의를 표방하는 다른 정권들과 결정적으로 다른 점이 있다. '도덕적 가치가 정치적 목적 달성을 위한 수단'이라는 사회주의 전술·전략을 채택하고 있다는 것이다. 포퓰리즘 정당인 폴란드의 법과정의당은 '국민의 이익이 법에 우선한다'며 영구집권 목표를 숨기지 않았다. 정실인사와 부정부패가 만연했지만 이들은 전혀 죄책감을 느끼지 않았다. 오히려 '국민이 직접 통치하게 하자!'는 민주주의 최고의 이상을 실현시켜주겠다며 반대 세력 탄압을 노골적으로 자행했다."

악성 바이러스가 인간의 생명을 위협하듯 악성 포퓰리스트들은 자유민주주의 존립을 위태롭게 한다. 포퓰리스트를 가려내기 위해서는 유권자들이 늘 깨어 있는 수밖에 없다. "대중을 현혹하는 포퓰리즘이 21세기 자유민주주의의 가장 큰 위험이다. 포퓰리즘은 면역도 생기지 않는 치명적인 바이러스이자 좀처럼 끊기 어려운 마약과 같다. 자유민주주의를 수호하려면 포퓰리즘 때문에 피폐해진 중남미 사례가 주는 교훈을 잊지 말아야 한다."

고독한 군중

데이비드 리스먼

"고독 극복하려면 자율형 인간이 돼라"

양준영

　　제2차 세계대전 이후 미국은 명실상부한 유일 초강대국 반열에 올랐다. 전쟁은 미국의 경제적 번영에 크게 기여했다. 1950년대 미국은 풍요로운 사회로 불렸다. 1930년대 시작된 뉴딜 정책과 제2차 세계대전을 거치면서 미국 사회에서는 소득 분배의 평준화가 일어났고, 중산층은 사회 중심세력으로 급속히 자리 잡았다. 소득 격차가 줄어들면서 소비 유형은 비슷해졌다. 미국 사회는 획일화·동질화 양상을 띠기 시작했다. 자신만의 개성을 추구하기보다는 집단적인 기준을 따르는 '순응주의'가 일반적 현상으로 나타났다.

　　미국 사회학자 데이비드 리스먼David Riesman(1909~2002)의 『고독한 군중The Lonely Crowd』은 이런 사회 분위기 속에서 나왔다. 그는 이 책에서 산업화된 대중사회의 구조적 메커니즘과 그 속에서 살고 있는 미국인의 사회의식이 어떻게 형성되는지 날카롭게 분석했다. 처음엔 1940년대 후반 미국인들의 정치적 무관심

　　　　　　　　　　　　　　　　　　　　　　다시 읽는 명저

의 근원에 대한 연구로 출발했다. 그러나 많은 초안을 거치면
서 미국인의 삶에 대한 야심찬 연구로 발전했다. 학술서임에도
1950년 초판이 나왔을 때 7만 부가 매진됐고, 1954년 보급판은
50만 부가 팔렸다. 미국 학계에선 찬사와 비판이 함께 쏟아졌
다. 일반 독자층에서도 큰 반향을 불러일으키며 시대를 대표하
는 저서가 됐다.

타인지향형으로 사회적 성격 변화

'고독'과 '군중'이라는 모순어법은 기업화, 관료화, 단일화돼
가는 미국 사회의 문제점을 포착했고, 현대 산업사회에서 개인
의 소외를 나타내는 대표적 문구로 자리 잡았다.

리스먼은 사회의 변화와 그 사회 구성원들의 생활양식 변화
를 '사회적 성격'이라는 개념을 통해 파헤쳤다. 사회적 성격은
'주요 사회집단 사이의 공통된 성격'으로 사회집단들의 경험에
서 나온 산물이다. 온갖 계급, 집단, 지역, 국가의 성격을 가리키
는 말이다.

그는 역사적으로 '전통지향형' '내부지향형' '타인지향형'의
세 가지 사회적 성격이 등장했다고 주장했다. 전통지향형은 사
회 구성원이 전통과 과거를 추종하는 데서 주요 행위기준을 찾
는 봉건적 시대의 사회적 성격이다. 내부지향형은 가족 안에서
학습된 도덕과 가치관이 행위기준이 된 유형으로, 19세기 공업
시대 주류를 형성했다. 타인지향형은 또래집단 등이 갖는 가치

체계로부터 영향을 받아 행동하는 인간형으로, 당시 미국 대도시 상류층에서 두드러지게 나타난 현상을 가리킨다.

리스먼은 당시 미국 사회가 물질적 풍요와 관용적인 분위기에서 타인지향형 인간이 점점 다수를 이뤄가고 있다고 봤다. 이는 생산의 시대에서 소비의 시대로, 인쇄문화에서 영상문화로 변화한 것과도 상응한다. 부모의 권위는 쇠퇴하고, 또래집단과 매스미디어의 영향력은 확대됐다. 리스먼은 "매스미디어의 영향으로 타인지향적 아이는 내부지향적 시대의 어른보다 더 세련된 방식으로 인간관계의 속사정을 예민하게 파악한다"고 했다.

현대사회는 매우 개인주의적이고 자유로운 경쟁사회라는 게 당시의 인식이었다. 하지만 대중사회가 본격화되면서 개성보다 대인관계가 더 중요해졌다는 게 리스먼의 진단이다. 타인지향형 사회를 사는 사람은 다른 사람들로부터 인정받고 싶어 하는 심리적 욕구가 커진다. 타인의 관심사를 포착하기 위해 촉각을 곤두세우고 공동체나 조직으로부터 격리되지 않기 위해 노력하지만 소외될지 모른다는 불안감에 번민한다. 리스먼은 자아상실의 수렁에 빠진 이들로 구성된 타인지향형 사회는 정치적 무관심을 조장하고, 민주체제에 위기를 가져올 수 있다고 경고했다.

리스먼은 세 가지 사회적 성격의 전형적인 모습은 '적응형'에 속한다고 봤다. 적응형 인간은 거의 완전하게 그들의 사회 및 사회계급을 반영한다. 이에 비해 '자율형'은 사회에 순응할 능

다시 읽는 명저

력이 있으면서도 순응 여부에 대한 선택의 자유를 갖는다.

또래집단서 벗어나 개인능력 키워야

리스먼은 타인지향적인 사회적 모순을 극복하기 위해서는 자율형 인간이 돼야 한다고 강조했다. 또래집단에서 자유로워 짐으로써 자신의 능력을 키우고 자율성에 이르는 길을 개척해 나갈 수 있다고 했다. 인간은 제각기 다른 존재로서 창조됐는데, 서로 똑같아지기 위해서 사회적 자유와 개인적 자율성을 상실했다는 지적이다. 리스먼은 "개개의 인간은 저마다 무한한 가능성을 지니고 있다"며 "자신의 생각이나 생활 자체가 얼마나 흥미로운지 알아차리게 된다면 더 이상 군중 속의 고독을 동료 집단에 의지해 애써 누그러뜨리지 않아도 될 것"이라고 강조했다. 이런 상태가 됐을 때 인간은 자신의 실제 감정과 포부 등에 보다 많은 관심을 갖게 될 것이라고 했다.

『고독한 군중』은 1950년대 미국 사회를 이해하는 창을 제공했다. 책에 등장하는 많은 사회적 특성은 지금은 상당 부분 존재하지 않는다. 그러나 인터넷과 소셜미디어 발달로 타인이 개인의 일상에 미치는 영향이 커진 지금 리스먼의 책은 출간 당시보다 더 많은 시사점을 주고 있다. 사회적 성격, 조직화된 시대인간 자율성의 의미 등 이 책이 제기하는 질문은 시대를 넘어 여전히 유의미하다.

권력과 번영

멘슈어 올슨

"섬세한 재산권 보호가 풍요 부른다"

백광엽

멘슈어 올슨Mancur Olson(1932~1998)의 『권력과 번영Power and Prosperity: Outgrowing Communist and Capitalist Dictatorships』은 무엇이 한 사회의 경제적 성쇠를 좌우하는지를 파고든 저작이다. 미국 공공선택학회장을 지낸 올슨은 정치학 개념인 '권력'과 경제학의 관심 주제인 '번영'을 결합해 풍요를 부르는 권력 구조와 사회 시스템을 탐구했다. 그가 제시한 답은 '시장 확장적인 정부'다. △재산권 보호 △계약이행 보장 △분쟁해결 장치를 특징으로 하는, 강하면서도 제한된 정부를 의미한다. 무수한 이익단체의 공세를 뿌리치고, 이 세 가지를 충족하는 방식으로 권력이 행사되는 사회체제만이 경제적 번영에 도달할 수 있다는 게 올슨의 결론이다.

올슨은 권력을 '다른 폭력과 마찬가지로 타인의 것을 수탈해 내 것으로 만드는 힘'으로 파악했다. "모든 권력자의 행동 유인은 이기심이며, 권력이 국민 재산권 보호에 나서는 것은 생산의 욕을 고취해 장기적으로 더 많이 수탈하기 위해서"라고 진단했다. 이익집단, 권력, 국가에 대한 『권력과 번영』의 이 같은 도발적 관점은 정치학·사회학에서도 여러 논점을 형성시켜 사회과학 전반의 발전에 기여했다.

"권력은 정주형定住型 도적일 뿐"

독재권력이든 민주권력이든 모든 권력은 권력에서 소외된 집단을 수탈한다는 게 올슨의 시각이다. '유랑형 도적'과 '정주형 도적'에 비유하며 권력의 속성을 설명한 이유다. 유랑형 도적은 강도질로 얻은 이익을 누릴 뿐 그로 인한 '사회적 생산 감소'라는 폐해에는 무관심하다. 하지만 특정 지역에 뿌리내린 정주형 권력은 많은 경우 세율을 낮추고 생산의욕을 고취하는 전략을 선택한다. 공공재 투자에도 큰 관심을 갖는다. 이런 방식으로 확보할 수 있는 추가 조세 수탈액이 공공재 공급비용을 웃돌기 때문이다. 올슨은 권력 운영상의 이런 변화를 애덤 스미스의 '보이지 않는 손'에 빗대 '보이지 않는 왼손'이 작용한 결과라고 표현했다.

올슨은 "유랑형 도적을 거쳐 정주형 도적으로 자리 잡은 전형이 전제군주제"라며 "권력의 매서운 수탈은 체제 붕괴를 부르기도 한다"고 지적했다. "로마제국, 오스트리아-스페인의 합스부르크 왕조, 프랑스 부르봉 왕조 등의 멸망은 조세 수탈 과잉의 결말이었으며, 소련 몰락의 본질도 과도한 수탈이다."

민주적 정치체제에서도 다양한 수탈이 상존한다는 게 올슨의 견해다. "전제군주는 소수의 지배계급 구성원과 수탈물을 독식하지만, 민주적 권력은 수탈 이익을 수많은 지지자 그룹과 나눠 가진다는 점이 다를 뿐이다."

『권력과 번영』은 조직화된 소수 이익집단이 야기하는 사회적 비효율의 증대를 강하게 비판한다. 정책학습 비용이 해당 정책으로 얻을 편익보다 훨씬 큰 탓에 시민 다수는 공부를 외면하며 '합리적 무지'로 치닫고, 그 틈새를 이익집단이 파고든다는 게 올슨의 진단이다. "이익집단들은 대중을 겨냥한 집요한 로비 활동과 요식적 투표를 통해 국민 다수의 소득을 가로채고 사회 전체의 성장을 잠식해간다"며 '영국병'에 시달린 대영제국을 대표 사례로 제시했다.

"특권적 이익집단의 로비는 독재자의 수탈 행위와 본질적으로 같다"는 올슨의 생각은 하이에크에게로 이어졌다. 하이에크는 "현대사회의 진짜 착취자는 민주주의를 부패시킨 이익집단"이라며 "그들의 정치적 영향력을 차단하는 헌법적 장치를 마련해야 한다"고 설파했다.

올슨은 국민 각자의 재산권과 계약권을 지배권력집단의 수탈로부터 보호하는 '좋은 시장'의 유무가 한 사회의 번영을 좌우한다고 강조한다. 서독·일본·이탈리아가 제2차 세계대전의 폐허를 딛고 일어선 것은 패전으로 부패 기득권 구조가 붕괴하면서 시장 시스템이 제대로 작동하기 시작한 덕분이라고 분석했다. 반면 옛 소련에서 시장경제체제로 이행한 러시아의 부진은 오랜 특

다시 읽는 명저

권 구조가 마피아 체제 등으로 존속하고 있기 때문이라고 봤다.

"좋은 시장 외 번영의 지름길 없어"

『권력과 번영』은 "선진국부터 빈곤국까지 모든 나라에서 '시장'이 작동 중이지만 내용적으로는 천차만별"이라고 지적한다. 그러면서 성공적인 시장경제를 위한 두 가지 핵심 요건을 제시했다. 첫째는 안정적이고 잘 정의된 개인적 권리다. "토착민이든 외국인이든, 개인이든 법인이든 모든 참여자가 자신이 선택한 계약의 공평무사한 집행권을 가질 때 시장은 생산잠재력의 정점에 도달할 수 있다." 둘째는 강탈이 없어야 한다는 점이다. 개인의 권리가 최고 수준으로 보장된 국가에서도 강탈이 자행된다는 게 올슨의 견해다. "선진국에서의 강탈은 가격이나 임금을 결정하는 카르텔과의 공모, 특별한 이익을 추구하는 입법과 로비를 통해서 은밀하게 이뤄진다."

이 책의 방점은 섬세하게 개인의 재산권과 계약권을 보호할 수 있는 '사회적 인공 시장'의 설계에 맞춰졌다. 지배 권력이 고도의 글로벌 분업으로 재산권이 얽히고설키는 시대 변화에 걸맞은 시장 시스템 구축을 외면하는 사회는 경제적 쇠락이 불가피하다는 진단이다. 풍요의 길은 자본·자원·인구가 아니라 '좋은 시장'이 결정하며, 풍요의 적은 특권에 매달리는 권력과 이익단체라는 게 이 책의 일관된 메시지다.

사회분업론

에밀 뒤르켐

"도덕적 시민 많아져야 아노미 극복"

백광엽

'분업'이라고 하면 '경제학의 아버지' 애덤 스미스를 많이 떠올리지만, 에밀 뒤르켐Emile Durkheim(1858~1917)이 대표적인 분업 예찬론자다. 스미스는 "분업이 생산성 제고와 산업사회 도래의 원동력이 됐다"면서도 "노동자들의 정신적·문화적 쇠퇴를 야기할 수 있다"는 우려를 빼놓지 않았다.

프랑스 사회학자 뒤르켐은 스미스의 '경제적 관점'을 넘어 분업을 현대 산업사회 전반을 해석해 내는 키워드로 확장했다. 그는 『사회분업론De La Division du Travail Social』에서 "분업은 생산력을 향상시킬 뿐만 아니라 사회의 질적·물질적 발전에 필수적 요건"이라고 진단했다. "분업은 연대감을 높여 사회 통합을 부른다"며 "분업이야말로 문명의 원천"이라고 강조했다. 당시 지식인들이 '분업은 원자화·고립화를 낳는다'고 한목소리로 우려할 때 "분업이 해방을 부른다"는 긍정적 관점을 제시했다. 『사회분업론』이 막스 베버의 『프로테스탄티즘의 윤리와 자본주의 정신』과 함께 새로운 산업문명의 등장을 읽어내고 이론화하는 데 기여한 저작으로 평가받는 이유다.

분업은 '소외'가 아닌 '유대'의 원천

『사회분업론』의 핵심적 주제는 아노미anomie(사회적 규범의 동요·이완·붕괴 등으로 일어나는 혼돈)의 극복과 사회 통합이다. 뒤르켐은 집 필 당시인 19세기 말 프랑스에서 급속한 산업화와 함께 개인주의가 발호하는 것을 목격했다. 이런 변화 속에서 '어떻게 사회적 결속력을 유지할 수 있을까'라는 문제에 천착한 그가 주목한 것이 분업이다.

스미스 이래로 경제학자들은 분업을 인간 사회의 최우선 법칙이자 진보의 조건으로 간주했다. "잘 통치된 사회에서는 분업의 결과로 생산물이 대폭 증가해 최저계층에까지 부富가 전파된다"고 봤다. 그러나 경제학의 경계를 벗어나면 분업에 대한 평가는 박했다. 카를 마르크스는 "분업이 인간의 소외를 초래한다"고 했고, 오귀스트 콩트는 "결속력을 약화시켜 사회 혼란의 원인이 된다"고 비판했다. 알렉시 토크빌도 "분업의 원리가 더 잘 적용될수록 기술은 진보하지만, 기술자는 퇴보할 것"이라며 우려를 보탰다.

뒤르켐은 "사회분업이 반드시 분열과 비일관성을 낳지는 않는다"고 강조했다. 오히려 구성원 간 경제적·정서적 상호 의존을 강화시켜 사회연대와 통합을 낳는다고 봤다. "분업의 기능은 경제적이기보다 사회적"이라며 사회적·도덕적 시각에서 광범위하게 접근할 것을 주문했다.

"분업은 동물계의 약육강식 투쟁원칙과 구분되는, 평화로운 공동체 생활을 위한 인간만의 지혜로운 해결책"이라는 게 뒤르켐의 분석이다. 결혼을 통한 이성과의 결합도 분업으로 이해했다. "남녀의 상이함에 기초한 분업이 결혼제도를 유지시키는 부부간 유대의 원천"이라고 봤다. "분업으로 형성된 연대감을 구체화해낸 것이 법률"이라고도 했다. 뒤집어 말하면 법치의 약화는 사회연대감 붕괴의 위험 신호라는 의미다. "우리는 분업이 발달할수록 거기에서 오는 이익이 더 많아진다는 것을 알고 있다. 분업 덕분에 경쟁자들은 서로 죽이도록 강요받지 않고 공존할 수 있게 된다."

『사회분업론』은 중세 이후 사용하지 않던, 무법·무질서를 뜻하는 그리스어 아노미아anomia를 되살려냈다. 뒤르켐은 "분업으로 연결된 사회에서 개인적 이익만 추구할 경우 무규범 상태가 되고 혼란이 온다"며 구성원들의 행위를 규제하는 공통의 가치와 도덕적 규범이 상실된 상태를 '아노미'로 지칭했다. "아노미 상태 때문에 끊임없이 갈등이 일어나고 모든 무질서가 생겨난다"고 본 것이다. "이상異常 상태에서는 상호 의존관계가 교란돼 분업이 사회적 아노미의 원인이 된다"며 개인과 집단을 규제하는 새로운 도덕과 문화가 정착되지 못한 병리상태를 '아노미적 분업'이라고 불렀다.

뒤르켐은 현대산업사회를 통합하고 유지하기 위한 핵심 가

다시 읽는 명저

치로 '도덕적 개인주의'를 제시했다. "자신의 행동과, 그 행동이 초래하는 의무를 떠맡는 것"이 도덕적 개인주의이며 자유의 진정한 의미라고 강조했다.

민주주의에는 '공정한 규칙·배려' 필수

분업이 효율적으로 작동하려면 도덕적 공동체가 선행돼야 한다는 게 이 책의 결론이다. 전문화·다원화된 사회에서 타인을 존중하는 개인들이 모여 강력한 도덕공동체를 형성하면 아노미 현상은 자연히 사라질 것이라는 설명이다. "물질적인 결합이 아니라 신념과 감정을 공유하는 도덕적 연결 관계가 있어야 분업이 성공적으로 이뤄질 수 있다."

이런 논지는 그가 활동한 시대를 압도했던 공리주의에 반기를 든 것이었다. 공리주의자들은 '신념과 감정의 공동체' 대신 '당사자 간의 계약'을 우선시했다. 뒤르켐은 "공리주의자들이 사회의 기원을 잘못 이해한다"고 비판했다. 산업사회의 문제를 자본주의체제의 구조적 문제로 치환하고, 운명적 몰락이나 계급갈등 이론으로 설명하려는 시도도 거부했다. 그러면서 자유민주주의와 자본주의는 좁은 틀에 고정된 제도가 아니며 공정한 규칙, 자율적 통제, 배려하는 문화가 함께 가야 한다고 설명했다. '사회통합에는 도덕적 개인이 선행돼야 한다'는 뒤르켐의 메시지는 몰沒가치·탈脫진실이 득세하는 오늘 한국의 현실을 돌아보게 만든다.

미디어의 이해

허버트 마셜 매클루언

"뉴미디어는 사회에 가해지는 '외과 수술'"

양준영

"우리 자신을 증폭시키고 확장하게 해주는 새로운 미디어와
기술들은 방부 처리를 전혀 하지 않은 채 사회라는 신체에 가
하는 어마어마한 집단적 외과 수술이다."

일반적으로 미디어 하면 신문·라디오·TV와 같은 매스미디
어를 떠올린다. 캐나다 출신 문명 비평가이자 커뮤니케이션
이론가인 허버트 마셜 매클루언Herbert Marshall McLuhan(1911~1980)은
1964년 펴낸 『미디어의 이해Understanding Media』에서 '인간의 신체
와 감각 기능을 확장하는 모든 도구와 기술이 미디어'라는 화두
를 던졌다. 신문·라디오·TV뿐만 아니라 언어(음성·문자)·숫자·
도로·화폐·옷·바퀴·주택·전화·무기 등 인간이 만들어낸 거의
모든 인공물을 미디어로 본 것이다.

"미디어는 형식 그 자체가 메시지"

그는 책에서 미디어를 '인간의 확장', '감각의 확장', '우리 자신의 확장', '몸의 확장' 등으로 다양하게 불렀다. 책은 눈의 확장이고, 바퀴는 다리의 확장이고, 옷은 피부의 확장이고, 전자 회로는 중추신경계의 확장이다. 심지어 무기는 손과 손톱, 이빨의 확장이라고 했다. 그는 인간의 신체와 감각이 확장되는 것은 결과적으로 인간의 삶에 큰 영향을 끼친다고 진단했다. 특정 종류의 미디어가 특정한 '감각 비율'을 만들고, 시각 청각 촉각 등 오감의 비율을 바꿔 감각·사고·행동을 변화시키며, 결국 새로운 사회 환경을 낳는다는 얘기다.

이 책을 관통하는 주제는 '미디어는 메시지다Medium is the message'라는 명제에 함축돼 있다. 미디어는 메시지나 콘텐츠를 실어 나르는 수단에 불과하다고 본 기존 통념을 뒤집는 주장이었다. 매클루언은 미디어가 그 자체로 하나의 근원적인 메시지이며, 커뮤니케이션 현상에서 본질적으로 중요한 것은 전달되는 메시지가 아니라 미디어 자체라고 봤다.

미디어의 내용뿐만 아니라 미디어의 형식도 인간의 감각 비율에 영향을 미치고, 결과적으로 사람들의 사고방식과 생활양식에 영향을 미친다는 것이다. "오늘날 우리가 찾으려고 애쓰는 것은, 개인 정신이나 사회 전체의 견해에 나타나는 감각비율상의 이런 변화들을 통제하는 수단이나 그런 변화들 모두를 회피하는 방법이다."

그는 어떤 미디어나 기술의 '메시지'는 결국 미디어나 기술이 인간사에 가져다줄 규모와 속도, 유형의 변화라고 강조했다. 예컨대 철도는 인간 사회의 각종 기능의 규모를 가속화하고 확대해 완전히 새로운 종류의 도시와 노동, 여가생활을 창출해냈다. 이는 철도라는 미디어가 운반하는 화물이나 내용이 무엇인가와 관계없이 벌어진 일이다. 미디어의 내용은 언제나 또 다른 미디어로 기능한다고 봤다. "신문의 내용은 글자에 의한 진술이다. 책의 내용은 발언이다. 영화의 내용은 소설이다."

매클루언은 인류 역사 발전도 미디어의 관점에서 해석했다. 문자 이전의 부족시대, 문자시대, 인쇄시대, 전기시대 등 4단계로 분류했다. 알파벳과 같은 문자, 구텐베르크의 금속활자, 마르코니의 전신電信 발명이 인류의 문명·문화를 근본적으로 바꾼 것에 주목했다. 문자가 없던 시절에는 시각·청각 등 오감을 총동원해 소통했다. 하지만 문자가 등장하면서 시각을 주로 사용하게 됐고, 시각은 청각·촉각·미각 같은 다른 감각의 역할을 억압했다. 글을 읽기 시작하면서 '탈부족화脫部族化' 현상이 나타났다. 인쇄술이 발명된 이후 시각의 지배력은 더 강력해졌다. 사람들은 선형적 논리적 사고에 익숙해졌다. 개인주의와 민족주의가 싹텄고, 근대 민족국가의 토대가 됐다.

전세계 연결하는 정보화 시대 예견

인쇄시대는 19세기 말 전신의 발명과 함께 막을 내렸다. 매클루언은 전기시대의 등장은 시각뿐만 아니라 다른 감각을 활성화시켜 '감각의 균형'을 되찾게 했다고 설명했다. 대표적인 미디어가 TV다. 그는 "TV는 시각적 미디어라기보다는 우리의 모든 감각을 깊은 상호작용 속에 참여시키는 촉각적 · 청각적 미디어"라며 "오랫동안 인쇄와 사진의 다양한 시각적 경험에만 익숙해진 사람들이 TV의 경험을 공감각적이거나 촉감적인 깊이로 느끼게 됐다"고 했다.

전기시대는 시간적 · 공간적 한계를 무너뜨리면서 인간의 중추신경계를 범지구적인 범위로까지 확장했다. 매클루언은 인류가 지구적으로 하나의 부족을 이루게 됐다며, 이를 '지구촌global village'이라는 개념으로 정의했다. 특히 커뮤니케이션 범위 확대만이 아니라 그 속에서 살아가는 인간 경험의 질적인 변화까지 초래한다고 예견했다. 외부 세계에 대한 지각과 경험 방식에 영향을 미쳐 새로운 형태의 사고와 세계관을 가능케 할 것이라는 설명이다.

『미디어의 이해』는 출간 당시 기성의 논리를 부정하는 독창성 때문에 숱한 논쟁과 화제를 불러일으켰다. 하지만 1990년대 이후 인터넷 확산과 함께 매클루언의 사상은 정보기술IT 혁명 시대를 예견한 선구적 담론으로 재평가되며 주목받고 있다. 모바일과 소셜미디어의 확산으로 격변하고 있는 현재의 미디어 환경을 이해하는 도구로도 여전히 유효하다.

아레오파지티카

존 밀턴

"사상의 자유시장이 민주주의 원동력"

백광엽

"진리는 승리를 위해 어떤 정책도 전략도 허가도 필요로 하지
않는다. 그런 것은 오류가 진리의 힘에 대항하기 위한 속임수
이며 방어책일 뿐이다."

현대 민주주의 사회는 표현의 자유를 기본적 인권의 하나로
인식한다. 세계 각국은 언론·출판·사상 등 표현의 자유에 헌법
상 '우월적 지위'를 부여하고 있다. 미국에선 언론이 공직자에
게 명예 훼손적 표현을 해도 '현실적 악의'가 있는 경우에만 손
해배상 책임을 지운다. 허위임을 알았거나 '무모할 정도로 진위
를 무시하고 보도했다'는 점이 입증돼야 한다는 의미다.

문명세계에서 확고히 자리 잡은 표현의 자유 확장에 결정적
으로 기여한 사람이 존 밀턴John Milton(1608~1674)이다. 그는 1644
년 발표한 『아레오파지티카Areopagitica』에서 '사상의 자유롭고 공
개적인 시장free and open market of ideas'이라는 자유주의의 대명제

를 제시했다. "진실과 허위를 공개적으로 대결하게 하는 것이 진리를 확보하는 최선"이라는 『아레오파지티카』의 주장은 그를 자유주의의 원조로 자리매김했다. "나에게 어떤 자유보다 양심에 따라 자유롭게 알고 말하고 주장할 수 있는 자유를 달라"는 밀턴의 선언적 호소는 표현의 자유를 대변하는 단 하나의 문장으로 꼽힌다.

진실과 허위 경쟁시켜야 진리 드러나

대서사시 『실락원』의 작가이기도 한 밀턴은 영국의 시인이자 사상가다. 검열제도를 도입하려는 영국 의회에 항의하는 연설문 형식으로 쓰인 『아레오파지티카』는 고대 그리스어로 '법정'을 뜻하는 areopagos(아레오파고스)와 '이론'을 뜻하는 ca가 결합된 말이다.

밀턴은 사전검열과 허가제를 반대하는 이유로 현실적으로 완전 규제가 어렵고, 무오류無誤謬 검열관은 있을 수 없으며, 학문과 학자들에게 최대의 좌절을 안긴다는 점 등을 들었다. 국민이 알아서 되는 것과 안 되는 것을 당국이 선별하는 것은 국민에 대한 모욕이라고도 했다. "허가제로 어떤 사고思考의 전파를 방지할 수 있다고 생각하는 사람은 공원의 문을 닫아버림으로써 까마귀들을 가뒀다고 생각하는 그런 용감한 사람에 비유하지 않을 수 없다."

거짓과 진리가 대결과 경쟁을 벌이면 필연적으로 진리가 승리한다는 게 『아레오파지티카』의 일관된 논지다. "타인의 사상과 사고에 제한 없이 접근한다면 인간의 이성은 진위와 선악을 구별할 수 있다"며 지적 자유주의에 대한 신념을 감추지 않았다. 밀턴은 "진리는 특정 개인이나 집단의 전유물이 아니라 자유롭고 공개된 경쟁에 따른 대중적 인정에 의해서만 생존할 수 있는 독특한 힘을 지니고 있다"며 "진리에 단지 대결의 장場을 허용하라"고 요구했다.

또 "모든 아이디어는 공개시장에서 자율 조정돼야 한다"며 "허위의 의견이든 진리의 의견이든 제한 없이 표현돼야 '사상의 자유롭고 공개적인 시장'이 형성될 수 있다"고 설명했다. "진리와 허위가 맞붙어 논쟁하도록 하라. 자유롭고 공개적인 대결에서 진리가 불리하게 되는 것을 누가 본 일이 있는가. 진리의 논박이 허위를 억제하는 최선의 그리고 가장 확실한 방법이다."

밀턴은 '거짓 의견'일지라도 사전 억제하는 것은 악惡이라고 강조한다. "공개시장에서 진리가 거짓과 경쟁하며 진리가 발견되는 것을 방해하고 지연시키기 때문"이다.

검열과 허가의 대안으로는 '관용'을 부르짖었다. "진리는 절대자 다음으로 강하기 때문에 허위와 공개적인 대결을 허용하기만 하면 반드시 승리한다"며 허위에 대한 관용을 두려워할 필요가 없다는 주장이다. 르네상스 이후 전개된 17세기 '종교적 불관용의 시대'에 관용을 호소하고 나선 밀턴의 통찰과 용기는 『아레오파지티카』를 '언론자유의 경전'으로 자리매김하는 원동

다시 읽는 명저

력이 됐다. "진리는 승리를 위해 어떤 정책도 전략도 허가도 필요로 하지 않는다. 그런 것은 오류가 진리의 힘에 대항하기 위한 속임수이며 방어책일 뿐이다."

표현의 자유에 대한 존중이 진리 발견과 민주주의 발전을 불러올 것이라는 게 밀턴의 진단이다. 그는 "표현의 자유가 억압된 곳에서는 혁명이나 쿠데타가 일어나 사회가 급변할 가능성이 높아진다"며 "표현의 자유를 보장함으로써 더 안정적으로 사회가 변화해 갈 수 있다"고 설명했다. 공동체적 가치를 넘어, 표현의 자유는 인간 본연의 존엄성을 지키고 자아 발견을 가능하게 한다고도 했다.

'거짓 의견'조차 사전 차단은 악惡

『아레오파지티카』는 미국·프랑스 혁명의 이데올로그들에게 영향을 미치며 세상을 움직였다. '의회는 종교의 자유, 집회의 자유, 표현의 자유 또는 언론의 자유를 억압하는 어떤 법률도 제정해서는 안 된다'는 미국 수정헌법 제1조의 등장도 이런 시대적 배경에서 가능했다.

밀턴은 "기존 지식과 다른 생각에 대해 폐쇄적인 사회는 영원히 진리를 추구할 수 없다"고 강조했다. 『아레오파지티카』의 관용 정신은 존 스튜어트 밀의 『자유론』으로 이어졌다. 밀은 사회적 유용성, 즉 공공의 복리를 근거로 누군가에게 침묵을 강요하는 행태도 정면 비판했다. "설사 어떤 의견이 잘못인 경우라도 그것을 억압하면 진리와 오류의 대결로 얻게 되는, 진리에 대한 보다 명료한 지각과 선명한 인상을 잃게 하는 불이익이 초래된다"는 논지를 폈다. 주류의 역사 인식과 다르다는 이유로 학문을 법정에 세우고, 언론에 '노란 딱지'를 남발하는 한국에 '사상과 표현의 자유시장'은 작동 중인가.

다시 읽는 명저

역사

PART
4

프랑스혁명에 관한 성찰

에드먼드 버크

"문명 진보의 힘은 혁명 아닌 제도·관습"

홍영식

"프랑스혁명은 이제까지 세상에서 벌어진 일 가운데 가장 경
악스런 것이며, 온갖 종류의 죄악과 어리석은 짓이 뒤범벅이
된 쓰레기 잡탕들의 광기다."

1789년 7월 프랑스혁명이 일어났을 때 영국 보수주의 정치
사상가인 에드먼드 버크Edmund Burke(1729~1797)는 초창기엔 방
관자적 태도를 취했다. 그러나 영국 지식층 사이에서 프랑스혁
명을 자유의 새로운 여명으로 여기고, 열렬하게 지지하는 대
중 선동을 시작하자 비판 쪽으로 돌아섰다. 비판 논리를 자세하
게 담아 이듬해 출간한 게 『프랑스혁명에 관한 성찰*Reflections on the
Revolution in France*』이다. 이 책은 파리의 '젊은 신사'에게 보내는 편
지 형식으로 썼다. 프랑스혁명을 강력하게 지지하는 이 신사
가 버크에게 혁명에 관한 견해를 물어온 데 대한 답장이다.

"프랑스혁명은 쓰레기 잡탕들의 광기"

버크는 철두철미한 경험론자다. 인간 행동의 원칙은 탁상이론보다 관습과 전통에 근거를 둬야 한다고 주장했다. 인간의 합리적 능력은 제한돼 있고, 사회는 이성이 아니라 오랜 세월에 걸쳐 형성된 도덕·관습에 의해 재생산되며, 문명의 진보는 사회 안정을 통해 가능하다고 봤다. 그는 "기존 제도와 관념은 지혜의 보고寶庫"라며 "이런 것들이 바탕이 돼 형성된 국가는 신이 마련한 제도"라고 규정했다. 또 "옛날부터 내려오는 삶에 관한 견해와 규칙이라는 나침반을 없애면 우리는 어떤 항구로 항해하는지 뚜렷하게 알 수 없게 된다"고 강조했다.

이 때문에 폭력에 의해 '구체제'(루이 14~16세 시대의 절대 왕정체제)를 뒤엎은 프랑스혁명에 비판적일 수밖에 없었다. 버크는 프랑스혁명을 굶주린 대중이 유산자들의 재산을 빼앗은 일종의 폭동으로 파악하고, 혁명 세력에 "목적이 수단을 거룩하게 만든다는 생각을 버려라"고 경고했다. 혁명 등 급격한 방법을 통해 사회가 바뀔 것으로 보지 않고, 자연스러운 운영질서에 의한 보존과 개선을 조화시켜야 한다는 게 그의 일관된 견해였다.

또 "프랑스혁명 세력은 옛날부터 현재까지의 모든 것을 파괴하는 과오를 범했고 범죄를 저질러 빈곤을 샀다"며 "이뿐만 아니라 왕권의 속박에서 풀려나자 예절을 난폭하게 파괴하고 불행한 타락을 모든 계층에 확산시켰다. 이는 자연에 반하는 것"이라고 지적했다. 이어 "전통적이고 공동체적인 기존 제도를 과격하게 파괴하면 무정부 상태를 초래하고 군사적 독재자의 출현을 보게 될 것"이라고 경고했다. 그의 말대로 프랑스혁명은 과격으로 치달았고, 결국 나폴레옹 독재가 등장했다.

버크는 이 책의 상당 부분을 영국인이 헌정을 수호해야 하는 이유를 설명하는 데 할애했다. 그는 "우리는 국교회와 왕정, 귀족제도, 민주제도를 더도 덜도 아니고 현재대로 유지하기를 원한다"고 했다. 영국 헌정은 명예혁명(1688년)과 권리장전(1689년) 이후 100여 년에 걸쳐 인간의 지혜와 관습, 전통이 농축된 제도기 때문이라는 게 그의 설명이다. 그는 "마그나 카르타(대헌장) 이후 오랜 시간에 걸쳐 확립된 영국의 헌법은 과거와 현재와 미래의 사람들 사이에 맺어진 시대를 초월하는 세대계약이며, 이 계약은 파괴돼서는 안 된다"고 여겼다. 아울러 "다음 세대를 걱정하지도 않고 선배 세대를 돌아보지도 않는 이기적이며 근시안적인 사람들이 과격한 변화를 지지한다"고 비판했다.

신조·규범·보존·절제·균형은 보수주의 주요 가치

『프랑스혁명에 관한 성찰』은 기존 체제의 급격한 변혁에 대항하려는 사람들에게 유용한 논리를 제공해줬다. 이 때문에 이 책은 보수주의의 고전으로, 버크는 보수주의 창시자로 불린다. 그가 강조한 신조와 규범 존중, 보존, 절제, 균형은 보수주의의 주요 가치로 꼽힌다. 그의 신념은 영국 보수당의 이념적 바탕이 됐다.

다시 읽는 명저

버크는 기존 체제를 '만고불변'으로 유지해야 한다고 주장하지는 않았다. 그는 "약간의 변화할 수단을 갖지 않은 국가는 보존을 위한 수단도 없는 법"이라며 "국가가 그런 수단이 없다면 독실한 마음으로 보존하려 했던 헌정 부분마저 상실하는 위험에 빠질 수 있다"고 강조했다. 변화는 필요하되, 어디까지나 헌정을 더 공고히 지키기 위해 이뤄져야 한다는 것이다.

법 제정의 신중함도 강조했다. 책 말미에 "법을 만들려고 할 때 가장 중요하게 고려해야 하는 점은 일시적인 소유자·세입자에 불과한 사람들이 조상에게서 물려받아 후손에게 물려줄 것에 주의를 기울이지 않고 마치 자신들이 완전한 주인인 것처럼 행동하지 못하게 하는 것"이라고 했다. 일단 법안을 내놓고 보자는 '입법 만능주의'에 빠진 한국 국회에 보내는 경고처럼 들린다.

미국사

앙드레 모루아

"미국 발전의 원동력은 개인 자유"

양준영

"유럽에서 온 이주민들이 아메리카 대륙에서 이룩한 위대한 성과를 기적이라고 말하는 것은 절대 과장이 아니다. 미합중국의 발전은 어느 인류사회의 발전보다 굉장히 신속했다. 북아메리카에는 지구상 최대 강국이 불과 한 세기 반 만에 들어섰다."

프랑스 역사가이자 전기작가인 앙드레 모루아Andre' Maurois (1885~1967)의 『미국사Histoire Des Etats-Unis, 1492-1946』는 초강대국 미국의 역사를 사건과 인물 중심으로 서술한 명저다.

개척자 정신으로 무장한 나라

1943년 제2차 세계대전 당시 미국에서 망명 생활을 하며 『미국사』집필을 시작한 모루아는 "한 국가가 놀랄 만큼 급속히 발전하게 된 과정을 살펴보고 국민이 숭고한 이상을 현실화하는

　　　　　　　　　　　　　　　　다시 읽는 명저

방법을 밝혀보려는 의욕을 저버릴 수 없었다"고 서문에 썼다. 그는 이 책에 앞서 『영국사Histoire D' Angleterre』, 『프랑스사Histoire de la France』도 펴냈다.

"아메리카 대륙에서의 험난한 생활, 인디언과의 투쟁, 드넓은 토지, 상호 부조의 필요성 등이 정착민의 성향마저 바꿔놓았다. 관용을 베풀고 독립적이며, 억센 기질과 일에 대한 열정 및 체력의 차이 외에는 일체의 불평등을 허용하지 않는 개척자 정신이 등장한 것이다."

모루아는 『미국사』에서 1607년 대서양을 건너 신대륙으로 향한 143명의 이민자가 건설한 영국 식민지 제임스타운이 초강대국 미국으로 발전한 원동력으로 자유주의와 개척자 정신을 꼽았다. 그는 "변경의 미개척지에서 땅을 일구는 사람들은 자립에 대한 열망이 강했고, 손이 닿지 않는 곳에 사는 사람까지 영국에서 단속하는 것은 불가능했다"고 지적했다.

모루아는 미국인의 이 같은 개척자 정신은 계속 이어지고 있다고 강조했다. "미국인은 결국 변방의 끝까지 도달했지만, 변경으로 진출하던 개척자 정신만은 사라지지 않았다. 이 정신은 벽에 부딪힌 반동으로 동부 지역으로 되돌아가 새로운 형식의 개척자를 창조했다. 즉, 대은행가와 대기업가가 개척자의 진취적이고 과감한 개인주의를 계승해 끈기와 인내를 보여줬다."

미국의 자유주의 정신이 유럽과 어떻게 다른지 분석한 대목

도 흥미롭다. 모루아는 "구세계(유럽)에서의 자유란 개인이 기득
권층으로부터 쟁취한 전리품이었지만, 신세계(미국)에서는 오히
려 정부가 개인에게서 그 권리를 쟁취하려 했다"고 봤다. 신대
륙 정착민은 유럽에서는 상상할 수 없던 새로운 모습의 자유를
누렸고, 자유주의 정신이 그만큼 강했다는 얘기다.

　미국의 발전 과정이 순탄했던 것만은 아니다. 영국과의 독립
전쟁을 거쳐 연방 탈퇴 문제와 노예제 시비 등이 곪아 터진 남
북전쟁을 치렀고 19세기 후반에는 경제 불황을 겪은 가운데
신·구 이민자 간 대립이 심화됐다. 남부와 동부 유럽에서 밀려
든 새 이민자들은 더 이상 자유 농토를 얻지 못해 도시에 정착
하면서 기존 노동자들과 마찰을 빚었다. 산업 독점을 방지하고
경쟁을 촉진하려는 반트러스트법을 둘러싼 갈등도 불거졌다.

　모루아는 미국이 뛰어난 법·제도와 정치 리더십을 바탕으로
이 같은 사회 갈등을 조금씩 극복하며 발전해왔다고 했다. 저자
는 남북전쟁 때 남군을 이끈 로버트 리 장군과 북군을 지휘한
율리시스 그랜트 장군의 종전 회담을 소개하며 이 같은 지도자
들이 미국 통합을 이끈 주역이었다고 설명했다.

포용과 통합의 리더십도 강점

　"두 사람은 똑같이 괴로움을 이겨내야 했다. 리는 항복해야
하는 괴로움을, 그랜트는 적군의 비통한 모습을 지켜봐야 하는
괴로움을 겪었다. 휴전 조건은 관대했다. 남군 병사들은 선서한

뒤 석방돼 귀가했으며 말까지 가져갈 수 있었다. 리 장군은 부하들이 굶주리고 있음을 털어놓으며 식량 보급을 요청했고, 그랜트는 2만5000명분의 군량을 보냈다. 두 장군이 회담 내내 변함없이 보내준 위엄, 인정, 순박함은 사람들을 탄복하게 했다."

『미국사』에는 조지 워싱턴(초대), 존 애덤스(2대), 토머스 제퍼슨(3대), 에이브러햄 링컨(16대) 등 대통령을 포함한 숱한 정치 지도자 이야기가 흥미롭게 담겨 있다.

모루아는 개인의 자유와 권리를 확고히 보장한 미국의 헌법 정신도 주목했다. 그는 "건국의 아버지들이 만든 미합중국 헌법과 법률의 우수성은 시간이 갈수록 더욱 뚜렷해졌다"며 "헌법은 국민의 주권을 보호하는 한편 강력하고 영속성 있는 행정권을 창조했다"고 설명했다.

모루아의 말처럼 미국은 단기간에 역사상 유례를 찾아볼 수 없는 놀라운 성과를 이뤄낸 나라다. 7~80년 전 프랑스 작가의 눈으로 본 초강대국 미국 발전 역사는 지금의 우리에게도 시사하는 바가 크다.

제2차 세계대전

윈스턴 처칠

"정치인 무지와 국민의 나약함이 파국 불러"

백광엽

"불필요했던 전쟁unnecessary war". 윈스턴 처칠Winston Churchill (1874~1965) 영국 총리가 "제2차 세계대전을 어떻게 불러야 하는 가" 하고 물은 프랭클린 루스벨트 미국 대통령에게 내놓은 답 이다. 1500만여 명의 사상 최대 사망자를 낸 최악의 전쟁을 막 을 기회가 너무 많았다는 회한이 담긴 한마디다.

『제2차 세계대전The Second World War』은 영국 총리로 제2차 세계 대전을 승리로 이끈 처칠에게 노벨문학상을 안긴 회고록이자 역사서다. 처칠은 "두 차례 최악의 전쟁을 고위직에서 경험한 사람은 아마 내가 유일할 것"이라며 "실수를 성찰하고, 오류를 교정하고, 방향을 제시하기 위해 펜을 들었다"고 밝혔다. "도덕 적인 사람들의 나약함이 사악한 사람들의 적의를 어떻게 강화 시켰는지를 보여주고 싶었다"는 설명이다.

맹목적 평화주의에 지배됐던 유럽

총 6권 5000여 쪽의 방대한 저작을 관통하는 정서는 안타까움이다. 처칠은 "공포와 피비린내 나는 포격에 기초한 독재체제(나치즘)의 등장"에도 세계 지도자들은 "불편한 현실과 마주하기를 거부하고, 국익을 무시한 채 대중적 인기만 갈망했다"고 전한다. 세계의 운명이 달린 그 중대한 시기에 영국 총리였던 볼드윈은 유럽 정세에 무지했다고 개탄했다.

유럽인들의 경계심은 나치 독일 지도자 히틀러의 능수능란한 수사에 무너졌다. 체코 수데텐 지역을 기습 점령한 히틀러는 "이것이 영토에 관한 내 마지막 요구"라며 할양해줄 것을 요구했다. 대재앙의 전초전이었다. 독일에 전력이 뒤지지 않던 체코는 항전 의지를 다짐했지만, 유럽 강국들은 '마지막 요구'라는 말을 믿고 사태를 봉합하는 데 급급했다. "전쟁을 감당할 자신과 용기가 없었기 때문"이다.

제1차 세계대전의 참극을 겪은 당시 영국은 반전 분위기가 압도했다. 제1차 세계대전 때 총리를 지낸 거물 정치인이었던 로이드 조지조차 이런 상황에 편승해 히틀러의 군사행동을 "베르사유 조약 위반이 아니다. 왜냐하면 (제1차 세계대전 승전국들의) 도발행위가 있었기 때문"이라고 변호했다. 영국의 대표적 사회주의자였던 노동당의 필립 스노든은 "히틀러가 제안했던 평화교섭이 무시됐다"며 그를 옹호하기까지 했다.

맹목적 평화주의도 파국으로 치달은 요인으로 꼽힌다. "독일이 국제연맹을 탈퇴했는데도 영국 노동당과 자유당은 '평화'를 들먹이며 군비 축소에 반대하는 사람들을 전쟁광과 유언비어 유포자로 몰아세웠다. 두 당은 앞으로 어떤 일이 전개될지 전혀 모르는 사람들의 호응에 의해 고무되고 있었다."

"국민들 역시 전쟁을 피할 수 있게 됐다는 안도감에 안주했다"는 게 처칠의 통탄이다. 독일의 잇단 인접국 침략을 "옛 자국 영토를 되찾는 것일 뿐"이라며 감싸는 영국인이 태반이었다.

처칠은 '표'를 위해서라면 국가 존망의 문제마저 외면하는 정치꾼들의 존재도 개탄했다. '군비 확장 반대'를 슬로건으로 선거를 준비하던 대다수 정치인은 독일의 야망과 전쟁 준비를 인지하고도 침묵하고 부인했다.

'평화로의 경도'는 뮌헨회담의 전말에서 확연해진다. 1938년 9월, 독일 뮌헨에서 히틀러와 회담하고 귀국한 영국 총리 체임벌린은 열광하는 군중에게 "우리 시대의 평화가 왔다. 모두 집으로 돌아가 푹 자라"고 연설했다. "수데텐을 넘겨주는 대가로 평화를 약속받았다"고 장담했다. 하지만 불과 1년 뒤 독일의 폴란드 침공과 함께 제2차 세계대전의 막이 올랐다. "히틀러의 침략과 도발은 독일의 군사력이 뒷받침해서만이 아니라 프랑스와 영국의 분열과 소극적 태도, 미국의 고립정책이 부추겼다"는 게 처칠의 결론이다.

'철의 장막'이 민주주의 위협

『제2차 세계대전』은 감당하기 힘든 전장의 한복판에서 느낀 두려움도 그대로 전하고 있다. "전쟁 40일 만에 우리는 고립무원 상태가 됐다. 독일과 이탈리아가 절체절명의 공격을 퍼부었다"며 공포감을 토로한다. 또 "일본은 정체를 모를 위협적 존재였다"며 "일본군의 폭격으로 영국 군함 두 척이 침몰한 때가 가장 충격적이었다"고 회고했다.

힘겨운 승리를 쟁취했지만, 처칠에게는 가시밭길이 기다리고 있었다. 전후 처리 문제를 논의하던 포츠담회담 기간에 열린 국내 총선에서 불의의 패배를 당했다. 그로 인해 총리 자리에서 물러났지만 재야에서도 그는 국제 정세에 대한 깊은 안목으로 질서 재편의 중심에 섰다. 1946년 3월 미국 웨스트민스터대 초청 강연에선 "전후 세계가 잘못된 길로 들어서고 있다"며 소련의 전면 부상이 부른 '철의 장막' 문제를 제기해 큰 파장을 불렀다.

그러면서 그는 유럽합중국United state of Europe이라는 원대한 구상을 평화 해법으로 제시했다. 처칠의 유지遺志를 살려 탄생한 유럽연합EU에 균열을 낸 주인공이 브렉시트를 결행한 영국이라는 점은 역사의 아이러니다. 이 책은 서유럽, 동유럽, 소련, 아시아, 태평양과 대서양에서 전개된 많은 전투들의 전개과정을 꼼꼼한 필체로 전달한다. 최악의 전쟁에 임하는 열강 지도자들의 심리와 고뇌를 인문학적 사유에 버무려 손에 잡힐 듯이 묘사했다.

조선책략

황준헌

"자강自强과 동맹 강화가 한반도 안전 수호"

김태철

한반도 정세를 이야기할 때 자주 언급되는 책이 있다. 청나라 외교관 황준헌黃遵憲(1848~1905)이 1880년 일본에 수신사로 갔던 김홍집을 통해 조선에 건넨 『조선책략朝鮮策略』이다. 원제는 『사의조선책략私擬朝鮮策略』으로 '조선이 앞으로 취해야 할 외교 전략에 대한 개인적 의견'이란 의미다. 한글 번역본으로 A4용지 열 장 남짓한 분량의 짧은 글이다.

구한말 일개 청나라 외교관(일본주재 공사관 참찬관)의 '개인적 견해'가 국내에서 여전히 회자膾炙되는 것은 그리 유쾌한 이유 때문이 아니다. 『조선책략』이 담고 있는 주변 강대국의 역학 구도에 다소 변화가 생겼지만, 한반도는 그때나 지금이나 열강의 각축장이다. 부국강병富國强兵과 외교에 실패한 대가가 식민지 전락과 분단으로 이어졌다는 뼈아픈 교훈도 되새기게 해준다.

강대국의 각축장 한반도

『조선책략』의 핵심은 '친중親中-결일結日-연미聯美'다. 중국과 관계를 더욱 돈독하게 하고, 일본과 결속을 강화하고, 미국과 연대해 러시아 남하를 막고 자강自彊을 도모하라는 것이다.

얼핏 보면 조선을 위한 조언 같지만 저변에는 중국의 세계관과 현실적 이해가 깔려 있다. 당시 중국은 영국 등 서구 열강의 이권침탈에 시달리는 상황에서 흑룡강 동쪽까지 진출한 러시아의 군사적 위협에 직면해 있었다. 일본도 사할린을 두고 러시아와 갈등을 빚었다. 두만강을 경계로 맞닿아 있는 조선과 러시아가 가까워지면 중국은 더 이상 동북아에서 영향력을 발휘하기 어렵다는 계산을 한 것이다.

"1000년간 조선의 우방인 중국은 한번도 (조선의) 땅과 백성을 탐내는 마음을 가진 적이 없었다. 조선과 (지리적으로) 가까운 일본이 땅을 잃어버리면 조선이 스스로 영토를 보전할 수 없을 것이다. 영국의 학정에 반발해 독립한 미국은 제국주의 유럽 국가와 소원하지만 아시아 국가와 친하다. 항상 약한 자를 도와주고 공의를 유지하고 있다. 이것이 조선이 미국과 연결돼야 하는 이유다."

『조선책략』은 조선에 대한 종주국 지위는 유지한 채 이이제이以夷制夷로 '새로운 적' 러시아를 견제하겠다는 청나라 의도를 담고 있다. 사실상 조선을 위한 책략이 아니라 '청나라를 위한 책략'인 셈이다. 황준헌이 '개인 의견'이란 꼬리표를 달았지만 당시 청나라 실권자인 리홍장李鴻章과 그의 측근인 일본 주재 청나라 공사 허루장何如璋의 지시로『조선책략』을 조선에 건넨 사실이 이를 뒷받침한다.

『조선책략』이 일본을 과소평가하고 제국주의 속성 파악에 적지 않은 오류가 있지만 당시 풍전등화의 처지인 조선 조정엔 '한 줄기 빛'으로 여겨졌다. 세상 돌아가는 사정에 어두워 청나라 속셈을 읽을 능력조차 없었던 조선은『조선책략』의 조언에 따라 1882년 서방 국가 가운데 처음으로 미국과 조약(조미수호통상조약)을 맺는 등 본격 다자외교의 길로 나아갔다.

조미수호통상조약은 내용 자체만 보면 여러모로 의미가 있다. 조선이 열강과 맺은 근대적 조약 중 사실상 첫 '평등조약'이기 때문이다. 조선의 관세자율권을 처음으로 인정받았다. 통상·항해 조약 등에서 한 나라가 어느 외국에 부여하는 가장 유리한 조건인 '최혜국 대우'도 처음 등장했다. 조약 제1조인 '거중조정' 항목도 눈에 띈다. '제3국이 조약 체결국(조선과 미국) 일방에 부당하게, 또는 억압적으로 행동할 때는 나머지 일방이 원만한 타결을 위해 주선한다'고 명시했다.

조·미 수교는 미국에 대한 조선 조정의 인식을 바꾸는 데 큰 기여를 했다. 고종 임금과 조정 대신들은 미국을 긍정적으로 평가해 미국 선교사들을 호의적으로 대접했다. 선교사들이 세운 배재학당 등은 이승만 등 대한민국 건국의 지도자를 다수 배출했다.

오락가락 줄대기 외교의 '비극'

『조선책략』은 중국 이익을 대변하기 위해 쓰였지만, 조선과 같은 약소국에 현실적인 타개책을 제시했다는 평가도 받는다. "동맹 강화와 열강의 세력균형을 적극적으로 활용해 나라를 안정시키고 앞선 문물과 제도를 도입해 부국강병을 이루라"는 궁극적인 메시지를 담아서다.

하지만 조선은 자강을 소홀히 한 채 강대국에 줄서기만 하다 망국亡國의 비운을 맞았다. 임오군란(1882년), 갑신정변(1884년), 청일전쟁(1894년), 아관파천(1896년), 러일전쟁(1904~1905년) 등을 거치면서 중국, 일본, 러시아를 오가며 줄대기 외교만 하다 자생력을 키우지 못했다. 오락가락하는 외교 탓에 제대로 된 동맹국도 만들지 못했다. "힘이 약하면서 명분이나 이념에 사로잡혀 상대방을 배척해서는 안 된다. 변고가 일어난 뒤에야 어찌할지를 몰라 당황하는 것은 무책無策"이라는 『조선책략』의 경고 그대로였다.

북한 핵 폐기 방법 등을 둘러싸고 한·미·일 동맹이 예전 같지 않은 요즘, 어떤 것이 국익을 위한 것인지를 다시 생각하게 한다. "과거를 기억하지 못하는 자들은 그 과거를 되풀이해야 하는 저주를 받는다"(미국 철학자 조지 산타야나)는 충고가 여전히 유효한 한반도 상황이다.

문학과 예술의 사회사

아르놀트 하우저

"예술이 정치에 종속되면 존재 가치가 사라진다"

백광엽

아르놀트 하우저Arnold Hauser(1892~1978)의 『문학과 예술의 사회사Sozialgeschichte der Kunst und Literatur』는 고대에서 현대까지의 문화·사회사를 통사적으로 정리한 네 권짜리 방대한 저작이다. 미술사를 중심으로 소설·음악·영화 등 많은 예술 분야를 사회사적 방법론으로 해석해낸 거의 유일한 책으로 손꼽힌다. 하우저는 미적 완성도나 작가의 기교를 넘어 예술작품을 '시대와 사회관계 속에서 빚어진 산물'로 보는 새로운 관점을 제시했다. 이런 접근은 문명과 사회에 대한 인식의 지평을 넓히는 데 기여했다.

천재와 걸작 중심으로 쓰이던 예술사에서 '작품을 소비하는 수요자'를 발견하고, 주체로 등장시킨 것도 『문학과 예술의 사회사』의 기여다. '신비의 영역'에 있던 예술을 사회적으로 생산되고 소비되는 경제활동의 일환으로 이끌어냈고, 이는 인접 학문에 영향을 미쳤다.

"인상파·고딕은 사회 진보의 산물"

1951년 출간된 『문학과 예술의 사회사』는 선사시대부터 20세기 대중영화 시대까지 인간·사회·예술의 관계를 풀어냈다. 예술사가이자 문학사가였던 하우저는 미술·문학·철학·미학·역사 등을 넘나드는 박학다식과 통섭적 시각으로 예술에 대한 이해도를 넓혀준다.

하우저는 작품이나 사조를 대할 때 반드시 사회적인 관계 속에서 이해할 것을 제안했다. "고대 동굴벽화, 영웅들의 서사시, 귀족 여성들의 연애소설, 계몽시대의 시민극, 현대 대중영화는 모두 당시 사회와 시대적 요구를 최적으로 구현한 것"이라고 강조한다. 예술도 천재도 시대의 산물이라는 설명이다.

인상주의 사조를 '가장 도시적인 예술'로 해석하는 대목에서 그의 예술관이 잘 드러난다. 하우저는 인상파 작품을 볼 때 빛에 따라 시시각각 변하는 대상을 포착하는 기능적 측면 외에도 '도시 발전의 산물'로 보는 시각을 가질 것을 주문했다. 당시 급속히 형성되던 도시에 몰린 예술가들의 한층 긴장된 시선이 인상파 등장의 토양이 됐다는 주장이다. "인상주의는 '빛에 따라 느낌이 달라지듯 모든 것은 변해간다'는 철학적 사유로 이어졌고, 이는 정적인 중세적 세계관의 완전한 해체를 의미한다."

『문학과 예술의 사회사』는 비잔틴, 로마네스크, 고딕, 르네상스, 바로크, 로코코로 이어지는 근대 예술사조 중에서 고딕을 격찬했다. '시민계급의 대두'라는 시대 변화를 반영하고 있어서다. 하우저는 노트르담 성당으로 대표되는 고딕의 대성당들은 소수 귀족의 예술이던 로마네스크에 대립하는 도시의 예술이자 시민의 예술이었다고 강조했다. "고딕은 그리스·로마 전통을 완전히 새롭게 하면서도 고전에 견줄 수 있는 것으로 대체했다. 근대 예술사에서 가장 근본적인 변혁이자 또 한 번의 점프였다."

하우저는 20세기 이후의 예술이 "극도의 부정과 파괴로 뒤덮이고 있다"고 우려했다. 제1차 세계대전(1914~1918년)과 대공황(1929년)을 겪으며 행동주의와 극단주의 강화로 치달았다는 것이다. 전쟁과 공황으로 자유주의 실패가 우려되자 패배주의가 확산되고, 현실과 자연에 대한 극단적 부정이 나타났다는 게 그의 진단이다. "르네상스 이래로 400여 년 동안 발전해 인상주의에 도달한 예술은 20세기 들어 기존 가치를 전부 의심하고 단절하기 시작했다."

거대한 반동이 몰아치자 현대 예술은 '자연에 충실하고 삶을 있는 그대로 표현한다'는 과제와 목표까지 부정했다. "자연에 대한 고의적 왜곡이 일상화돼 인상주의 이후의 예술은 '자연의 재현'이라고 도저히 부를 수 없다"는 게 그의 진단이다. '테러'라는 말이 나올 정도의 표현 방법에서도 전면적 파괴가 시도됐다. "회화는 '회화적 가치'를 부인하고, 시는 정서의 조화와 아름답고 일관성 있는 이미지를 배격하며, 음악은 멜로디와 음조를 파괴했다."

　　　　　　　　　　　　　　　　다시 읽는 명저

이에 따라 입체파 구성주의, 미래파 표현주의, 다다이즘 초현실주의 등 현대 예술은 부드러운 화음이나 아름다운 색조를 거부했다. '보기 싫은 예술'을 지향했다. 하우저는 "인습적 표현방식에 대한 체계적 투쟁과 19세기 예술전통의 해체는 1916년 다다이즘과 함께 시작된다"고 분석했다. 이런 파괴적 경향이 이후 철학·미학·문학 등으로 전방위적으로 확산됐다고 진단했다. 오늘날 한국과 전 세계에서 확산되고 있는 반反문명적·무조건적 '반동 흐름'의 깊은 문화사적 연원을 일깨워주는 설명이다.

"현대 문화코드는 파괴·반反문명"

헝가리 태생인 저자는 그 시절의 많은 지식인처럼 마르크스주의의 영향을 받았다. 그런 탓에 이 책은 오늘의 시각으로 보면 편협한 사고를 곳곳에서 노출하고 있기도 하다. 하지만 하우저는 예술이 이념의 하위 수단으로 변질된 당시 소련의 상황을 비판했다. 사회혁명을 앞세우는 잘못된 접근이 수준 높던 소련 예술의 발목을 잡았다고 봤다. "외부로부터의 규제가 가해지면 그 예술은 기대했던 선전도구로서의 가치마저도 상실할 수밖에 없다."

특정 집단의 독점을 막고 예술을 대중화하기 위한 인프라 투자의 중요성도 언급하고 있다. "루브르미술관이 생기고 나서부터 젊은 예술가들이 매일 걸작을 연구하거나 모사할 수 있게 됐다"며 파리를 만든 루브르의 역할을 부각시켰다.

그들은 자신들이 자유롭다고 생각했다

밀턴 마이어

"권력의 타락 방관하는 건 범죄"

백광엽

'홀로코스트(대학살)'로 상징되는 잔혹했던 나치즘은 일반적으로 아돌프 히틀러와 소수 추종집단의 악행으로 인식된다. 밀턴 마이어Milton Sanford Mayer(1908~1986)가 1955년 출간한 『그들은 자신들이 자유롭다고 생각했다They Thought They Were Free: The Germans, 1933-1945』는 이런 상식에 반기를 들며 나치즘과 현대사 이해의 폭을 확장시킨 저작이다. 미국 언론인 겸 교육가였던 마이어는 독일인 나치전력자 10명에 대한 인터뷰를 통해 "나치즘은 무력한 수백만 명 위에 군림한 악마적인 소수의 독재가 아니라 다수 대중의 동조와 협력의 산물이었다"고 진단했다. 많은 독일인이 원했고, 또 참여했던 열광적인 대중운동이었다는 설명이다.

"평범한 다수의 침묵과 권력 편승이 나치즘과 세계대전의 비극을 부른 '역사의 범죄'가 되고 말았다"는 게 저자의 결론이다. 한나 아렌트가 '아이히만 재판' 참관 후 1963년 펴낸 『예루살렘의 아이히만』에서 제기한 '악의 평범성', '무無사유'와도 깊이 맞닿아 있는 인식이다.

목수, 고교생, 빵집 주인, 교사, 경찰관 등 '버젓한 사람들'이 도대체 왜, 어떻게 나치가 됐을까. 『그들은 자신들이 자유롭다고 생각했다』는 나치당(국가사회주의 독일노동자당)에 가담했던 10인의 증언을 바탕으로 대중의 무관심이 부른 오욕의 역사를 심층적으로 조명했다. 위기의 시대에 아무것도 하지 않은 방관자와 나치 동조자들의 생각을 꼼꼼히 추적해냈다. 상식으로는 받아들이기 쉽지 않은 나치시대를 이해하기 위한 필독서로 평가받는 이유다.

"대다수 독일인은 나치즘의 공범"

인터뷰에 응한 10명의 나치 전력자는 겉보기에 선량하고, 가정에 충실한 평범한 사람이 대부분이다. 하지만 "대다수 독일인은 나치즘의 피해자가 아닌 공범으로 보는 게 더 정확한 판단"이라고 마이어는 강조한다. 당시 독일 인구 7000만 명 중 100만 명이 전횡을 휘두른 배후에는 6900만 명의 동의와 참여가 있었다는 지적이다. "대다수 독일인은 히틀러에게 동질감을 느끼고 나치의 정책을 지지해 그들에게 권력을 안겼으며, 반(反)유대주의 선동도 무비판적으로 받아들였다."

10명의 나치가 밝힌 나치당 가입 이유는 제각각이다. 어떤 사람은 나치야말로 독일을 위기에서 구할 수 있다고 봤고, 다른 사람은 직장을 잃지 않기 위해서라고 답했다. 곤경에 처한 이들을 돕기 위해, 나치를 개선하기 위해 나치당에 들어간 이도 있었다. 마이어는 "이런저런 이유를 대지만 실제로는 일신의 안위를 위해서 내린 비겁한 선택이었다"는 견해를 밝혔다. 나치당원에게는 철저한 보상이 주어졌고, 이는 거부하기 힘든 유혹이었다는 주장이다. 실제 한 소방대원은 "시장과 상관도 나치이고, 간부도 나치 중에서만 선발되는 것을 보고는 입당하지 않을 수 없었다"고 술회했다. 한 교사도 교원 후보자이던 8년 동안 승진에 실패해 나치에 가입했고, 곧바로 정교원이 됐다고 털어났다. "처음에는 학교 선생님 35명 중 5명만 나치였지만, 어느새 나치당에 입당하지 않은 사람이 5명에 불과했다."

지독한 패전 후유증을 겪으면서도 "히틀러가 잘못했지만 잘한 부분도 많다"며 여전히 두둔하는 나치 전력자 역시 적지 않았다. 마이어는 "나치가 언론 조작을 통해 신뢰를 확산시키고 자신들의 폭정은 철저히 은폐했기 때문"이라고 진단했다. "바깥세상으로는 시선을 돌리지도 귀 기울이지도 않는 폐쇄적인 태도가 비극을 불렀다"는 설명이다.

"선한 다수의 침묵이 광기의 사회 불러"

그러면서 자신의 안위에 갇힌 평범한 사람들의 '소름 끼치는 침묵'에 주목했다. 선한 다수는 그저 무난하게 살고 싶은 소박한 욕망에 부패와 범죄의 동조자가 됐고, 그런 침묵이 광기의 사회를 불렀다는 진단이다. "자신들의 안위에 파묻혀 연대의

미덕도, 사태를 직시하려는 의지도 말살돼 버렸다."

요즘 한국에서도 회자되는 마르틴 니묄러 목사의 시 「처음 그들이 왔을 때」도 이 책에 실리면서 세상에 알려졌다.

"그들이 처음 공산주의자들에게 왔을 때/나는 침묵했다/나는 공산주의자가 아니었기에/(중략)/이어서 그들이 유대인을 덮쳤을 때/나는 침묵했다/나는 유대인이 아니었기에/이어서 그들이 내게 왔을 때/내 곁에는 더 이상 나를 위해 말해줄 이가/아무도 남아 있지 않았다"

마이어는 니묄러의 시를 인용하며 권력의 일탈과 타락을 방관하는 것은 '범죄'라고 강조했다. 다수 독일인이 수용소로 끌려가는 유대인에 침묵한 탓에 탄압의 범위가 점차 넓어졌고, 이는 파시즘 지배를 낳았다는 설명이다. 나치의 강압에 순응했던 한 공학자는 "만약 내가 충성선서를 거부했다면 수천, 수만 명의 거부로 이어져 나치는 권력 장악에 실패했거나 전복됐을지 모른다"는 깊은 회한을 내비쳤다.

이 책은 "나치는 독일이라는 특정한 곳, 특정한 시기, 특정한 인물이 아닌 인간 전체에게 해당하는 문제"라고 결론짓는다. 침묵과 암묵적 동의는 광기의 피바람을 부르고, 불의에 저항하지 않으면 또 다른 히틀러가 탄생할 것이란 경고다.

"국가는 인간으로 만들어지는 것이며, 인간이 어떠한지에 따라 국가가 어떠한지가 결정된다."

펠로폰네소스 전쟁사

투키디데스

"전쟁은 난폭한 교사敎師 ⋯ 악의 근원은 권력욕"

양준영

펠로폰네소스 전쟁(BC 431~BC 404)은 그리스의 몰락을 가져온 대사건이었다. 기원전 5세기 중반 도시국가 아테네는 최대 번영기를 맞았다. 페르시아 전쟁(BC 499~BC 449)에서 초강대국 페르시아의 침공을 물리치는 데 주도적 역할을 하며 스파르타와 함께 지중해 세계를 양분했다. 델로스 동맹의 맹주로서 해군력을 바탕으로 해상무역 주도권을 잡았다. 민주주의 발전과 함께 문화예술 분야에서 전성기를 이루며 세력을 확대했다. 아테네의 팽창에 대한 스파르타의 견제가 결국 전쟁으로 이어졌다. 페르시아에 맞서 함께 싸운 동맹국끼리 벌인 27년간의 내전으로 그리스는 쇠퇴의 길을 걸었다.

"아테네 팽창과 스파르타의 공포 충돌"

『펠로폰네소스 전쟁사The History of the Peloponnesian War』는 이 전쟁을 기록한 최고最古의 역사서다. 아테네 장군이자 역사가였던 투키디데스Thucydides(BC 460 ~ BC 400)는 직접 참전했던 경험 등을 토대로 전쟁 상황을 실증적으로 기술했다. 아테네인이면서도 자국의 참담한 패배와 잔혹한 장면을 있는 그대로 전하는 등 균형된 시각을 유지하려 했다. 투키디데스는 펠로폰네소스 전쟁이 국제적 역학관계 때문에 발생했다고 봤다. "아테네의 세력 신장이 스파르타인들의 공포감을 불러일으킨 것이 전쟁의 이유"라고 진단했다. 신흥 강국의 부상을 막기 위해 기존 패권 국가가 전쟁을 벌이는 현상을 일컫는 '투키디데스의 함정'이란 말이 나온 배경이다. 미국과 중국 간 무역전쟁을 일컫는 표현이기도 하다.

투키디데스는 케르키라 내전을 서술하면서 전쟁에 대한 견해도 밝혔다. "번영을 누리는 평화 시에는 도시든 개인이든 원하지 않는데 어려움을 당하도록 강요받는 일이 없으므로, 더 높은 도덕적 수준을 유지한다. 그러나 일상의 필요가 충족될 수 없는 전쟁은 난폭한 교사教師이며, 사람의 마음을 대체로 그들이 처한 환경과 같은 수준으로 떨어뜨린다." 그는 "이 모든 악의 근원은 탐욕과 야심에서 비롯된 권력욕이었으며, 일단 투쟁이 시작되면 이것이 광신 행위를 부추겼다"고 썼다.

냉혹한 국제관계의 현실은 기원전 414년 아테네가 멜로스의 항복을 권유하기 위해 벌인 '멜로스 회담'에서 적나라하게 드러난다. 아테네 사절단은 "인간관계에서 정의란 힘이 대등할 때나 통하는 것이지, 실제로는 강자는 할 수 있는 것을 관철하고,

약자는 거기에 순응해야 한다"고 했다. 약자가 강자의 뜻에 따르는 것이 정의이며, 힘이 있어야 정의를 말할 수 있다는 얘기다. 멜로스인들은 결국 항복했지만 아테네인들은 잔혹했다. 성인 남자를 다 죽이고, 여자와 어린이는 노예로 팔았으며, 500명의 이주민을 보내 식민지로 만들었다.

아테네 몰락의 원인은 여러 측면에서 설명할 수 있다. 직접적인 원인은 스파르타와의 전쟁에서 패배한 것이다. 델로스 동맹국에 대한 착취와 지도자 페리클레스를 비롯해 시민 3분의 1의 목숨을 앗아간 전염병도 요인으로 꼽힌다. 플라톤이 지적한 '중우정치衆愚政治'도 아테네 추락의 큰 요인이다. 투키디데스는 "아테네가 명색만 민주주의였지 실제 권력은 제1인자 손에 있었다"며 "페리클레스의 후계자들은 서로 1인자 자리를 차지하려고 국가 정책조차 민중의 기분에 맡겼다"고 했다.

대표적인 예가 시칠리아 원정이다. 강경파 알키비아데스는 민회에서 "적은 노력으로 큰 결실을 얻을 수 있다"고 선동했다. 니키아스 등 신중파의 주장은 '용기 없는 핑계'로 들렸다. 투키디데스는 "다수가 원정에 열을 올리자 원정에 반대하는 소수는 반대표를 던지다가는 비非애국적인 인사로 낙인찍힐까 두려워 입을 굳게 닫았다"고 분위기를 전했다. 원정의 결과는 패배였다. 투키디데스는 "본국에 있는 자들이 정치적 주도권을 잡기 위해 서로 음모를 꾸미느라 원정대가 효과적인 작전을 수행하지 못하게 하고, 도시가 파쟁에 말려들게 했다"고 지적했다.

포퓰리즘 통제 못하면 중우정치 위험

아르기누세 전투는 아테네의 국운을 완전히 떨어뜨린 최후의 비극이다. 기원전 406년 스파르타가 120척의 배를 몰고 와 에게해의 레스보스섬에 포진했다. 아테네는 155척을 보내 25척이 파손된 데 비해 스파르타는 70척이 수장됐다. 대승이었다. 그러나 침몰한 25척의 병사들을 구하지 않았다며 처벌을 요구하는 정치가들의 선동에 시민이 동조하면서 장군 8명이 사형 선고를 받았다. 1년 뒤 해군 지휘관을 모두 잃은 아테네는 스파르타 전함 170척에 180척으로 맞섰으나 160척이 수장되며 대패했다. '아테네 시대'는 막을 내리고 스파르타가 그리스의 맹주로 올라섰다. 그러나 테바이, 마케도니아에 잇따라 무릎을 꿇으면서 스파르타의 영광도 역사 속으로 사라지게 된다.

투키디데스는 "과거사에 관해, 그리고 인간의 본성에 따라 언젠가는 비슷한 형태로 반복될 미래사에 관해 명확한 진실을 알고 싶어하는 사람은 내 역사 기술을 유용하게 여길 것"이라고 했다. 그의 말처럼 역사는 반복되고 있다. 강대국의 패권경쟁은 지금도 벌어지고 있다. 포퓰리즘을 통제하지 못하면 중우정치에 빠져 국가의 운명까지도 위험에 빠뜨릴 수 있다. 그리스의 몰락과 펠로폰네소스 전쟁이라는 역사에서 얻어야 할 교훈이다.

영국사

앙드레 모루아

"통치는 지속 개선으로 혁명 방지하는 것"

백광엽

영국은 최근 브렉시트로 주목받았지만, 한때는 '해가 지지 않는 제국'이었다. 산업혁명을 태동시켰고, 근대사회의 양대 축인 의회민주주의와 자본주의 시장경제를 최초로 정착시킨 주역이기도 하다. 프랑스의 지성 앙드레 모루아Andre' Maurois(1885~1967)의 『영국사Histoire D' Angleterre』는 기원전부터 제2차 세계대전까지 2000여 년을 파노라마처럼 펼쳐내고 있다. 단편적으로 들어온 사실들을 해박한 지식으로 촘촘히 엮어낸 끝에 그는 "영국 역사는 인간의 가장 뛰어난 성공의 기록"이라고 결론 내린다.

'자유의 나라' 만든 힘은 '강한 함대'

문명이 발화하기 전 영국은 '짙은 안개에 쌓인 세계의 끝' 쯤으로 인식됐다. 『영국사』는 "고대와 중세인들은 영국을 오직 마귀만이 사는 먼 극지로 여겼다"고 썼다. 영국이 세계사에 등장한 것은 로마제국에 의해서다. 기원전 55년 율리우스 카이사르에게 정복당한 이후 약 500년간 로마의 지배를 받았다. 침략에 당하기만 하던 영국은 4면의 바다를 지키는 '강한 함대'를 구축한 15~17세기 무렵부터 세계사의 주역으로 부상했다. 섬나라가 바다를 방위할 수 있게 되자 '상비 육군'이 불필요해져 군비가 절감됐고, 이는 정치제도 개혁 욕구를 분출시켰다. "침략에서 안전해지자 국민들은 거리낌 없이 자유를 요구했고, 군주들은 정치 안정에 주력할 수 있게 됐다."

1588년 스페인 '무적함대' 격파로 확보한 해상 장악력은 대양을 넘나드는 상업과 해외무역망 구축으로 이어졌다. "18~19세기에 이르자 영국은 제국을 형성하고 유럽의 어떤 국민도 누릴 수 없었던 고도의 자유를 획득했다"는 게 『영국사』의 진단이다. '강한 함대'가 영국을 '자유가 태어난 나라'로 만들었다는 설명이다.

왕권이 약화된 이유를 찾자면 로마시대로 거슬러가야 한다. 현지 관습과 문화를 존중했던 로마와 뒤이은 앵글로색슨 왕국의 1000년 지배는 '분권적 통치구조'를 낳았다. 이런 흐름이 '대헌장'(1215년) 체결로 이어졌다. 대헌장에는 왕의 일방적 세금 부과를 금지하는 조항도 포함돼 민간의 부富가 커지는 단초로도 작용했다.

모루아는 자유·자율에 대한 영국인들의 본능적 애착에 주목했다. "식민 국가에서 망명생활하는 사람도 그곳 통치에 참여하는 권리를 포기하지 않았다"는 설명이다. 이런 특성은 식민지 통치 때도 나타나 "통치는 피치자의 동의에 기초해야 하고, 통치자는 개선을 계속해 혁명을 방지하는 임무를 가졌다"는 원칙을 견지했다.

'모든 의회의 어머니'로 불리는 영국 의회는 시민사회를 형성시키고, 영국이 '국민 국가'로 이행하는 역할을 해냈다. 폭정을 일삼던 제임스 2세를 토리당과 휘그당이 합심해 퇴위시킨 명예혁명(1688년)이 주권을 궁정에서 의회로 이전시켰다. 의회는 네덜란드 총독 오렌지공公을 새 국왕으로 옹립하고 권리장전(1698년)을 공포했다. 정기적인 의회 소집과 국가재정의 통제 권리가 의회에 있음이 명시됐다. 동의 없이 상비군을 둘 수 없다는 점도 천명했다. "명예혁명으로 '의회가 왕에 앞선다'는 원칙이 확립됐고 오늘날 보는 대로의 입헌군주제 모습이 갖춰졌다."

명예혁명은 영국을 '상업 제국'으로 이끌었다. 의원 다수가 무역·상업에 투자한 지주여서 상공업 장려와 사유재산권 보장에 주력했기 때문이다. 의회는 안전한 국제 거래를 위한 해군력 확보에 특히 많이 투자했고, 이는 18세기 영국이 해외무역을 확장하며 세계를 제패하는 결과로 이어졌다.

모루아는 반역이나 혁명을 거치지 않고도 변화를 모색해가는 지배엘리트층의 융통성을 높이 평가했다. 제1차 세계대전 후 전문가들은 '대영제국 해체'를 예언했다. '자유'와 '제국'은 본질적으로 모순적이기 때문이다.

다시 읽는 명저

변화 앞장선 의회가 '세계 제패' 기여

하지만 의회와 내각을 고안했듯이 영국은 1837년 캐나다에서의 반란을 계기로 '자유국가의 제국적인 연합'이라는 묘안을 이끌어냈다. 수개월 간의 현지 조사를 거쳐 "영국 왕은 자치령의 대의기관이 신임하는 사람을 통해 통치한다"는 혁명적인 결론을 내고 '반란파'에 내각 조직권을 내줬다. 국내 정치에서처럼 제국 내에서도 자율과 동의에 기초한 새 모델을 만들어낸 것이다.

모루아는 "영국의 진정한 힘은 타협의 정신에서 비롯된다"고 봤다. 제2차 세계대전 후 인도가 더 이상의 통치를 받아들이지 않자 영국은 모든 관리와 주둔군을 철수시켰다. 모루아는 "현실과의 대결을 두려워하지 않는 것이 영국 정치의 참다운 역량"이라고 평가했다.

『영국사』가 제2차 세계대전 직후 노동당 정부의 사회주의 정책을 긍정 평가한 대목은 시대적 한계를 노출한 '옥에 티'다. 이후 탄광·철도·육상·운송·가스·전기·민간항공을 차례로 국유화한 조치가 제국의 쇠락을 재촉했음을 이후 역사가 보여준다.

게르마니아

타키투스

"명예를 존중하는 사회는 무너지지 않는다"

김태철

타키투스Publius Cornelius Tacitus(55~117)의 『게르마니아Germania』처럼 서양 역사에 큰 영향을 미쳤다고 평가받는 책은 드물다. 15세기 로마 교황의 게르만족 십자군 원정 동원, 19세기 게르만 민족주의 발흥, 20세기 나치의 게르만 우월주의 정책 등 역사의 주요 순간에 선전·선동의 '이념적 도구'로 쓰였기 때문이다. 계몽철학자인 몽테스키외와 종교개혁가 루터, 『독일 국민에게 고함』의 저자 피히테 등 많은 근대 사상가도 『게르마니아』를 평등사상과 독일 민족주의 전파 등에 이용했다.

로마의 향락에 경종 울린 타키투스

로마시대 정치가이자 역사가인 타키투스가 98년 저술한 『게르마니아』는 현존하는 유일의 게르만족에 대한 인류학적 기록이다. 라틴어 원제는 『게르만족의 기원과 위치De Origine et situ Germanorum』다. 현재 독일을 포함하는 지역인 라틴어 '게르마니아

Germania'는 영어 '독일Germany'의 기원이 됐다.

타키투스는 로마 원로원 의원들에게 '두려운 야만족'인 게르만족이 어떤 족속인가를 알려주기 위해 그곳을 방문한 여행자와 상인들이 남긴 글과 카이사르의 『갈리아 원정기』 등을 참고해 책을 저술했다. 게르만족의 제도, 관습, 사회상, 부족 등을 46장章으로 나눠 실었다. 책에 소개된 게르만족은 80여 부족에 달한다.

당시 로마는 최전성기인 '5현제五賢帝 시대'였지만 사치향락이 팽배했다. 타키투스는 향락에 빠진 로마인을 각성시키기 위해 주적인 게르만족의 명예 존중, 용맹, 충성심을 자세히 소개했다. 로마 지배를 거부하고 자유를 위해 죽을 각오가 돼 있는 게르만족을 부각시켜 로마인의 나약함을 지적하기도 했다.

명예를 중시하는 게르만족의 상무尙武적 특성은 주목할 만하다. "주군이 전사했는데 부하가 살아서 싸움터를 떠난다는 것은 평생의 치욕이자 수치다. 부하들이 주군보다 더 용감하게 싸우는 것은 주군의 치욕이 된다. 서로 명예를 목숨같이 여기기 때문에 가능한 일이다."

타키투스는 무기가 열악한 게르만족이 강대한 것은 명예를 지키기 위한 '결사항전' 덕분이라고 설명했다. "전투가 벌어지면 여자와 아이들이 곁에서 지켜보며 비명을 지른다. 전황이 불리해지면 여자들은 가슴을 풀어헤치고 적군에게 애원하는 모습을 연출한다. 포로가 돼 겪게 될 끔찍한 일들을 생생하게 묘사해 전사들의 항전을 북돋우기 위한 것이다. 게르만족은 명예를 중시했기 때문에 쉽게 무너지는 법이 없다."

게르만족은 전쟁과 처벌 등 주요 의사결정에서도 명예를 중시했다. "왕과 장군은 전제적 권한이 없다. 평소 생활과 전투에서 모범을 보임으로써 자연스럽게 권위를 인정받는다. 겁쟁이와 혐오스런 짓을 한 자는 머리 위에 바자(수수깡 등을 발처럼 엮은 물건)를 씌운 뒤 늪에 빠뜨린다. 명예를 깨뜨린 자들의 시체를 남기는 것도 수치로 여겼다."

게르만족은 평등의식이 강했고 생활풍습이 비교적 건전했다. "게르만족은 농노農奴제로 유지되는 로마와는 달리 부족민 모두가 평등한 권리를 가진 자유인이다. 일부일처제를 철저히 지키고 향락적 문화를 배척한다."

『게르마니아』는 한동안 역사에서 사라졌다가 15세기 이탈리아 수도권에서 사본이 발견돼 역사에 다시 등장했다. 1000년 넘는 시간적 간극 탓에 『게르마니아』를 있는 그대로 읽으면 사실과 오히려 멀어질 수 있다. 타키투스는 로마 국경 밖인 라인강 너머 지역을 '게르마니아'로, 그곳에 살고 있는 사람들을 '게르만족'으로 표현했다.

정치에 악용된 역사와 고전

하지만 게르만족은 다양한 민족을 통칭한다. 인류학적으로 앵글로색슨족과 프랑크족 등은 '서西 게르만족'에 속한다. 반달

족과 고트족은 '동東 게르만족', 바이킹의 후예인 노르만족은 '북北 게르만족'에 속한다. 많은 사람이 알고 있는 '게르마니아= 독일' '게르만족=독일'과는 다르다.

미국 하버드대 교수였던 크리스토퍼 크레브스는 2012년 『가장 위험한 책A Most Dangerous』에서 『게르마니아』를 '역사적으로 가장 오독誤讀된 책'으로 평가했다. 교황 비오 2세Pius PP. II는 십자군 원정에 현재의 독일 지역 국가들을 동원하기 위해 '충성스럽고 용맹스런 게르만족'을 의도적으로 부각시켰다. 계몽사상가들은 전제군주제에 대항하기 위해 '자유인 게르만족'을 띄웠고, 독일 철학자 피히테는 나폴레옹에 정복당한 독일 민족을 결집시키기 위해 '우수한 전통을 가진 게르만족'을 앞세웠다. 나치 독일은 '게르만족 지상주의'를 실현하기 위한 이념적 근거로 삼았다. 역사와 고전古典이 정치적으로 악용된 대표적 사례다.

"19세기 초반까지 독일은 오로지 정서상에서만 존재했다. '신성로마제국'의 느슨한 테두리 안에 존재한 수백 개의 국가들 간에는 정서적·정치적 결속력이 부족했다. 단일 국가의 이상을 실현하기 위해 사용된 것이 『게르마니아』다."(크레브스)

역사란 무엇인가

에드워드 핼릿 카

"'역사적 사실'은 역사가에 의해 창조된 것"

김태철

유사 이래 이탈리아 북부의 루비콘강을 건넌 사람은 셀 수 없을 정도로 많다. 하지만 역사는 "주사위는 던져졌다"며 루비콘강을 건너 로마로 진격한 카이사르만 주목한다. 역사는 원주민이 살고 있던 아메리카 대륙에 도착한 콜럼버스를 '신대륙 발견자'로 기술한다. 누가, 언제, 어떻게 기록하느냐에 따라 역사적 사실이 달라질 가능성이 있음을 보여주는 사례다.

영국 역사학자 에드워드 핼릿 카^{Edward Hallett Carr}(1892~1982)가 1961년 출간한 『역사란 무엇인가^{What is History?}』는 역사적 사실의 상대성과 역사에서 역사가의 평가를 강조한 책이다. 국내에서 'E. H. 카'라는 약칭으로 잘 알려져 있는 그는 "역사란 역사학자와 역사적 사실 사이의 부단한 상호작용이며, 현재와 과거의 끊임없는 대화"라는 유명한 명제^{命題}를 남겼다.

"사실보다 역사적 평가가 중요"

『역사란 무엇인가』는 카가 1961년 영국 케임브리지대에서 여섯 차례 공개 강의한 내용을 묶은 책이다. 「역사가와 그의 사실들」, 「사회와 개인」, 「역사 과학 그리고 도덕」, 「역사에서의 인과관계」, 「진보로서의 역사」, 「지평선의 확대」 등 모두 여섯 개 장章으로 구성돼 있다. 역사적 사실은 역사가에 의해 창조되고, 역사에는 우연이 없고, 역사는 종국적으로 진보한다는 게 요지다.

카의 이 같은 역사관은 학계 주류인 독일 역사학자 레오폴트 폰 랑케의 실증사관에 정면으로 반기를 든 것이다. 랑케가 "사실이 스스로 말하도록 하는 게 역사가의 임무"라고 규정한 데 반해 카는 "역사가의 해석이 있어야만 역사적 사실이 성립한다"고 주장했다. 역사란 과거에 객관적으로 존재한 사실을 단순히 발견해내는 것이 아니라 그 사실을 평가하고 재해석하는 과정이라는 것이다. "역사가의 주된 일은 기록하는 것이 아니라 해석하고 평가하는 것이다. '역사적 사실'이란 역사가가 이를 창조하기 전에는 어느 역사가에게도 존재하지 않는 것에 불과하다."

카는 역사가의 해석이 중요한 만큼 역사를 제대로 평가하려면 역사가를 먼저 연구해야 한다는 주장을 폈다. "역사상 순수한 사실은 존재하지 않는다. 사실은 기록자의 마음을 통해 항상 굴곡되기 때문이다. 역사책을 읽을 때 관심을 둬야 할 일은 어떤 내용이 실려 있느냐가 아니다. 역사가는 개인인 동시에 공동체 일원이다. 역사를 제대로 이해하려면 역사가의 사회·사상적 배경을 연구하는 것이 중요하다."

카는 역사 해석이 정당하고 옳은 방향으로 진보해야 한다고 믿었다. 현재를 이해하고 더 나아질 미래를 향해 나아간다는 전제 아래 과거 사실을 현재로 가져와 해석해야 한다는 게 그의 신념이었다. 역사는 필연적으로 진보를 향해 조금씩 나아간다는 일종의 '역사 결정론'이다. 카는 역사(진보)를 만들어가는 인간의 각성과 주체적 노력을 중시했다.

『역사란 무엇인가』는 1980년대 국내 운동권 학생들의 필독서였다. 역사적 필연성, 진보에 대한 확신, 역사를 만들어가는 인간 노력을 강조한 내용이 당시 권위주의 정권에 맞서 투쟁하던 이들의 지향점과 맞아떨어졌기 때문이다.

카의 역사관은 실증사관 일색이었던 당시 학계에 새로운 시각과 접근법을 제시했다는 점에서 의미가 적지 않다. 하지만 역사가의 '역사적 평가'를 중시하는 바람에 특정 세력과 이념집단이 역사라는 이름으로 왜곡을 일삼는 데 이론적 기초를 제공했다는 비난을 받고 있다. 카가 말한 '현재와 과거 사이의 끊임없는 대화'는 결국 지식과 권력 관계 안에서 이뤄질 수밖에 없는 특정 집단의 '일방적인 대화'로 전락할 가능성이 있다는 것이다.

"역사란 이름으로 역사왜곡" 비판 거세

카가 역사 인식의 중요한 요소로 꼽은 역사가에 대한 검증을

다시 읽는 명저

통해 그의 편향성을 유추할 수 있다. 카는 스물네 살 때인 1916년 영국 외교부에 임시직으로 들어가 20년간 외교관으로 활동했다. 독일을 제1차 세계대전 패전 후 맺어진 베르사유조약의 희생자로, 히틀러를 경제적 정의를 위해 투쟁하는 지도자로 칭송했다. 제2차 세계대전을 전후로 옹호 대상을 스탈린으로 바꿨다. "소련은 스탈린의 선의善意에 의해 발전하고 있다" 등의 친소親蘇 발언을 서슴지 않았다. 소련을 비판하는 사람들을 향해 "눈먼 사람", "치유가 불가능한 사람"이란 악담을 쏟아냈다. 국내에서 그의 저서가 1980년대 금서禁書로 묶인 것은 소련에 의해 나라가 분단되고 6·25전쟁 참화를 겪어야 했던 한국적 상황이 반영됐기 때문이다.

'역사는 필연적으로 진보한다'는 카의 명제도 실상은 헤겔의 변증법적 사관을 채용한 마르크스주의자들의 주장과 맥이 닿는다는 비판도 있다. 인간 사회와 학문에서 '필연적인'이라는 단정은 전체주의와 공산주의 사례에서 보듯 선동을 위한 이데올로기로 이용되는 경우가 적지 않다. 사실보다 사실적 해석을 강조한 그의 책이 영국이나 유럽이 아니라 한국에서 더 유명한 것은 아이러니다.

문학

걸리버 여행기

조너선 스위프트

"현실정치 통렬하게 풍자한 모험담"

홍영식

"발니바르비 왕국의 정치 연구기관은 특이한 아이디어를 냈다. 각 정당에서 100명의 지도자를 뽑은 뒤 2명의 훌륭한 의사로 하여금 이들의 머리를 반으로 잘라 각기 반대편 정당 지도자의 머리에 붙이자는 제안을 했다. 하나의 두개골 속에서 논쟁을 하면 서로 잘 이해하고 조화와 중용을 찾게 되지 않겠느냐는 취지에서다."

조너선 스위프트Jonathan Swift(1667~1745)가 쓴 『걸리버 여행기 *Gulliver's Travels*』에 나오는 한 대목이다. 약 300년 전 영국 토리당과 휘그당이 민생은 외면한 채 별로 중요하지 않은 일로 사사건건 부딪치던 상황을 비꼰 것이다. 역지사지易地思之 입장에서 상대방과 소통해 꽉 막힌 정국을 풀어가라는 뜻을 담았다.

『걸리버 여행기』는 풍자문학의 백미白眉로 꼽힌다. 1726년 첫 출간 땐 출판업자가 원작의 거친 표현에 부담을 느껴 민감한 부분들을 대거 삭제하고 책을 냈다. 이 때문에 이 책은 단순한 아동용 동화로 분류됐다. 1735년 무삭제 원본이 나오면서 풍자문학으로 널리 읽혔다. 스위프트는 다채로운 비유와 신랄한 풍자를 통해 당시 영국의 정치 풍토를 고발했다.

총 4부로 구성돼 있다. 네 가지 다른 각도에서 인간의 모습을 조명했다. 제1부는 소인국 이야기다. 모험심 넘치는 걸리버가 항해하다 난파를 당해 '릴리퍼트'라는 소인국에 도착하는 것으로 소설은 시작된다. 소인국 이야기는 인간의 모습이 얼마나 하찮은 것인지를 비유적으로 그렸다. 거인의 눈으로 인간의 우둔함을 본 것이다. 릴리퍼트 황제는 자신이 소인국의 다른 사람보다 조금 더 키가 크다고 기뻐하지만, 12배나 큰 걸리버 입장에서 보면 아무것도 아니다.

사소한 일로 정쟁 일삼는 정치 고발

정치권은 가관이다. 왕 앞에서 누가 더 줄타기 묘기를 잘하는가에 따라 관직이 결정된다. 각 정파는 국가발전, 국민 복리증진과 아무 상관없는 아주 사소한 일로 70년간 정치싸움을 하고 있다. 구두 뒤축 높이에 따라 당파가 갈라져 사생결단식 정쟁을 벌인다.

달걀을 먹을 때 뾰족한 끝 작은 모서리부터 깨느냐, 중간 큰 모서리부터 깨느냐에 따라 '작은 모서리파'와 '큰 모서리파'로 나뉘어 싸운다. 왕의 할아버지가 어린 시절 큰 모서리로 달걀을 깨다가 손가락을 다치자 그 아버지가 모든 국민에게 "작은 모서리로 달걀을 깨라"는 칙령을 내린 뒤부터다. '큰 모서리파'가 이 칙령에 분개해 여섯 번의 반란을 일으키기도 했다. 영국 의회가 얼마나 보잘것없는 일로 다투고 있는지를 보여주려고 한 것이다. 걸리버가 표류해 한국에 온다면 쓸거리가 많을 것 같다.

2부는 걸리버가 자신보다 12배나 큰 거인국(브롭딩낵)을 여행하며 거대하게 확대된 인간을 세밀하게 관찰하는 내용을 담았다. 소인의 눈으로 봤을 때 인간이 얼마나 조야(粗野)한 존재인지를 그렸다. 거인국에선 아름답다고 하는 여성도 걸리버 눈에는 혐오스럽게 보인다. "한 여자의 가슴에 난 거대한 크기의 종양에는 수많은 구멍이 나 있었고, 내가 기어들어 갈 수 있을 만큼 컸다."

세심하게 살펴보면 인간의 추함과 결점을 많이 볼 수 있지만, 정작 인간들은 그런 것들을 모르고 살아간다는 사실을 풍자한 것이다. 걸리버는 "소인국에서의 내 모습도 흉측했을 것"이라고 고백한다.

3부는 지식과 학문에 대한 풍자가 가득하다. '라푸타'라는 나라엔 수학과 음악, 사색을 즐기는 왕과 귀족들이 살고 있다. 악기로 장식한 옷을 입고 등변삼각형 같은 음식을 즐겨 먹는다. 수학과 음악을 모르면 인간 취급을 못 받는다. 그러나 재단사가 만든 걸리버의 옷은 신체 치수를 잘못 계산해 몸에 맞지 않는 촌극이 벌어진다.

"풍자는 자유정신의 또 다른 표현"

과학자들은 공허하고 비현실적인 연구에 몰두한다. 대변 조사를 통해 반역자를 가려낼 수 있다는 논문도 있다. "사람들이 변기에 앉아 있을 때 가장 크게 정신 집중을 하기 때문에 반역을 꿈꾸면 변의 색깔이 달라진다"는 황당한 논리를 내세운다. 귀족들은 사색에만 빠져 있고, 과학자들은 몽상적 연구에 매달리는 바람에 백성들은 점점 살기 어려워진다.

4부에선 탐욕에 휘둘리는 인간 본성에 대한 성찰을 담았다. 말馬들의 나라인 '흐이늠'에서 인간은 '야후'라는 저열한 동물로 묘사된다. 야후는 무엇이든 독점하려는 타락한 인간의 속성을 지닌 비천한 동물로, 들판의 도둑떼로 살아간다. 이들은 배가 부른데도 음식을 놓고 다투며, 쓸모없는 돌을 갖겠다고 서로 싸운다.

인터넷 포털 사이트 '야후' 이름은 여기에서 따왔다. 야후 창업자 제리 양과 데이비드 필로는 "인간은 이성만이 아니라 때론 한 눈 팔고 즐거움을 추구하는 존재"라며 이런 이름을 지었다고 한다. 흐이늠에서 법관과 변호사들은 돈 때문에 흰 것을 검다고 하고, 검은 것을 희다고 주장하기 위해 어려운 전문용어를 사용하는 방법을 배운 사람들로 그려진다.

스위프트는 생전에 "분노와 풍자는 자유정신의 표현"이라고 줄곧 강조했다. 묘비명 문구는 이렇다.

'나그네여, 자유를 위해 끝까지 싸운 이 사람을 본받아다오.'

멋진 신세계

올더스 헉슬리

"인간에겐 행복·안정보다 자유가 더 중요"

홍영식

"신세계에선 누구도 불행하지 않다. 굶주림과 실업, 가난이란
존재하지 않는다. 질병도, 전쟁도 없고 누구도 고독하거나 절
망을 느끼지 않으며 불안해하지도 않는다. 아아, 얼마나 신기
한가. 이런 사람들이 모여 사는 멋진 신세계여!"

올더스 헉슬리Aldous Huxley(1894~1963)의 『멋진 신세계Brave New
World』는 조지 오웰의 『1984』, 예브게니 자먀쩐의 『우리들』과 함
께 세계 3대 '디스토피아dystopia(사회의 부정적인 측면들이 극대화돼 나타
나는 어두운 미래)' 소설로 꼽힌다. 1932년에 출판된 『멋진 신세계』
는 역설적 표현이다. 과학의 진보가 전체주의, 인간의 오만함과
밀착할 때 어떤 비극을 초래할 수 있는지를 잘 보여준다. 제1차
세계대전 뒤 파시즘 등장을 지켜본 유럽인의 절망감과 불안감
이 담겨 있다.

이 소설은 국가권력이 시민들의 정신을 완벽하게 장악하고,

극도로 발전한 과학기술 문명을 통제하는 계급사회를 그렸다. 포드 자동차가 출시된 해인 1908년을 인류의 새 기원으로 삼은 가상의 미래 세계를 다루고 있다. 작품 속 배경은 포드 기원 632년(서기 2540년)의 영국이다.

인간을 대량 생산하고 감정도 조절

헉슬리가 '포드 기원'을 채택한 것은 포드의 '컨베이어 시스템'이 서구 경제를 가장 혁명적으로 변화시켰다고 봤기 때문이다. 신세계에선 모든 것이 '포드주의'에 따라 자동 생산된다. 무스타파 몬드 총통이 전 세계를 정복해 단일 독재국가로 만들었다. '공유, 안정'이 이곳의 표어다. 인간을 대량 생산할 뿐만 아니라 그 품질을 조절해 사회구성원을 독재자의 의도대로 만들어낸다. 구성원들은 이를 문명사회, 신세계로 받아들인다.

신세계에서 인간은 '보카노프스키 과정'이라고 불리는 시스템을 통해 만들어진다. 어머니의 자궁이 아니라 컨베이어 벨트 위에 놓인 병 안에서 하나의 난자를 72개로 분열시켜 인간을 대량 생산한다. 사회적 지위는 태어날 때부터 정해져 있다. 알파 베타 감마 델타 엡실론 등 5개 계급에 따라 선천적으로 능력을 결정하고, 영양분을 적절히 조절해준다.

노동계급의 태아가 들어 있는 병에는 태아를 표준 이하로 만들기 위해 산소를 적게 공급한다. 이런 식으로 머리가 좋고 키가 큰 '알파계급'에서부터 원숭이만 한 체구의 백치 '엡실론'에 이르기까지 지능과 체격 모두 계급에 따라 정해진다. 신세계에 선 가족이란 단위가 없다. 자연출산은 혐오스럽기 짝이 없으며 아버지, 어머니라는 단어는 존재하지 않는다. 헉슬리는 이런 아이디어를 당시 유행하던 우생학에서 얻었다.

아이들은 계급에 맞게 행동하도록 교육받는다. "알파계급의 아이들은 우리보다 공부도 열심히 해. 난 공부를 열심히 하지 않으니 알파계급이 되기 싫어." 하층 계급 아이들은 잠을 잘 때 베개 밑에서 올라오는 이런 소리를 반복해서 들으며 자신에게 주어진 계급의식을 뚜렷이 갖는다.

심리적 안정과 행복 문제까지도 정부가 관리한다. 정열과 불안정이 문명의 최후를 의미한다고 여기는 신세계 문명인들은 한 달에 한 번씩 아드레날린으로 몸을 씻어낸 뒤 흥분대처 요법을 받는다. 고민이나 불안은 환각성 도취제 '소마'를 먹어 해결한다.

이 때문에 사회는 안정돼 있다. 갈등도 없다. 가정을 꾸려 임신과 출산을 하지 않아도 된다. 종교와 문학은 감성을 유발한다는 이유로 사회에 해가 된다고 여긴다. '셰익스피어'와 같은 말은 금기어다. 개인의 자유는 경멸받는다.

헉슬리는 생물학적 결정론이 사회적 안정과 개인의 행복을 보장한다는 신세계에 대해 비극적 사회라고 결론 내린다. 그는 소설 마지막 장면에서 '야만인' 존 새비지의 입을 통해 하고 싶은 말을 한다. 새비지는 신세계 외곽에 철저하게 격리돼 있는

다시 읽는 명저

인디언 보호구역에서 자랐다. 그의 어머니는 신세계 사람들이 '원시적 방법'이라고 경멸하는 임신을 통해 새비지를 출산했다. 새비지는 수면학습법 등에 의해서가 아니라 셰익스피어 작품을 읽으며 자랐고, 인간의 원초적 감성을 갖고 있다.

"개인 자유 존중 않을 땐 독재 불러"

새비지는 총통에게 "나는 안락을 원하지 않습니다. 나는 신과 문학을 원해요. 진정한 자유도 원하죠. 나는 죄도 원합니다"고 외친다. 총통이 "자네는 불행할 권리를 요구하는군"이라고 하자 새비지는 "그렇습니다"고 대답한다. 인간이 인간 자신을 잃어버린 신세계에 절망한 새비지는 자살을 택한다.

헉슬리는 책 출판 뒤 언론 인터뷰에서 "인간에게는 행복과 안정보다 자유라는 가치가 더 중요하다"며 "인간에게 자신의 삶을 스스로 선택하고 실행할 자유가 없다는 것 자체가 불행"이라고 말했다. 그는 소설 머리글에서 "과학을 개인의 자유를 창출하는 수단으로 이용하지 않는다면 인간은 민족주의적 전체주의나 초국가적 독재체제 가운데 하나를 선택할 것"이라고 경고했다. 그러면서 "과학기술 발달이 인간의 오만함과 결합하지 않도록 인류는 개인의 독창성과 사회의 다양성을 존중해야 하고, 관용과 인간성 회복을 위한 교육에 힘써야 한다"고 역설했다.

화식열전

사마천

"시장을 간섭하는 정책은 최하책"

김태철

「화식열전貨殖列傳」은 한나라 무제 때 사마천司馬遷(BC 145~BC 86)이 저술한 역사서 『사기史記』에 수록된 부자들의 이야기다. 『사기』는 「본기本紀」, 「표表」, 「서書」, 「세가世家」, 「열전列傳」으로 구성돼 있다. 「본기」와 「세가」는 각각 황제와 제후들의 업적을 기록했다. 「표」는 역사적 사건을 정리한 연표年表, 「서」는 제도와 풍속을 담은 책이다. 「열전」은 재상, 영웅호걸, 성인, 명의, 장군 등의 일대기를 소개하고 있다.

「화식열전」은 70편에 이르는 열전의 69번째로, 글자 그대로 '재물(貨)을 늘린(殖)' 거부巨富들의 행적을 담고 있다. 중국인들에게 '재신財神'으로 추앙받는 백규 등의 활약상이 기록돼 있다.

춘추전국시대 책사와 학자들도 상당수가 「화식열전」에서 부자 반열에 올라 있다. 주나라 문왕을 도와 은나라를 무너뜨리는 데 결정적인 공을 세운 강태공, 관포지교管鮑之交의 주인공이자 환공을 도와 제나라를 강대국으로 이끈 관중, 월나라 구천을 도와 오나라를 멸망시킨 범려, 공자의 수제자 중 한 사람인 자공 등이 대표적이다. 이들은 부국강병을 위해 상공업을 장려했고, 자신들도 상공업에 종사해 큰 부를 일궜다. 관중은 "지위는 신하였으나 열국列國의 군주보다 부유했다"고 밝히기도 했다.

「화식열전」의 가치는 단순한 '부자평전'이 아니라는 점이다. 부자들의 경제 활동을 빌려 가격 형성 구조 등 시장 원리를 설명하고 이를 체계화했다. 제후들이 갈망하는 부국강병富國强兵도 자유로운 경제활동이 전제돼야 가능하다고 강조했다. 고전 경제학의 시조인 『국부론』의 저자 애덤 스미스(1723~1790)보다 1800년 앞서 "부국富國의 원리가 자유로운 시장에 있다"는 것을 설파했다는 평가를 받고 있다.

"부국의 원리는 시장에 있다"

"사람들은 저마다의 능력에 따라 그 힘을 다하여 원하는 것을 손에 넣는다. 각자가 생업에 힘쓰는 것은 물이 낮은 곳으로 흐르는 것과 같다. 물건이 부족하면 절로 모여들고, 넘치면 다른 곳으로 흘러간다. 나라가 생업에 간섭하지 않으면 물자가 안정된 가격을 유지하고, 공평하게 유통된다."

이는 수요와 공급이라는 '보이지 않는 손invisible hand'에 의해 시장이 스스로 조절한다는 스미스의 설명과 거의 같다. 개인의 영리 추구가 공공의 이익으로 연결된다는 주장과도 일치한다.

영국의 사상가 레슬리 영은 1996년 '시장의 도: 사마천과 보이지 않는 손'이라는 논문에서 "프랑스 중농주의 학자들이 도입한 사마천 사상이 스미스에게 전해져 '보이지 않는 손'이라는 개념으로 재탄생했다"고 주장했다.

사마천은 "경제 원리를 아는 자는 부자가 됐고, 국가는 강국이 됐다"고 설명했다. "관치官治는 시장 효율성을 훼손해 경제 상황을 악화시킬 뿐"이라고 강하게 비판했다. 한나라 무제 말기에 백성의 삶이 피폐해진 것은 상업 활동을 억제하고 전매사업과 국영기업을 확대한 탓이라고 설명했다.

'애덤 스미스의 스승' 사마천

"저질 전매품과 국영기업 제품이 백성들에게 강매됐고, 경제 활동은 위축됐다. 결과적으로 나라 수입은 더 줄었다. 반면 부국강병에 성공한 전국시대 제후들은 상인들이 영업에 매진할 수 있도록 간섭을 줄였다. 정책을 추진할 때도 현장 경험을 쌓은 사람들을 발탁했다. 시장 질서에 순응하는 것이 최상책이요, 나라가 시장에 간섭하는 것은 최하책이다."

직업 귀천을 뛰어넘어 분업과 전문화의 중요성도 강조했다. "질씨는 칼 가는 보잘것없는 기술을 가졌지만 제후처럼 반찬솥을 늘어놓고 호화로운 식사를 즐겼다. 탁씨는 양의 위를 삶아 파는 단순한 일을 했지만 기마행렬을 거느리고 다녔다. 이것은 한 가지 일에 전념해 노력한 결과다."

명분을 내세우고 상업 활동을 천시하는 사대부에 대해서는 날을 세웠다. "음풍농월이나 일삼는 선비에게 덕행이 있는가? 빈궁하면서도 인의를 탁상공론하길 좋아하는 선비는 본받을 만한 자들인가? 자신은 물론 백성의 곤궁함을 해결하지 못하는 수치스러운 자들일 뿐이다."

「화식열전」에는 귀 담아 들을 만한 혜안을 제시하는 글귀들이 적지 않다. "싸다는 것은 장차 비싸질 조짐이며, 비싸다는 것은 싸질 조짐이다." 요즘도 그대로 통할만한 투자 철칙이다.

중국 최고의 상인으로 불리는 백규에 대한 사마천의 평가도 시사하는 바가 크다.

"백규는 거친 음식을 달게 먹고, 욕심을 억제했고, 노비들과 고락을 함께했다. 행동해야 할 때는 맹수가 먹이를 낚아채듯 했다. 많은 사람이 그에게 사업 비법을 배우고자 했다. 하지만 임기응변의 지혜가 없고, 결단하는 용기가 없고, 베풀 줄 아는 어짊이 없고, 지켜야 할 것을 반드시 지키는 지조가 없는 자에게는 가르쳐 주지 않았다. 상인(사업가)의 자질이 없다고 여겼기 때문이다." 시대를 초월해 기업인들이 새겨둘 만한 말이다.

아Q정전

루쉰

"얻어터지면서도 '정신승리' 우기는 中 고발"

홍영식

"아Q는 건달에게 두들겨 맞고는 잠시 서서 생각한다. '아들놈
한테 두들겨 맞은 걸로 치지 뭐. 요즘 세상은 돼먹지가 않았
어.' 그리고는 자기만의 '정신승리법'을 동원해 이내 패배를
승리로 전환시킨 뒤 마치 남을 때린 것처럼 흡족해하며 승리
의 발걸음을 옮겼다."

중국 현대문학의 개척자로 불리는 루쉰^{魯迅}(1881~1936)이 『아
Q정전^{阿Q正傳}』에서 주인공 아Q를 묘사한 대목이다. 『아Q정
전』은 1921년 문예운동 잡지 《신청년》에 발표된 중편소설이
다. 중국 신해혁명(1911년) 전후 작은 가상의 농촌이 배경이다.
　아Q는 이름과 본적뿐 아니라 이전 행적도 분명치 않은 무
지렁이다. 아Q의 아^阿는 성이나 이름 앞에 붙여 친근함을 나
타내고, Q는 변발한 머리 모양을 상징한다. 서세동점^{西勢東漸}의
시대 변화를 직시하지 못하고, 어설픈 자기만족에 젖어 있던

청나라 정부와 무지몽매한 중국인에 대한 비판이 아Q라는 명칭에 담겨 있다. 작가 루쉰도 "중국인들의 우매한 근성을 지적하고, 국민성을 각성시키기 위해 『아Q정전』을 썼다"고 술회했다. 이 소설은 아Q의 20대 후반부터 도둑 누명을 쓰고 처형되는 30대 초반까지 삶과 죽음을 다뤘다. 작품을 관통하는 핵심 단어가 '정신승리법'이다.

열강 침탈에도 대국大國의식에 빠져

아Q는 마을 허드렛일을 하며 폐허가 되다시피 한 집에서 혼자 산다. 문맹에다 볼품없고 자기 나이도 잘 모른다. 마을 사람들은 그를 농사일을 시키거나 놀림 대상으로만 삼을 뿐이다. 아Q는 수모를 당해도 한마디 못하고 금방 잊어버린다. 실제로는 얻어터지면서도 나약함과 비겁함을 감추고 "정신적으로는 내가 이겼다"며 자기합리화하는 데 급급하다.

루쉰은 이런 아Q를 내세워 당시 흔하디흔한 중국인상像을 그렸다. 서구 열강의 막강한 국력과 과학기술에 열등감을 느끼면서도 정신적·문화적으로는 중국이 한 수 위라는 위안을 삼는 행태를 비판한 것이다. 현실 모순에 당당하게 저항하지 못하고, 지난날의 영광에 젖어 무기력하기 짝이 없던 데 대한 힐책이었다. 중국 대륙이 열강에 뜯어먹히는 신세인데도 대국大國이란 허위의식에 빠져 있던 지배계급의 위선을 고발한 것이기도 하다.

아Q는 강자에게 약하면서 약자에게는 모질게 군다. 처지가 비슷한 날품팔이꾼과 사투를 벌이고, 약해 보이는 젊은 비구니를 희롱한다. 자신이 받은 차별과 억압을 자신보다 열등한 인물에게 전가하는 속물근성을 가진 중국인의 국민성을 작가는 아Q에 빗대 비판한 것이다.

반전도 일어난다. 신해혁명 소식이 들리고 아Q가 혁명당원이라는 잘못된 소문이 퍼진다. 그러자 지금까지 아Q를 괄시하던 이웃들이 그를 두려워하기 시작한다. 아Q에게 갑자기 높임말을 쓴다. 주위 사람들의 대접이 달라지자 아Q는 평소 자신을 무시한 사람들에게 복수의 마음을 품는다. "혁명도 좋구나. 가증스러운 놈들, 모조리 엎어버려야 한다." 아Q는 강도들이 약탈하는 것을 혁명사업으로 잘못 알고 그 근처에서 얼쩡거린다. 하지만 영문도 모른 채 강도들의 공범으로 체포된다. 그는 형장으로 끌려가면서도 혁명이 잘못돼 그런 것으로 착각한다. 이때의 아Q는 뚜렷한 이념과 철학, 주관도 없이 이리 휘둘리고 저리 휘둘리는 인간 유형을 상징한다.

"공개처형 구경꾼에 불과한 중국인"

이 소설을 관통하는 또 하나의 요소는 '노려보기'다. 아Q는 사형장으로 끌려가며 조리돌림을 당하는 자신을 보는 마을 사람들의 눈빛에서 산기슭에서 만난 적 있는 굶주린 이리의 눈을 떠올린다. "이리보다 더 무서운, 영혼마저 물어뜯을 것

같은 눈빛"이라고 했다. 루쉰은 "폭군치하의 신민이 대개 폭군보다 더 난폭한 것처럼, 다수의 폭력이 얼마나 무서운 것인가를 보여주는 장면"이라고 설명했다.

루쉰은 또 다른 저작 『광인일기狂人日記』에서 이런 중국을 '식인사회'라고 했다. 광인狂人의 눈을 통해 본 중국사회가 헤어날 길 없는 구조적 병폐에 갇힌 암흑세계임을 은유적으로 표현한 것이다.

루쉰이 『아Q정전』을 쓰게 된 계기는 일본 센다이의학전문학교 유학 시절에 본 기록영화의 충격 때문이었다. "러시아 첩자 노릇을 한 중국인이 일본군에게 잡혀 처형당하는 장면이었다. 주위에 서 있는 건장한 체격의 수많은 중국인은 멍청하게 보였고, 그저 구경꾼에 불과했다. 국민이 우매하면 아무리 체격이 우람해도 공개 처형의 무의미한 관중 노릇밖에는 못한다는 것을 깨달았다. 우리가 해야 할 급선무는 그들의 정신을 개혁하는 것이었다."

소설에서 묘사한 것처럼 아Q가 바로 공개 처형의 관중 노릇밖에 못하는 중국인인 것이다. 프랑스 작가 로맹 롤랑은 "가련한 아Q를 생각하면서 눈물이 났다. 약자에게 강하고 강자에게는 상대도 못하는 중국인들을 묘사했다고 하지만, 그것이 어디 중국인에게만 해당하는 이야기일까. 아Q는 수많은 현대인의 또 다른 모습이기도 하다"고 평가했다.

1984

조지 오웰

과거를 조작하는 권력은 미래가 없다

양준영

'디스토피아dystopia'는 이상향을 뜻하는 '유토피아utopia'와 반대되는 가상사회를 가리키는 말이다. 존 스튜어트 밀이 1868년 영국 의회 연설에서 영국의 아일랜드 억압을 비판하며 처음 사용했다. 디스토피아의 전형인 통제사회는 많은 작가들이 현실을 날카롭게 비판하는 소재가 됐다.

조지 오웰George Orwell(1903~1950)이 1949년 발표한 『1984Nineteen Eighty-Four』는 전체주의라는 거대한 지배 체제 아래에서 인간성이 어떻게 말살되고 파멸해 가는지를 적나라하게 보여준다. 오웰의 마지막 작품으로, 올더스 헉슬리의 『멋진 신세계』와 예브게니 자먀찐의 『우리들』과 더불어 세계 3대 디스토피아 소설로 꼽힌다.

오웰은 사회주의자였다. 1936년 스페인 내전이 발발하자 통일노동자당 민병대에 입대해 파시즘과 맞서 싸웠다. 그러나 그곳에서 체감한 것은 스탈린 공산주의와 전체주의의 위험성이

다시 읽는 명저

었다. 오웰은 제2차 세계대전이 끝난 직후인 1945년 스탈린 체제를 예리하게 풍자한『동물농장Animal Farm』을 펴내 일약 명성을 얻었다. 당시만 해도 영국에서는 제2차 세계대전 당시 동맹국이었던 소련에 대한 비판을 금기시하는 분위기여서 출간하는 데 어려움을 겪었다. 하지만 1949년은 냉전의 광기가 전 세계를 덮치던 시기였고, 『1984』는 소련의 전체주의와 공산주의에 대한 비판으로 읽혔다.

자유 억압한 스탈린 전체주의 비판

오웰이『1984』에서 그린 미래 세계는 육체적 자유는 물론이고 인간의 사고나 감정까지 당黨이 지배하는 암울한 세상으로 묘사된다. 소설의 무대인 오세아니아는 내부당원, 외부당원, 무산계급(프롤)의 3개 계층으로 나뉜 전체주의 국가다. 당은 영원히 늙지도 않고, 정말로 존재하는 것인지도 헷갈리는 '빅 브라더'를 내세워 지배체제를 공고히 한다. 모든 건물에는 빅 브라더의 얼굴이 새겨진 포스터가 나붙고 동전과 우표, 담뱃갑에까지 빅 브라더의 얼굴이 등장한다. 현대사회의 텔레비전이나 폐쇄회로TV^{CCTV}를 연상케 하는 텔레스크린을 도시 곳곳에 설치해 국민의 일거수일투족을 감시하고 생각과 사상을 세뇌시킨다. 체제에 반항하는 사람은 비밀경찰에 의해 쥐도 새도 모르게 '증발'된다. 언어와 역사는 철저히 통제되고 성 본능조차 오직 당에 충성할 자녀를 생산하는 수단으로 억압된다.

오웰은 개인이 빅 브라더의 철저한 감시 아래 살아가는 국가의 도구라는 사실을 통해 전체주의체제를 비판한다.『1984』에서 당은 지배체제를 유지하기 위해 전쟁을 이용한다. 오세아니아는 다른 강대국인 유라시아, 이스트아시아와 끊임없이 전쟁을 이어간다. 주민들을 가난하고 배고프게 만들어야 반란을 예방할 수 있기 때문이다. 오웰은 "현대전의 1차적인 목적은 전반적인 삶의 수준을 높이지 않으면서 공산품을 소진하는 데 있다"고 썼다. 당이 내건 3대 슬로건은 '전쟁은 평화, 자유는 예속, 무지는 힘'이라는 역설逆說로 이뤄져 있다. 지배층의 시선에서 보면 지속적인 전쟁이 자신들의 평화를 유지하는 방법인 것이다.

오웰은 전체주의 정권이 어떻게 새로운 언어를 만들어 상징을 조작하고 사상을 통제하는지 보여준다. 주인공 윈스턴 스미스는 외부당원으로 진리부 기록국에서 일한다. 역설적이게도 그의 임무는 과거 기록을 조작하는 것이다. '과거를 지배하는 자가 미래를 지배하고, 현재를 지배하는 자가 과거를 지배한다'는 강령에 따라 신문, 잡지, 책 등을 현시점에 맞게 조작하고 재생산한다.

빅 브라더가 감시하는 사회 '경고'

당의 지배를 유지하는 또 하나의 수단은 '신어newspeak'로 대표되는 언어정책이다. 언어에는 사용하는 사람들의 생각, 정체성이 배어 있다. 당은 과거부터 써온 정상적인 언어를 '구어舊語'라고 해서 폐기하고, 이를 대체하는 '신어新語'를 보급한다. 글의 체계를 단순화시키고 어휘를 줄여 사유를 제한하는 것이다. '좋다good'의 반대말인 '나쁘다bad'를 없애는 대신 '안 좋다un-good'를 쓰도록 한다. '탁월하다', '근사하다'는 단어는 없애버린다. 사고의 폭을 좁히고 단순화시켜 체제에 저항한다는 생각조차 못하게 하는 사상통제 수단이라고 오웰은 지적한다.

당에 반발심을 갖고 있던 주인공 스미스는 줄리아와 금지된 사랑을 하고, 당의 전복을 꿈꾸지만 비극으로 끝난다. 호감을 갖고 있던 내부당원 오브라이언을 만나 반체제 지하조직인 형제단에 가입하지만 사상경찰이 쳐놓은 함정이었다. 결국 스미스는 거듭된 고문과 세뇌 끝에 빅 브라더에 복종하고 처형된다.

오웰은 1940년대에 전자기술을 통해 개인의 삶과 사고를 통제하는 빅 브라더의 출현을 경고했다. 미래에 대한 통찰력은 그의 천재성을 드러내 준다. 과거를 조작하고 사상을 통제하는 행태가 소련과 오세아니아만의 일은 아니다. 북한에서는 아직도 사상 통제와 주민 감시가 이뤄지고 있고, 정권 유지를 위해 전쟁을 이용하고 있다. 정보기술IT 발전과 함께 사생활을 감시하는 '빅 브라더 사회' 출현을 경계하는 목소리도 높아지고 있다. 오웰이 『1984』를 통해 던지는 메시지는 지금도 유효하다.

사기열전

사마천

"고난에 맞서는 인간 투쟁이 역사"

김태철

"'어떻게 살 것인가' 화두를 던진 인간학 교과서."(중국 근대문학 개척자 루쉰)

중국 한나라 역사가 사마천(BC 145~BC 86)이 저술한 『사기열전史記列傳』은 '인물전人物傳의 고전'으로 불린다. 『사기열전』은 중국의 전설시대인 삼황오제三皇五帝에서 한나라 무제 때까지 약 2500년 역사를 다룬 『사기』의 「열전列傳」 부분이다. 황제와 제후들의 업적을 각각 기록한 「본기本紀」, 「세가世家」와 함께 『사기』의 주요 축을 이룬다.

70편으로 구성된 『사기열전』에 등장하는 인물은 유학자, 충신, 간신, 반역자, 모사꾼, 장군, 자객, 의사, 점쟁이, 상인 등 다양하다. 서양의 인물전 고전인 『플루타르코스 영웅전』이 카이사르와 알렉산더 대왕 등 영웅호걸을 다룬 것과 대조적이다.

시대를 관통하는 '인간학 교과서'

사마천은 환란이 끊이지 않았던 시대를 치열하게 살다 간 사람들의 우정과 배신, 지혜와 우둔함, 명분과 실속, 믿음과 의심, 탐욕과 베풂 등을 기록했다. "시대를 관통하는 인간의 입체적인 감정과 행동을 담아냈기 때문에 오늘날 현실을 서술한 것처럼 느껴질 정도다. 『사기열전』이 '인간학 교과서' 혹은 '인간학 보고寶庫'로 평가받는 이유다."(루쉰)

『사기열전』의 첫머리는 '백이伯夷와 숙제叔齊'편이다. 사마천은 망한 은나라와의 의리를 지키기 위해 산에 들어가 고사리로 연명하다가 굶어 죽은 두 사람을 첫 편에 올렸다. 선한 사람이 망하고, 악한 사람이 흥하기도 하는 세상사 부조리를 알리기 위해서다. 흉노에 투항한 장수를 변호하다가 궁형宮刑을 자청해 겨우 목숨을 건진 자신의 억울함을 백이와 숙제에 투영한 것이다.

"도척이란 도적은 죄가 없는 사람을 마구 죽이고 노략질을 일삼았다. 자기 밑에 수천 명의 부하를 거느렸다. 그는 온갖 부귀영화를 누리다가 천수天壽를 다하고 죽었다. 의리와 신의를 지킨 백이와 숙제는 굶어 죽었다. 하늘에 도道가 어디 있느냐. 도가 있다면 옳은 것인가, 그른 것인가."

하지만 사마천은 '인과응보'가 제대로 통하지 않는 현실 세계에 좌절하지 않았다. 자신이 치욕을 참으며 『사기』를 완성했듯이, 『사기열전』을 통해 던지고자 했던 메시지도 고난을 극복해 새로운 역사를 써내려간 인물들의 치열함이다. 젊은 시절 불량배 다리 사이를 기어가는 굴욕을 참아낸 대장군 한신韓信이 대표적이다. 갖은 고난 끝에 오왕 합려를 도와 아버지와 형을 살해한 초나라 평왕에게 복수한 오자서伍子胥, '와신상담臥薪嘗膽'의 주인공인 오왕 부차夫差와 월왕 구천勾踐 등 '복수의 화신'들도 『사기열전』의 주요 인물이다. 인생사 성공과 실패를 떠나 고난에 맞서는 인간의 투쟁은 『사기열전』을 관통하는 주제다. "죽는 것이 무엇이 어려우랴. 어떻게 죽는가를 결정하는 것이 더 어렵다. 참고 참고 또 참아 온갖 고난을 이겨내고 과업을 이뤘으니 열혈남아가 아니고 무엇이랴. 치욕을 참아야 사람 구실을 하고 큰 뜻을 이룰 수 있다."

사마천은 역사를 움직인 전국시대 유세가遊說家(왕에게 자신의 이론을 설득시켜 정국을 좌지우지한 정치인)들을 비중 있게 다뤘다. 이들 역시 '의지의 인물'이다.

소진蘇秦은 위나라와 조나라 등 여섯 나라를 동맹으로 묶는 합종책合從策으로 진나라의 팽창을 15년이나 막아냈다. 장의張儀는 이에 맞서 진나라 중심 동맹체인 연횡책連橫策으로 천하통일의 발판을 마련했다. "소진과 장의 역시 자신의 유세가 군주에게 활용되기까지 10~20년을 떠돌아다녀야 했다. 큰 뜻을 버리지 않았기에 찾아온 단 한 번의 호기를 입신양명의 계기로 삼을 수 있었다."

"굴욕을 이겨내는 자가 진정한 강자"

사마천은 인정받기를 원하는 욕망을 인간 행동의 강력한 동인動因으로 봤다. '자객刺客'편은 연나라 태자의 지극한 도움에 감동받아 진시황 암살에 나섰던 형가荊軻와 은인을 위해 목숨을 바쳐 원수를 대신 갚은 섭정 등 다섯 명의 이야기다. "인간은 이기적이지만 죽을 것을 뻔히 알면서도 사지死地에 뛰어들기도 한다. 인정받고 싶은 욕망은 먹고 자는 욕구 못지않게 강력하다. 부하나 동료의 마음을 얻은 뒤 그(자객)를 통해 자신의 뜻을 이루려고 시도한 사람들의 처세술도 빛난다. 무릇 지도자는 부하를 대할 때 이처럼 정성을 다해야 한다."

사마천은 마지막 편인 '태사공 자서'를 통해 '발분저서發憤著書'란 표현으로 『사기열전』을 마무리했다. '곤란에 처하거나 가난한 시절에 마음을 굳세게 하면 도리어 그 사람을 분발하게 해 걸작을 만들어낸다'는 의미다. 고난은 인간을 키우고 역사를 발전시키는 자양분이라는 얘기다. "주나라 문왕은 유리에 갇히게 되자 '주역'을 풀이했고, 공자는 제나라와 채나라 사이에서 곤경에 처하자 유교 경전인 『춘추』를 지었다. 손자는 다리를 잘리는 형을 받은 뒤 『손자병법』을 저술했고, 진나라 재상 여불위는 촉에 유배된 이후에 백과사전인 『여씨춘추』를 편찬했다. 이들은 모두 현실에 굴복하지 않고 마음에 깊이 맺힌 것을 승화했기 때문에 큰 업적을 이룰 수 있었다."

유토피아

토머스 모어

"비참한 중세 현실에 대비시킨 공상향空想鄕"

김태철

"유토피아 사람들은 하루 여섯 시간만 일합니다. 점심 식
사 전에 세 시간 일하죠. 점심 먹고 나서 두 시간 쉬고는 다
시 세 시간을 일하는 것입니다. 저녁을 먹고 오후 8시가 되
면 잠자리에 들어 여덟 시간 잠을 자죠. 정부의 최고 목적은
시민의 마음을 해방시키고 발전시킬 수 있는 시간을 최대한
제공하는 것입니다."

『유토피아*Utopia*』는 영국의 정치가이자 작가인 토머스 모어
Thomas More(1478~1535)가 1516년 발표한 소설이다. 원제목은 '최
선의 국가 형태와 새로운 섬 유토피아에 관하여'다.

유토피아utopia는 'u'와 'topia(장소)'의 합성어다. 그리스어
에서 'u'는 '없다(ou)'는 뜻과 '좋다(eu)'는 뜻을 함께 갖고 있다.
유토피아는 이 세상에 '없는(ou) 곳(topia)'을 뜻하지만, 동시에
'좋은 곳(eutopia)'을 의미한다.

다시 읽는 명저

모어는 헨리 8세의 명령으로 양털 수출을 위해 지금의 북프랑스, 벨기에, 네덜란드에 걸쳐 있는 플랑드르 지방에 파견됐을 때 이 책을 썼다. 영국·플랑드르 통상조약을 성공적으로 체결해 왕에게 신임을 얻었고 1529년엔 대법관이 됐다. 하지만 왕이 앤 볼린과 재혼하기 위해 가톨릭과 결별하려는 것을 반대했다가 처형당했다.

화폐·사유 재산제 금지 … 균등분배

『유토피아』는 당시 영국 국민의 처참한 삶을 고발하는 1부와 이교도異敎徒들이 사는 유토피아 섬을 소개하는 2부로 나뉘어 있다. 15세기 말 영국에선 양모 가격이 크게 오르자 지주들이 양을 더 많이 키우려고 밀밭을 초지로 바꾸고 울타리를 쳤다(인클로저 운동). 농민들은 쫓겨나 부랑자로 거리를 떠돌았다. 절도범이 돼 교수형에 처해지는 농민도 부지기수였다. 모어는 주인공인 라파엘 히슬로다에우스의 입을 빌려 비참한 현실을 에둘러 얘기했다. "사람들로 하여금 도둑질을 하게 하는 요인이 따로 있다. 바로 양이다. 얌전하고 조금씩 먹던 유순한 양들이 이제는 무서운 식욕으로 사람까지 먹어치우고 있다."

2부에서 묘사된 유토피아 섬은 54개 도시로 이뤄져 있다. 각 도시는 6000가구로 구성돼 있고, 모든 조건이 거의 동일하다. 나라에는 원로회의만 있을 뿐 정치의 중심은 각 도시다. 이곳에선 불행의 근본 원인이 탐욕이라는 이유로 이를 부추기는 화폐와 사적 소유가 금지된다. 누구나 근면하게 일해야 하며, 모든 것이 균등하게 분배된다. 의무 노동(하루 6시간), 공유제, 절제된 생활 등을 통해 나태, 탐욕, 교만 등 인간의 단점을 극복하고 모두가 평등한 삶을 누린다.

유토피아의 기원은 그리스 철학자 플라톤의 철인(哲人)이 다스리는 이상 국가(칼리폴리스)다. 『유토피아』는 후대에 생시몽 푸리에 등 공상적 사회주의자들과 프랑크푸르트학파의 에른스트 블로흐, 헤르베르트 마르쿠제 등에게까지 영향을 끼쳤다. 『유토피아』는 특히 최근 세계적으로 논란이 되고 있는 '기본소득제'의 개념을 제시한 것으로도 평가받는다. "도둑들을 교수형에 처하는 대신 모두에게 약간의 생계 수단을 주는 것이 낫다"는 구절이 근거라는 것이다.

개인 사생활 없는 거대한 감옥 국가

하지만 모어의 집필 의도와 행간(行間) 의미를 제대로 알려주는 국내 번역본은 거의 없다. "모어가 그린 유토피아는 분명 이 세상의 고통을 이겨내기 위한 소망을 담고 있지만 동시에 이상향을 이루기 위한 노력이 얼마나 가혹하고 부조리한 결과를 가져올 수 있는지도 놓치지 않는다. 『유토피아』를 읽는 최악의 방법은 여기에 그려진 사회가 저자가 그리는 이상 사회의 청사진이라고 순진하게 믿는 것"(주경철 서울대 서양사학과 교수)이라는 지적도 있다.

다시 읽는 명저

유토피아의 국가철학은 집단적인 행복 추구다. 전체주의 국가가 강요하는 미덕을 실현시키려고 한다. 모든 국민이 똑같은 옷을 입고 똑같이 생긴 도시에서 똑같은 집에 산다. 심지어 마을회관에서 똑같은 음식을 먹는다. 허락 없이 거주지를 벗어나 여행하다 적발되면 범죄자가 되고, 재범자는 사형을 피할 수 없다. 간통을 하다 잡히면 노예 신분으로 떨어지고, 이 역시 재범이면 사형에 처해진다. 유토피아는 사생활이 없는 거대한 감옥 국가인 셈이다.

모어가 그린 유토피아는 '이상향理想鄕'이 아니라 비참한 현실에 극단적으로 대비시킨 '공상향空想鄕'이라는 게 전문가들의 대체적인 시각이다. 모어는 이상향이 어떠해야 하는지 고민하면서 또 한편으론 그것을 무리하게 추구할 때 초래될 위험을 지적한 것이다. 이상향은 역사 발전 과정에 따라 변모하며, 그것을 만드는 것은 인류 모두의 과제다.

다시 읽는 명저名著

발행일 2023년 10월 25일 초판 1쇄

지은이 홍영식·김태철·김태완·백광엽·양준영
발행인 고영래
발행처 (주)미래사

주소 서울시 마포구 토정로 195-1 정우빌딩 3층
전화 (02)773-5680
팩스 (02)773-5685
이메일 miraebooks@daum.net
등록 1995년 6월 17일(제2016-000084호)

ISBN 978-89-7087-150-9 (03300)